法治、财税与国家治理

熊 伟 著

法律出版社 LAW PRESS · CHINA

法治中国丛书

学术顾问

◆

江 平　吴敬琏

丛书主编

◆

季卫东

执行编辑

◆

程金华　李学尧　许多奇

熊 伟，男，法学博士，武汉大学法学院教授、博士生导师，武汉大学税法研究中心主任，兼任中国财税法学研究会副会长、湖北省财税法学研究会会长，湖北省人大常委会、武汉市人大常委会预算咨询专家，主攻财政法、中国税法和国际税法，2010年入选教育部“新世纪优秀人才支持计划”，2012年当选湖北省“十大中青年法学家”，主持国家级、省部级课题20多项，在《中国法学》《法学评论》等核心刊物上发表论文70多篇，出版《财政法基本问题》《美国联邦税收程序》等著作近10本，主编《税法解释与判例评注》（1–5卷），曾为《预算法》《税收征收管理法》《立法法》的修改提供立法咨询。

法治兴，则中国兴

——“法治中国”丛书总序

江　平

从1978年改革开放到现在，中国的经济与社会建设取得了举世瞩目的成就。促成这些成就的原因是复杂的，既有执政者正确决策的个人因素，也有历史恩赐的机遇因素，也当然还有法律等方面变革的制度因素。短时期的建设成就及其原因的复杂性交织在一起，很容易让当代中国人——至少是部分当代中国人——自我感觉良好，并产生两种错误的认识。一种错误认识是把过去三十多年的发展路径作为历史性的发展模式固化下来，以便提炼一种可以值得自我骄傲和对外宣扬的价值观。另一种错误认识是很容易夸大政策和偶然性因素的功效，而忽略了制度因素的根本性。

放在人类历史的长河中，三十多年的繁荣与发展只不过是匆匆过客。对于一个国家的长久兴衰而言，政策性和偶然性的因素,更像是一个“药引子”。而真正能够让国家养成“健康体魄”的还是制度性的因素。其中,法治又是制度建设的核心,重中之重。法治的要义包括依宪治国、保障私权、程序正义、司法独立与社会正义。在当下的历史关口,中国领导人是否选择法治、建设法治、依赖法治,将最终决定中国过去三十多年的繁荣与发展是否只是历史上的昙花一现,还是中华民族实现伟大复兴的真正前奏曲。此时此刻,中国社会犹如一条大船正航行在“历史三峡”的最后险滩。唯有走向法治,中国才可能最后平稳地渡过“历史三峡”,完成现代国家建设,并开创新的太平盛世。

具体来说,法治至少可以发挥如下几个方面的历史性功效。

首先,在经济建设上,保护私有财产权和合同履行的法治将激发中国人新一轮的创业与投资热情,并通过释放制度红利来推动中国经济的转型与升级。反过来,如果政府对私权的保护不能加以改善,中国的精英阶层将继续采用“用脚投票”的方式,到其他国家去“做梦”。因此,如果不走向法治,中国经济之持续繁荣将不会有制度保障。

其次,在政治建设上,崇尚程序正义和司法公正的法治将为中国公民提供底线社会正义,为将来潜在的大规模政治冲突提前安装“社会减震阀”。进入21世纪以来,因为社会不公而引发的矛盾与冲突已经层出不穷。最近的一些个案也清楚地表明,社会不公所积累的公民怨愤,已经给中国社会累积了大量的负能量。法治,也只有法治,才能避免中国因社会不公而滑入革命化趋势,并避免由此导致的公民与执政者双输的局面。

最后,在社会建设上,只有保障价值多元和思想自由的法治才可能让中国社会出现“百花齐放、百家争鸣”的社会繁荣,并为多元价值观的求同存异、达成必要的社会共识提供制度保障。相反,因为没有法治保障,社会转型期所形成的形形色色的价值观都处于灰色地带,并非常敏感地对任何潜在的冒犯行为都进行激烈的防御攻击，并导致中国社会的诸多价值观都采取霍布斯意义上的“丛林规则”以求生存。法治是把中国社会的各种价值观带出“丛林”的唯一通道。

简言之，只有走向法治才能帮助建设一个让全体中国人可以对自己未来的生活作长期规划的社会，一个中国人可以信赖中国人的社会，一个中国人可以认同中国人的社会。归根结底，法治能否在中国得以全面实施，将决定中华民族能否得以复兴，中华文明能否得以体面地延续。回顾自 1840 年以来的中国历史，当代中国人有着一个前辈从未有过的历史机遇：以走向法治这样一种和平建设的方式为未来富强、文明和民主之中国奠定历史性基业。

当然，走向法治，不能只求“毕一役之功”。在 1949 年建立中华人民共和国以后，中国的法治建设经历了如下四个阶段：共和国初期的法律实用主义、“文化大革命”时期的法律虚无主义、改革年代的法律经验主义，以及目前我们要奋斗的法律理念主义。所谓法律理念主义，就是把法律从工具、从制度变成治国的理念。

幸运的是，在过去三十多年，在“摸着石头过河”的经验主义思想的指导下，中国已经至少在立法层面完成了法律体系的建构。在实践中，政府和社会也都初步尝到了法治的甜头。尽管，法治建设在最近几年出现了严重的滑坡，执政党的“十八大报告”还是指出“法治是治国理政的基本方式”，并承诺“全面推进依法治国”。换句话说，至少在文字层面，中国领导人已经认可了从法律经验主义通往法律理念主义的路径。

然而，如何让中国——在改革的操作层面上——走向法治的诸多问题依然悬而未决。因此，出版这套“走向法治”丛书，正适逢其时。该丛书立足于当代中国法治现实，以问题为导向，以学术为根基，通过实证分析和学理探讨为中国的核心价值重建以及制度改革出谋划策。丛书的选题覆盖所有同中国走向法治相关的重大命题，包括比如依宪执政、审判独立、选举制度、预算制度、财税制度、中央与地方关系、律师与民主政治,等等。在论证风格上,作者无不强调理性建设。这套丛书的出版,将会对中国走向法治产生实质性的影响。

这些年,我本人也一直为中国的法治建设摇旗呐喊。之前,在给一本书写序时,我提过“律师兴则中国兴”。很显然,律师是法律体系的一部分,律师工作在很大程度上是服务于法治建设的。因此,今天,在为“法治中国”丛书写总序时,我想拔高一些:法治兴,则中国兴。是为序。

2013 年 5 月

目录

前　言

改革开放以来，我国法治建设取得长足发展，法治财税也渐成气候。但规范效力层级低、体系化阙如、法治化程度低等问题，仍然是困扰法治财税前行的硬伤。在改革进入深水区、真正触及利益集团的切身利益时，法治财税显得尤为重要，它是化解深层矛盾、整合社会资源的重要途径之一。于国家而言，财政作为国家治理的基础和重要支柱，影响国家未来的发展；于民众而言，财税牵涉千家万户的切身利益，影响人们生活的方方面面。所以，每一次财税改革和新动向都会引发人们的极大关注。近年来“沪渝房产税试点”“营业税改增值税”“成品油消费税税率提升”等频频成为全民关注的焦点，足见财税的魅力和影响力。

2013 年 11 月 12 日，党的十八届三中全会审议通过了《中共中央关于全面深化改革若干重大问题的决定》（以下简称《十八届三中全会决定》），专章论及深化财税体制改革，强调财税的重要性。2014 年 10 月 23 日党的十八届四中全会审议通过了《中共中央关于全面推进依法治国若干重大问题的决定》（以下简称《十八届四中全会决定》），聚焦于依法治国，强调良法善治。法治财税将依法治国与深化财税体制改革结合起来，不仅是对两次全会精神最为妥帖的诠释，更是观察国家进步和财税文明的最佳视角。财税是法治的根基，法治是财税的依归，二者紧密相连、相辅相成，共同作用于国家治理，促进国家治理现代化。

财税乃一国经济政策、政治体制和法律规则的综合载体，财税治理承载着财税与社会、经济、政治和法律调适与融合的功能，是全面深化改革的突破口和着力点。作为国家治理的重要抓手和助推器，财税治理应追求良法善治，摆脱财税统治的传统思路，以法治保障财税体制改革，充分发挥财税在治国安邦中的作用。在具体进路上，财税治理须立足于市场经济与公共财政，以民主政治和法治国家的理念为依归，在横向层面上加强代议制机构的民主职能，实现财税权力在同级国家机构之间的合理配置；在纵向层面将地方建设成独立的财政主体，推行地方自治，理顺中央与地方关系，推动政府间财政关系的法治化。一言以蔽之，伴随着国家治理从传统行政主导管理模式向现代社会治理模式转换，财税治理亦应积极寻求治道变革，从治民转向治权，从财税统制转向法治和公共治理，强调协商共治，注重治理手段和方式的多元化，推动国家权力向社会的回归，还政于民。

将权力，尤其是财政权力，关进制度的笼子，是对公民财产权的切实保障和真切关怀，这也是法治财税的意义所在。从这个角度来看，民众是法治财税的受益者。而良法善治的主体也必然是民众，没有民众的参与，法治财税必将是一个美丽的谎言。民众通过一定的方式向代议制机关表达自己的意愿，民意汇聚，催生良法。正如我国《宪法》第 2 条第 3 款规定："人民依照法律规定，通过各种途径和形式管理国家事务,管理经济和文化事业,管理社会事务。”也就是说,民众应当是国家治理最重要的参与主体,可以通过各种途径和形式促进善治的达成。可见,要想真正把财政权力关进笼子,除了制度外,还需要民众和社会舆论的监督,为财政权力戴上另一顶“紧箍”。概言之,国家治理是人民之治,法治财税和国家治理既依赖于人民,又造福于人民。

从税收法定到预算法定,再到财政法定,这是一个漫长而艰辛的过程,也是一个权力与权利不断冲突和碰撞的过程。形式上的法定是财税法治必须首先要达成的,这一过程尚且如此之漫长,足见财税法治不可能一蹴而就,必须做好打持久战的准备和规划。《预算法》修订之路从2004年走到2014年,长达10年之久。《预算法》第1条规定:“为了规范政府收支行为,强化预算约束,加强对预算的管理和监督,建立健全全面规范、公开透明的预算制度,保障经济社会的健康发展,根据宪法,制定本法。”表明《预算法》从过去的政府管理之法变成了规范政府、管理政府之法。这一立法宗旨的转变,让人们看到了财税法治的曙光,显示法治财税约束权力的目的,是一个良好的开端。在追求形式法定的基础上,逐步实现法治的实质要义,包括限定元权力、提供目的指引、保证权利底线等。这些必须借助于财政民主的弘扬与践行,也有赖于人们对财政平等的不懈追求。

法治财税是国家治理的基本手段,国家治理是法治财税的践行方式。如何更好地让法治财税融入国家治理中,如何引导国家治理践行和促进法治财税,如何实现法治财税与国家治理的水乳交融,这些问题有待我们不断求证与探索。这一过程对推动法治财税的不断发展,促进国家治理的现代化,真正实现良法善治会产生巨大的推动作用。财税法学者理应为此尽绵薄之力,努力表达一个学者应有的情怀,恪守心怀天下的誓言,通过对法治财税和国家治理的研究,推动国家和社会的不断进步,实现人民安居乐业。

第一章　护宪、行宪：法治财税的宪法之维[1]

宪法与宪治的关系一直为学界和大众津津乐道。自1949年以来，中国已经颁布数部宪法，1982年《宪法》也经过多次修订，但行宪效果并不尽如人意。宪法实质上被束之高阁，无法起到限制国家权力、保护公民权利的作用。无独有偶，近年来，财政宪法或财政立宪也成为热门话题。人们热衷于讨论宪法对财政的“元限制”，希望宪法为财政活动提供“元规则”，以解决现实中财政秩序混乱、透明度不高、公课负担沉重，以及债务规模庞大等问题。

以根本大法来规范财政行为，用最高效力的法律约束政府收支，这无疑是一种非常智慧的举措，是全世界可以共享的制度成果。毋庸置疑，要想达至理想的效果，必须有一部优良的宪法。好的宪法，可以合

---

〔1〕 本部分内容原载《财经法学》2015年第6期，收入本书时有所删减。

理界定政府的权力架构,最大限度地保护公民基本权利,积极督促政府改善人权、扩大公共空间。以这种宪法为基础的政治或统治,才是近现代以来人们心目中的宪治。徒有其名、实质反动的宪法只会走向宪治的反面,成为权力僭越和压制权利的急先锋。任何关于财政立宪的讨论,必须对此有充分的认知。

中国现行宪法已实施三十多年,尽管在诸多方面不尽如人意,但是,其所确立的国家权力架构以及公民权利体系并非一无是处,对国家财政其实提供了不少有价值的指引。它最大的问题在于权威性不够,没有得到很好的贯彻和执行,而不是本身就充满腐朽和反动。况且,还必须认识到,在人类有限的智力条件下,不可能创制出完美无缺的宪法。宪治是一个鲜活的过程,可以弥补宪法本身的不足,让其面对挑战不断丰富和创新。“宪法的生命力与影响力,就建立在它能够与时代的突发力量及鲜活潮流相结合的基础上,它能够将这些力量展现出来,并将其分门别类,宪法是被它的对象所决定的调整具体生活关系的一个总秩序。”[1]宪法文本和实践的互动,是现代政治进步的一个缩影。

中国的财政立宪路在何方?是基于“理想国”的原则推行财政宪法,还是以现行宪法为基础,全力推动依宪执政和依法理财?其实,现行宪法已经为财政建立了制度平台,或者说,财政法进步所希冀的“元规则”,基本上都能从现行宪法中找到。例如,《宪法》第56条确认的税收法定主义,为税权分配指明了方向;以人民代表大会制度为基准,从财政权的角度观察党权、政权与人民主权的关系,可以勾勒出法治财政的基本架构。此外,宪法孜孜以求的平等原则和社会主义理念,更为中国财政法的发展设定了指南。凡此种种,不一而足。

总之,只要能够真正做到依宪行政,无论是限制财政权力扩张,还

---

〔1〕［德］康拉德·黑塞:《联邦德国宪法纲要》,李辉译,商务印书馆2007年版,第30页。

是保护纳税人的基本权,都有机会实现全方位的突破。对于不足的部分,可以通过宪法解释或修宪逐步完善。因此,行宪、护宪,坚持宪法至上,才是新时期“中国梦”的核心,也对党的十八届四中全会“依宪治国”精神的贯彻。[1]

1. 法源追溯:税收法定主义的《宪法》依据

《宪法》在规定公民基本权利的同时,也设定了国家责任。例如,《宪法》第13条规定,国家依法保护公民的私有财产权和继承权;第19条规定,国家要发展教育事业,举办学校,提高全民的科学文化水平;第21条规定,国家要发展医疗卫生事业和体育事业;第26条规定,国家要保护和改善生活环境和生态环境,防治污染和其他公害;第28条规定,国家要维护社会秩序,承办和改造犯罪分子;第29条规定,国家要增强国防力量;等等。要履行这些职责,国家必须掌握公共财产,享有课税、收费等权力。正如洛克所述,“政府没有巨大的经费就不能维持,凡享受保护的人都应该从他的产业中支出他的一份来维持政府。但是这仍须得到他自己的同意,即由他们自己或他们所选出的代表所表示的大多数的同意。因为如果任何人凭借着自己的权势,主张有权向人民课征税负而无须取得人民的那种同意,他就侵犯了有关财产权的基本规定,破坏了政府的目的”。[2]

因此,即便《宪法》没有直接赋予国家课税权、收费权,只要国家必

---

〔1〕 本章尝试思考的问题是,假如现行宪法得到充分实施,宪法的权威得到充分尊崇,财政法的发展将面临哪些机遇?长期困扰财税法学界的所谓“体制性难题”是否能得到解决?抽象的宪法能够回应财政现实的需要吗?宪法与财政法可以从哪些角度确认其内在关联?应该如何解释宪法才能契合当前财政法治发展的潮流?有必要再次修改宪法,以因应财政立宪主义的要求吗?从行文的角度考虑,文章不会对上述问题直接作答,但是,通过分析所选取的几个制度案例,问题的答案也许会跃然纸上。

〔2〕 [英]洛克:《政府论》(下篇),叶启芳等译,商务印书馆1964年版,第88页。

须履行公共职能，这些都是应有之义。否则，《宪法》关于国家责任的规定即会落空。虽然国家有权课税，但是，谁来代表国家行使课税权，全国人大还是国务院？这却是一个值得探讨的问题。2012 年，我国税收总收入超过 10 万亿元。但在全部 18 个税种中，只有 3 个税种是由全国人大的法律设定，其余都是由国务院的行政法规设定。2011 年上海和重庆推行房产税试点之后，法学界关于试点方案的合法性出现两种主张。第一种主张认为，无论是根据《宪法》还是《立法法》，抑或是《税收征收管理法》，税收法定主义都是一项基本原则，只有全国人大及其常委会才有税收立法权，国务院的税收立法权来自全国人大的特别授予。另一种主张则认为，根据《宪法》的规定，国务院享有固有的税收立法权，国务院课税无须全国人大授权。〔1〕

本人是第一种主张的代表人之一。其实《宪法》第 56 条已经规定，中华人民共和国公民有依照法律纳税的义务。这个条款虽然没有直接规定课税权，但是，公民义务之所在构成公权力的界限。既然公民只需依照法律纳税，国家课税就必须制定法律，而不能由政府自行其是。因此，从文义上看，这条规定完全可以解释为中国的税收法定主义。〔2〕 实际上，早在《立法法》制定之前的 1993 年，《税收征收管理法》第 2 条就已经确认，税收的开征、停征以及减税、免税、退税、补税，依照法律的规定执行，法律授权国务院规定的，依照国务院制定的行政法规的规定执

〔1〕 参见周刚志：《房产税改革试点之合法性辨析》，载熊伟主编：《税法解释与判例评注》（第 2 卷），法律出版社 2012 年版。

〔2〕 我国台湾地区“宪法”的表述类似。其第 19 条规定，人民有依法律纳税之义务。“司法院大法官会议”经过数次释宪，终于将其确立为税收法定主义的依据。例如，释字第二一〇号解释在其解释理由书中指出，“按人民有依法律纳税之义务，为宪法第十九条所明定，所谓依法律纳税，兼指纳税及免税之范围，均应依法律之明文”。释字第二一七号解释更是明白指出，依法律纳税，是指纳税主体、税目、税率、纳税方法及纳税期间等项而负纳税义务。转引自葛克昌：《税法基本问题》，月旦出版股份有限公司 1996 年版，第 59、60 页。

行。这里所谓的"法律",毫无疑问只能从狭义角度理解,只有全国人大及其常委会才有权制定,课税的行政法规必须经过法律授权。2000 年生效的《立法法》第 8 条确认,财税方面的基本制度只能制定法律,这无疑是对税收法定主义的再次宣告。

有很多人担心,一旦形成这种解释结论,数量众多的税收行政法规就会失去合法性,这会导致法律信仰危机和国家财政危机,动摇国家的统治根基。因此,从尽可能维护其合宪性的角度而言,人们宁愿选择对此处的"法律"做广义理解,至少将其扩展到行政法规。这种担忧实属杞人忧天。正如《税收征收管理法》第 2 条所言,法律授权国务院规定课税事宜的,国务院可以制定税收行政法规。因此,至少在形式上,税收行政法规可以通过立法授权取得合法性。实际上,改革开放以来,全国人大及其常委会的确对国务院做过授权。[1] 现行税收行政法规都是根据 1985 年全国人大对国务院的授权而制定的。因此,辅之以授权立法之后,对于《宪法》第 56 条提到的"依照法律",仍然应该从狭义的角度理解。

对比《立法法》的要求,虽然 1985 年全国人大对国务院的立法授权有瑕疵,授权过于宽泛,但是,鉴于目前的立法现实,为避免出现合法性危机,从法解释的角度维持此次授权的效力,仍有十分的必要性。不过,在《立法法》生效之后,这个立场应只适用于解决已有的授权立法,而不能允许国务院继续从事新的授权立法。今后,所有增加公民或企

---

〔1〕 1984 年第六届全国人大常委会第七次会议根据国务院的建议,决定授权国务院在实施国营企业利改税和改革工商税制的过程中,拟定有关税收条例,以草案形式发布试行,再根据试行的经验加以修订,提请全国人民代表大会常务委员会审议。决定通过后,国务院据此发布了六个税收条例草案试行。1985 年,第六届全国人大三次会议决定:授权国务院对于有关经济体制改革和对外开放方面的问题,必要时可以根据宪法,在同有关法律和全国人大及其常委会的有关决定的基本原则不相抵触的前提下,制定暂行的规定或者条例,颁布实施,并报全国人大常委会备案。据此,国务院制定了一系列税收暂行条例,包括 1986 年的《房产税暂行条例》。

业税收负担的行为,如课征新税、加重税率、扩大征收范围、取消税收减免,[1]都应该通过法律加以规定,而不能继续委由国务院决定。例如,对个人自住房屋恢复征收房产税,国务院的权力必须受到限制。即便开征新税是为了合并现有税收(如合并车船使用税和车船使用牌照税为车船税),或者取代原有税收的部分功能(如取代农林特产税涉烟叶部分的烟叶税),也必须由全国人大立法。

在控制新的授权立法的同时,也要考虑清理现有的授权立法。财政部2011年《关于加快推进财政部门依法行政依法理财的意见》指出,要按照成熟一个出台一个的原则,逐步将税收暂行条例上升为法律。虽然这个发展方向值得嘉许,但是,判断条件是否成熟的主体,不应该是财政部,也不应该是国务院,而应该是最高立法机关。十八届三中全会决定“落实税收法定原则”;十八届四中全会决定“全面推进依法治国”;2015年3月15日,税收法定原则明确写进《立法法》;中央审议通过《贯彻落实税收法定原则的实施意见》,根据党的十八大和十八届三中、四中全会精神,为“落实税收法定原则”,实施意见根据相关改革任务的进展情况,对2020年前完成相关立法工作作出了安排:(1)不再出台新的税收条例;拟新开征的税种,将根据相关工作的进展情况,同步起草相关法律草案,并适时提请全国人大常委会审议。(2)与税制改革相关的税种,将配合税制改革进程,适时将相关税收条例上升为法律,并相应废止有关税收条例。[2] (3)其他不涉及税制改革的税种,可根据相关工作进展情况和实际需要,按照积极、稳妥、有序、先易后难的原则,将相关税收条例逐步上升为法律。(4)待全部税收条例上升为法律

---

〔1〕 与经济、社会、文化、教育等政策有关的税收减免是否取消,可以赋予政府一定的权限。

〔2〕 在具体工作中,有一些税种的改革涉及面广、情况复杂,需要进行试点,可以在总结试点经验的基础上先对相关税收条例进行修改,再将条例上升为法律。

或废止后，提请全国人民代表大会废止《全国人民代表大会关于授权国务院在经济体制改革和对外开放方面可以制定暂行的规定或者条例的决定》。(5)全国人大常委会将根据上述安排，在每年的立法工作计划中安排相应的税收立法项目。

由此可见，有关税制改革准确的表述应该是，全国人大在立法能力允许的范围内，根据税制改革的整体安排，逐步将税收暂行条例上升为法律。笔者认为，正好可以利用税收暂行条例修订的机会，收回税收立法授权，将行政法规上升为法律。所有的税收暂行条例失去效力之后，全国人大就可以废止 1985 年对国务院的立法授权，遵从宪法的要求，全面推行税收法定主义了。

2. 党权、政权与人民主权：基于财政权的视角

政府财政权是一种公权，其范围覆盖政府的课税、收费、债，以及财政管理和支出等。财政权是政府存在的基础。如果政府不能课税、收费，也没有其他的收入来源，就无法维持其存在、使其为社会提供基本公共服务。不过，财政权的存在，意味着公民财产权的牺牲。正如税后财产才是公民能够实际享受的财产一样，财政权实际上成为划定公共财产与私人财产的利器，对社会财富分配起到至关重要的作用。

政府的财政权从何而来？对于这个问题的回答，古代政治家借助于“君权神授”，将权力视为上天的恩赐，子民必须臣服。按照这种观点，政府的课税、收费等，无须履行正当程序，只要政府作出决定，人民就有义务接受。而财政支出也无须顾及人民福祉，统治者的最大福利才是其根本宗旨。在这种观念的指导下，政府掌管自己的钱袋子，无须对人民负责。近现代之后，政治学的主流转向民主理论，开始强调权利的重要性，财政权才逐渐恢复其本来面目，成为服务于人民利益的工具。从国家治理现代化视角出发，“财政并非仅仅着眼于满足政府履行

职能活动的需要,而是要满足包括政府、社会组织和居民个人在内的所有国家治理主体参与国家治理活动的需求。就此而言,财政所面对的是整个国家治理体系的需要”。[1]

基于此,现代政治学理论强调了财政权行使的公共性,这种公共性通过政治权力的运行和辐射,直接影响到法律上的权益配置。《宪法》第2条确认,中华人民共和国的一切权力属于人民。不管实际落实情况如何,能够明确国家权力属于人民,这就是宪法进步性的一个体现。为了做到这一点,《宪法》第2条进一步规定,人民行使国家权力的机关是全国人民代表大会和地方各级人民代表大会。人民依照法律规定,通过各种途径和形式,管理国家事务,管理经济和文化事业,管理社会事务。这些内容既确认了公共权力的来源,又勾勒了人民行使权力的方式,为政治运作和财政实践奠定了方向。而有关执政党与财政的关系,也可以从中找到答案。

《宪法》“序言”确立了中国共产党的执政地位,这是中国的政治现实。关于党的意志如何与人民意志相统一的问题,中国共产党一直在思考和探索。总体而言,它强调自己天然的先进性,强调自己以人民利益为本位,强调自己通过革命取得政权的合法性,但对于政治程序缺乏应有的重视。比如,在总结和提炼人民意志方面,在党的意志转化为政府意志方面,目前并不存在规范稳定的制度,以党代政、党政不分的现象很严重。财政领域也不例外!

例如,财政部《政府性基金管理暂行办法》(财综〔2010〕80号)第11条规定,申请征收政府性基金,必须以法律、行政法规和中共中央、国务院文件为依据,法律、行政法规和中共中央、国务院文件没有明确规

---

〔1〕 高培勇:《论国家治理现代化框架下的财政基础理论建设》,载《中国社会科学》2014年第12期。

定征收政府性基金的，一律不予审批。事实上，这条规定并非新设，1996年《国务院关于加强预算外资金管理的决定》(国发〔1996〕29号)就已经有这个要求。允许以中共中央的文件作为征收政府性基金的法律依据，明显混淆了执政党和政府关系，对保护公民的财产权非常不利。

中共中央的文件或会议对政府具有执行力，还有一个可以为证的例子。西藏地区对口支援政策始于1994年中共中央、国务院第三次西藏工作座谈会。除了会议的要求之外，并未见到任何法律、行政法规或者部门规章对此作出规定。[1] 对新疆的对口支援也是源于2010年中共中央、国务院召开的新疆工作会议，以及会议形成的《中共中央、国务院关于推进新疆跨越式发展和长治久安的意见》。甚至连牵动全国的资源税改革，也是这次会议和这份文件决定的。此后，财政部、国家税务总局就直接发文推行了。[2]

无论多么优秀的政党，在汇集人民意志方面，除了党员的多样性和代表性外，更重要的是需要建立一套民主机制，让不同意见能够在党内充分体现，让权力能够得到有效的制约和监督。更为重要的是，即便是执政党，当其希望将党的意志转化为国家意志时，也必须经过正常的法律制定程序。以代表人民利益、富有先进性自居，用党的意志代替国家意志的做法，不是一个成熟政党的应有之道，也不是一种科学合理的执政方式。特别是对关系国计民生的财政问题，更应该奉行法治，善于运用宪法思维。

《宪法》是中国共产党领导人民制定的，本身就体现了执政党的意

---

〔1〕 参见梁彩恒：《全国对口支援西藏的现状》，载 http://politics. people. com. cn/GB/8198/50050/52280/3636709. html，访问日期：2015年7月23日。

〔2〕 参见财政部、国家税务总局：《新疆原油、天然气资源税改革若干问题的规定》(财税〔2010〕54号)。

志。执政党带头执行宪法,就是在贯彻自己的意志。党的十八大报告提出,党支持和保证人民通过人民代表大会行使国家权力。《中共中央关于全面推进依法治国若干重大问题的决定》强调“坚持依法治国首先要坚持依宪治国,坚持依法执政首先要坚持依宪执政”。在笔者看来,更为重要的是,执政党通过人民代表大会行使国家权力,依法管理国家事务和社会事务、管理经济和文化事业,包括财政税收业务。党委决定、政府执行,绕开人民代表大会的做法,不应该继续存在。

人民代表大会制度是中国根本的政治制度,体现了人民主权,必须毫不动摇地坚持和贯彻。从其秉性来看,它包含了现代政治制度的两个优秀内核。首先,它包含了选举制度,允许人民选举代表,组成行使权力的议会,人民当家做主有了基本保障。其次,它包含了政府对议会负责的制度,例如,行政首长和司法人员由人民代表大会任命,政府、法院和检察院向其报告工作,政府预算要报请其审批。只要能真正落实这两项内容,发挥其实际作用,人民代表大会制度的政治功效将无可限量。

长期以来,人民代表大会之所以被戏称为“橡皮图章”,并不是因为这个制度本身应该被废弃,恰恰是因为其潜力和作用远未发挥出来。“如果把书面的宪法体制安排比喻为一个美丽的陀螺,那么使其运转起来的力量却来自于外部——公民自主性的和平等的参与”,[1]此类论调事实上也是在强调对人民当家做主的政治诉求。目前中国政治生活和财税实践中出现的种种问题,并不是因为这项制度不适合中国,理论上就无法让人民当家做主,而是因为它形同虚设。如果实施宪治,将人民代表制度落到实处,可以预料,财税领域一定会发生根本变化,出现令

---

〔1〕 姜峰:《权利宪法化的隐忧——以社会权为中心的思考》,载《清华法学》2010 年第 5 期。

人欣喜的新气象。

其一，财税立法权将全面回归。财税法是公共财产法，[1]事关人民的财产权，因此必须实行严格的法律保留，重大事项只能由立法机关制定法律。《立法法》第 8 条已经确认，有关财政税收方面的基本制度，全国人大或全国人大常委会有专属立法权。笔者认为，无论是政府之间的财政关系，还是财政公课，都属于财税基本制度，必须制定法律。而在现实财税实践中，与此形成鲜明对比的是，财税决定权主要在国务院。例如，分税制的依据是国务院文件；现行 18 个税种只有 3 个由法律设定，即个人所得税、企业所得税和车船税，其余税种的课征依据全部是行政法规；政府性基金甚至可以根据国务院文件或中共中央文件设定。更有甚者，除了上下级地方政府之间的转移支付，中央对地方的税收返还和转移支付 2014 年就超过 5 万亿元，除 2015 年 1 月 1 日修订生效的《预算法》明确了若干基本原则，这方面至今没有任何具体法律加以规范，一般都是财政部门自行制定文件予以操作。实际上，《宪法》已经赋予人民代表大会广泛的权力，《立法法》对此有更进一步的确认和细化。顺应时势，强化政治权威，收回财税立法权，是人民代表大会制度建设的重要内容。

其二，政府“钱袋子”将得到有力管控。“在人类社会宪政制度的发展历史过程中，对于政府预算法案的审议及控制权，曾经是代议机关所取得的第一项最为重要的权力。正是凭借于这项权力，民选的代议制机关才逐步取得了对政府的整个控制与支配地位，公共财政才得以成为名副其实的民主财政，政府才得以成为名副其实的责任政府。由此

---

〔1〕 参见刘剑文、王桦宇：《公共财产权的概念及其法治逻辑》，载《中国社会科学》2014 年第 8 期。

可见预算制度对于宪政国家的建设具有何等重要的意义。”[1]在我国，预算审批是宪法赋予人民代表大会的重要职权。只要认真行使该项职权，奉行“无预算、无支出”的原则，就可以在很大程度上约束政府的财政权力。在此过程中，预算否决权是一项重要的威慑力量。政府只有担心预算草案难以通过，才会全力配合预算审批机关，对财政支出进行详细说明或论证。此外，除非有明确的排除性规定，预算修正也是预算审批的题中之义。对于不合理的开支项目，除了要求政府修改计划外，人民代表大会也可以直接修正。除全国人大制定的预算法律外，作为拥有预算否决权和调整权的机关，各级人大都有权制定预算规则或提出相关要求，要求政府在编制预算、提交预算和执行预算时遵守，即便这种规则或要求不具有正式的法律约束力。因此，即便没有《预算法》的具体授权，在管控政府的“钱袋子”方面，人民代表大会已经享有广泛的权力。这些权力来自宪法，来自人民，既是职权，也是职责，不容推脱，不容放弃。现实中人民代表大会之所以被称为“橡皮图章”，恰恰是因为其懒散懈怠，不敢积极履行职责，否决权和修正权被束之高阁，预算审批流于形式，无法起到控制财政支出的作用。

其三，财政监督将发挥重要作用。预算审批后，预算执行是非常关键的步骤，必须确保严格遵循预算的要求。除了政府内部的控制机制外，人民代表大会的监督更是责无旁贷。监督的渠道和形式可以考虑以下四个方面：(1)主动公开全部预算信息和决算信息，便于公众监督。人民代表大会应成为预算公开的义务主体之一。(2)联网动态监测财政收支过程，对违反预算的行为及时予以纠正。(3)对于重大的财政支出计划，对公众强烈质疑的工程项目，人大代表有权调查和质询，人大

---

[1] 周刚志：《论公共财政与宪政国家——作为财政宪法学的一种理论前言》，北京大学出版社2005年版，第205页。

工作机构也可以进行专项调查。(4)人民代表大会可以充分利用新闻媒体、社会公众的力量,形成监督政府和财政的合力。对于已经生效的财税法律,也要督促政府和司法机关落实,防止立法成果被束之高阁。为此,有必要建立常规性的合法性审查机制,对涉嫌违反财税法律的行为进行审查,并及时向社会公布审查结果,维护法律和立法机关的权威。

其四,财政追责机制将得到有效强化。与财政监督职能相配套,为落实人民代表大会制度,还必须强化财政追责机制,让政府真正向人民代表大会负责。除了政府和司法机关主动追究财政违法行为外,作为预算审批机关和国家权力机关,当政府和司法机关敷衍塞责、怠于履行职能时,人民代表大会有权责令政府启动行政追责程序,或者责令司法机关启动刑事追责程序。如果政府或司法机关仍然置之不理,人民代表大会可以启动罢免程序,罢免政府首长或司法机关的负责人。当然,为了做到这一点,除了全过程的财政监督之外,还必须设计出完善的责任制度,惩治违反预算及财税法律的行为。虽然人民代表大会不可能事无巨细,罗列所有可能的违法行为及其责任,但是,如果它有足够的权威,就可以要求政府内部层层细化,将其转化为可操作性的指南,供所有公务人员遵循。即便对特殊情况无法追求法律责任,人民代表待会在人事任免方面也可以充分发挥影响。毕竟,职位升迁或调动对公务人员的影响举足轻重。

可见,只要落实《宪法》确认的人民代表大会制度,财政民主和财政法定在中国的面貌将焕然一新。对于所有关心时事的中国人而言,这种图景是值得期待和追求的,也是目前中国政治改革最为现实的路径。不能不承认,新中国成立以来,人民代表大会制度已经为我国政治统一体的形成提供了根本性的制度保障。在康拉德·黑塞看来,“政治统一体需要具备两个前提条件方可形成:一是矛盾冲突及其作用影响需要拥有足够的空间；二是，需要通过规范矛盾冲突的方式来对政治统一体的创制与维护进行保障，也就是说，既不能为了政治统一体而无视或者压制其间存在的矛盾，也不能因为存在矛盾冲突就干脆放弃政治统一体的构建”。[1] 的确，政治统一体的建构是一个长期的过程，绝不能因为人民代表大会制度的动力机制尚未被充分激活就急于否定该项制度而另起炉灶。毕竟，落实人民代表大会制度的过程也许会很复杂，但突破口很明确：第一，人民代表大会必须是职业的立法机关和决策机构，政府官员、司法人员、军队现役人员拥有选举权，但不具有当选人民代表的资格。第二，无论是基层、高层还是顶层，人民代表必须由人民直接选举。政党可以推荐代表候选人，但不能操控选举。人民代表专职从事政治活动，其工作场所、工作经费和薪金由财政负担。第三，推行竞选，让候选人在选民面前充分展示自己的政治主张，让选民有选择的机会。为此，对候选人不应设置严格限制，除了政党、社会团体外，普通公民也可以联合推荐候选人。第四，执政党的先进性无须自夸，必须通过选举得到人民的确认。执政党推荐的候选人与其他候选人一样，平等地享有权利和承担义务。在过渡阶段，可以设定候选人中执政党党员的比例。随着改革的深入，这种要求应逐渐淡化乃至消失。

按照现有的人民代表选举制度，人大代表的选举过程流于形式，选举与任命无异。谁能当选代表，并不取决于其政治能力，也不取决于选民的认同，而主要取决于执政党的意志。特别是，现行制度允许政府官员、司法人员和军队现役人员作为人大代表，人民代表大会的职能进一步受到削弱。在这种模式下，真正起作用的并不是人民代表，而是人民代表大会的工作机构和官员。对于一项法律或财政提案，如果工作机构和官员没有足够的影响力，协调好方方面面的关系，尤其是与政府的

---

〔1〕［德］康拉德·黑塞：《联邦德国宪法纲要》，李辉译，商务印书馆2007年版，第10页。

关系,立法成功的可能性微乎其微。政府希望通过的法律案或财政案,只要人民代表大会的工作机构同意,最终被否决的可能性就很小。虽然在各国的议会实践中,工作机构的作用都很重要,但是,像中国这样主次颠倒、喧宾夺主,肯定不是正常的现象。只有大力改革人大代表选举制度,才能让人民代表大会发挥决策功能,成为真正意义上的国家权力机构。

3. 平等原则指导下财政法的分配职能

平等是现代社会中的普世价值,也是各国宪法普遍确认的原则。平等原则存在的意义在于,矫正现实中存在的不平等,实现社会公平正义。无可否认,人生来禀性各异,能力有大小,智力有高低,家庭出生也是五花八门。经过后天的努力,个人的学识积累、财富状况、发展平台更是大相迥异。宪法确认平等原则,并不是希望抹除这些差异性,而只是要求政府平等地对待所有公民,消除制度或规则本身的歧视性,同时尽可能帮助弱势群体,保障其生存权和发展机会,缩小社会阶层之间的差距,实现实质意义上的平等。

我国《宪法》第 33 条规定,“中华人民共和国公民在法律面前一律平等”,可见,平等也是我国法律的最高原则之一。所谓“在法律面前一律平等”,并不限于将已经制定出来的法律平等地适用于所有公民,更要求法律的内容本身符合平等原则,消除法律制度方面的歧视或优待。因此,平等原则不仅仅约束规则的执行,也要约束法律或政策的制定。只有从源头上保证规则的公正平等,法律的适用过程才会真正实现正义。平等地适用不平等的法律,只会让社会越来越不平等。当然,平等原则不是宪法唯一的考虑。在特殊情况下,为了实现实质意义上的平等,基于经济政策、文化发展等方面的考虑,法律对一部分公民或企业提供有待,不得不暂时牺牲平等原则。只要符合比例原则,适度适量,这种做法并不违反宪法的要求。

宪法平等原则运用于财政领域，便构成了财政平等主义，对财政法的分配职能具有重要的指导作用。财政平等主义从制度上则主要体现为平等对待。它既包括财政收入方面义务人的平等牺牲，也包括财政开支方面权利人的平等受益，还包括在财政程序方面的同等条件同等处理。对于已经存在的事实上的不平等，财政平等主义还要求政府采取矫正措施，通过财政手段反向调节，实现实质平等。

中国财政法所追求的是一种与市场经济良性互动的民主和法治状态，平等主义既是经济体制的必然要求，也是政治民主的有力保障。从经济发展的规律看，商品是天生的平等派。如果让强权、偏见和歧视充斥财政法的立法、执法和司法过程中，市场机制和价值规律必然失去生存的空间。从国家政权的性质看，我国是人民民主国家，国家权力来源于人民，服务于人民。因此，人民对财政事务应该有平等的参与权，财政法对人民的利益也应该给予平等的保障。

不过，正如华生教授所言，我国财政法制领域面临的最大问题之一，就是财政资源歧视性的分配以及特权财政。[1] 当住房、教育、社保、医疗等都与户口相连时，财政资源分配的不平等就已经形成制度，成为一种合法化的存在，导致和恶化了城乡差距、地域差距以及不同社会阶层之间的差距。而由于财政信息不公开、财政权力缺乏监督，凭借权力合法攫取财政资源的现象也是屡见不鲜。例如，政府公务人员可以分配社会保障房，机关食堂和幼儿园可以享受财政补贴，政府办公大楼和小汽车普遍严重超标，公款招待和公费考察开支巨大，从中受惠的都是享有权力的特殊阶层。财政法本来旨在矫正市场分配所造成的不平

---

〔1〕 华生：《财政言说的哗众取宠和财税改革的真实挑战》，载 http://blog.sina.com.cn/s/blog_48e91e520101alpa.html，访问日期：2015 年 7 月 23 日。

等，而这种财政分配反而从整体上强化了这种不平等，这无疑是现阶段我国财政法所面临的最大挑战。

除此之外，如何实现公有制对国有资本收益的预算限制也是平等原则需要格外关注的话题。国有资本收入如何收取和支配，从表面上看，这是国有资产法需要解决的问题，但是，国有资本的存在与社会主义公有制息息相关，其收入和支出应当遵守《宪法》的限制。国有资本经营预算独立运行和国有资本自肥的现象与宪法精神不符。国有资本经营预算是中国特定财政背景下的特有产物，它始于2007年9月8日《国务院关于试行国有资本经营预算的意见》（国发〔2007〕26）号，2009年生效的《企业国有资产法》对此予以确认。《国务院关于试行国有资本经营预算的意见》要求，既要保持国有资本经营预算的完整性和相对独立性，又要保持与政府公共预算（指一般预算）的相互衔接。从技术层面而言，单独编制国有资本经营预算，本身已经体现出其相对独立性。而它和政府公共预算的相互衔接，主要是通过资金交流而体现出来。

国有资本经营预算的支出主要包括资本性支出、费用性支出和其他支出。具体支出范围依据国家宏观经济政策以及不同时期国有企业改革和发展的任务，统筹安排确定。必要时，可部分用于社会保障等项支出。不难看出，这里所谓的"其他支出"，也是指与国有企业有关的支出。即便是用于社会保障支出，也是为了弥补国有企业的欠账，而不是投入一般性的社会保障事业。因此，在支出方面，国有资本经营预算与政府公共预算的联系似乎被切断。这不仅违背了国有资本经营预算的指导原则，而且与《宪法》有关社会主义公有制的规定相冲突。一旦切断国有资本经营预算和公共预算的联系，意味着国有资本收入永远只能投向国有经济，不能用于公共财政的用途。国务院要求国有资本经营预算单独编制，预算支出按照当年预算收入规模安排，不列赤字。这更表明,即便国有资本收入异常丰厚,也都会全部用于国有经济支出,不会安排资金用于公共预算项目。

国有资本收入虽然来自特定的国有经济,但是,将这种收入用于公共财政,并不违反社会主义的本质特征。毕竟,这种开支如果符合公共性,它本身就是为了全体人民的利益而存在。一旦将国有资本预算孤立,不允许国有资本收入用于公共财政,这才是对社会主义公有制精神的违背,使得国有经济本身失去了意义。国有经济之所以符合社会主义,就在于其属于全民所有。而全民所有之所以符合社会主义,就在于其消灭剥削,实行各尽所能、按劳分配的原则。然而,国有经济真的消灭了剥削吗?至少在形式上没有。只有通过一定的制度转化,才能最终实现这一目的。而将国有资本收入用于公共财政,就是实现这一转化的制度阀门。按照马克思主义剩余价值理论,资本主义经济之所以存在剥削,就在于资本家没有将工人劳动所创造的价值全部分配给工人。工人所得到的只是其中的一部分,剩余部分被资本家占有。资本家只投入了资金,资本本身不创造价值。所以,当资本家占有剩余价值时,这就意味着剥削。无论是计划经济时期,还是市场经济时期,国有企业的工人都没有得到他们所创造的价值的全部,剩余价值由代表国家的政府占有。如果政府是某一个人的政府,如果国家是某一个人的私产,这就是一种剥削。但是,假如政府通过一定的机制,将其获得的剩余价值真正用于全民,这就不再是剥削了。正因为如此,国有资本收入应当转入公共财政,由政府用于公共项目。这样,才能真正体现国有经济的社会主义性质。

将国有资本收入用于公共财政,可以增加全民的福利,减轻全民的财政负担。毕竟,国有资本本身也是取之于民,而不是国家本身所固有的。将国有资本收入用之于民,应该是国有经济的本来目的。形象地说,全国人民都是国有企业的股东,因此,全国人民都应该分享国有企业的红利。财政向国有企业收取红利,并不意味着全国人民就能实际享受。如果国有资本收入长期在国有经济内部循环,这笔资金的受益对象仍然是国有经济,而不是全体人民。可见,按照宪法的要求,从社会主义公有制的本质出发,国有资本经营收入不能“专款专用”,而应该“专款通用”。《企业国有资产法》列明国有资本经营预算收入后,并没有限定开支范围,只是规定量入为出,不列赤字,这其实就是“专款通用”的体现。一旦失去了专款专用的特质,国有资本经营预算实际上就失去了存在的价值,应该并入政府公共预算。

诸如此类的问题无不考验财政法的公平分配,攸关平等原则在法治财政中的真切落实。冰冻三尺非一日之寒。要解决这些问题,需要高度智慧和足够耐心,大而言之,宪政、民主和法治都不可或缺;具体来讲,是要重申财政平等主义,让“中华人民共和国公民在法律面前一律平等”的原则真正落实到财政实践,消除歧视性作法和特权规则,让公共财政的阳光照耀到共和国的每一个角落。

我国目前正处在社会的转型时期,旧的社会秩序和分配方式已经被打破,而新的有效治理结构并没有建立起来,城乡差距、地区差距、贫富差距越来越大,社会矛盾也表现得越来越复杂和尖锐。在这种社会背景下,宪法平等原则指导下的财政分配,有助于从制度上缩小各种不合理的差距,增强人们对消除不平等现象的信心,将社会矛盾控制在可承受的范围以内,有助于营造平等和谐的环境,鼓励公平竞争。

4. 国家之本:社会主义财政的要求和走向

中华人民共和国是工人阶级领导的、以工农联盟为基础的人民民主专政的社会主义国家。社会主义制度是中华人民共和国的根本制度。禁止任何组织或者个人破坏社会主义制度。这是《宪法》第 1 条明确规定的内容,对我国财政政策的走向有重要影响。

自从改革开放以来，发展经济成为国家第一要务，“不论白猫还是黑猫，能抓到老鼠就是好猫”。无论是资本主义还是社会主义，无论是计划经济还是市场经济，只要有利于中国经济的发展，就可以容忍其在中国存在。在这种背景下，“不争论”成为主调，“姓资”“姓社”似乎成为了纯粹的意识形态问题，在庙堂和坊间都被刻意回避。而之所以造成这个结果，主要是因为前三十年的改革实践，严重偏离《宪法》对国体的定位，造成“挂羊头、卖狗肉”的现象，所以不得不采取鸵鸟政策，应付公众的质疑。

改革开放三十年来，虽然国家经济整体发展，全体人民都从中得到利益，但是，收入分配不均的问题越来越严重，地区差距、行业差距、城乡差距越来越大。本应该成为国家主人的工人和农民，从经济发展中得到的利益反而最少。权贵官僚阶层、知识精英和资本集团控制政治和经济资源，事实上成为国家的统治者。由于奉行“政府中心主义”的国家管理模式，政府实质上主导了改革开放的进程，在这一进程中官僚与商人实现了某种程度的合谋，官僚掌握财政大权，通过大量的生产性支出刺激经济发展，攫取晋升资本，〔1〕商人也乐见政府进行大量的生产性投资，通过各种关系获取建设项目从而攫取高额利润，进而向官僚进行利益输送为其晋升提供财力支持。这种情况的出现，一方面源于制度缺陷，例如，没有实行政治民主、在选举权上限制农民、〔2〕国有企业推

〔1〕 生产性支出有利于支持企业产出的扩大，消费性支出一般是民生支出，它的增加有利于提高居民福利。政府资金是用于生产还是民生，取决于它对有配置资金权力的官员的相对效用水平，当官员较看重 GDP、税收和就业时，显然他会倾向将资金用于生产。参见吕冰洋：《从市场扭曲看政府扩张：基于财政的视角》，载《中国社会科学》2014 年第 12 期；尹恒、朱虹：《县级财政生产性支出偏向研究》，载《中国社会科学》2011 年第 1 期。

〔2〕 虽然我国于 2010 年对《选举法》进行了修改，废除了“四分之一条款”，推行了城乡公民选举权的平等化，但却并未真正解决农民的选举权问题。详细阐述可以参见姜峰：《对选举法“四分之一条款”及其代表制理论的追问——一个不同于平等论的视角》，载《中外法学》2007 年第 4 期。

行垄断等；另一方面更与漠视《宪法》、忽视改革的社会主义性质有关。

笔者呼吁宪治，主张实行民主和法治，主张扩大公民的权利和自由，主张权力相互制衡和公开透明，也赞成实行市场经济，破除国有资本的垄断地位，但是，并不倾向于抛弃社会主义。《宪法》第2条所定义的社会主义，强调工人阶级的统治地位，强调以工农联盟为基础，强调人民民主专政，这些是以一个群体对另一个群体的统治为前提的。而要建设和谐社会，政府需照顾大多数人的利益，尊重和协调不同阶层的利益冲突。从这个角度来看，社会主义的理念似乎有些过时。

但是，社会主义强调公平正义，重视对弱势群体的保护，主张增加社会福利，保护劳动阶层的合法权益，促进财富分配的公正性，这些都是值得追求的"正能量"。必须指出的是，即便一些奉行资本主义的国家和地区的主要政党也面临着日益严重的社会问题，也不得不调整策略，纷纷采取有利于促进社会公平分配的政策以应对经济衰退和贫富差距的扩大。[1] 我们如果不坚持社会主义，无法让大多数人从改革中受益，而且感受不到分配的公平，改革开放的成果就不可能稳固。从效果上看，中国此前的改革实行的是最原始的资本主义，采纳的是资本主义发展初期最血腥的制度。每一项重大的改革举措，受益的主要都是权贵阶层，受损的主要是劳动大众，弱势群体越来越被边缘化。

其实，社会主义和资本主义既有竞争也有融合。社会主义思潮为资本主义国家解决社会问题提供了借鉴，而资本主义理论也为社会主义国家发展经济提供了样本。现代资本主义早就融合了社会主义理念，成为一种社会资本主义。而推行市场经济的社会主义国家，也是在学习资本主义的做法，有可能演变成资本社会主义。不过，即便是资本

---

〔1〕 参见郑振清、巫永平：《贫富差距扩大的政治效应——全球金融危机以来东亚选举政治变迁研究》，载《中国社会科学》2014年第11期。

社会主义,其本体仍然是社会主义。在历史上,社会主义医治了资本主义的顽疾,让其成功地进入"和谐社会"。在中国引进资本主义的过程中,同样也应该坚持社会主义,防止两级分化,实现共同富裕。

以这种视角观察中国的财政政策,可以发现,其诸多方面与社会主义背道而驰。作为第二次分配的重要手段,财政政策理应在维护收入公平方面发挥重要作用,抑制高收入群体的收入增长,扩大低收入群体的利益总量。税种的设置、税率的高低、减免税的安排,财政支出的方向、结构等,都是有效的政策工具。但是,从总体上看,这些在中国基本上没有发挥应有的作用,以至于国家不得不考虑启动专门的"收入分配改革"。而收入分配改革方案长期难以出台,也证明贯彻社会主义财政政策何其之难!

长期以来,我国实行流转税为主体的税收体系,从税收规模上看,增值税、消费税和营业税等流转税占税收总收入的比重达到了70%,[1]这些税收负担最终都会转化为价格,成为消费者日常负担的一部分。对低收入群体而言,流转税会占据其消费支出的较大比例。而对高收入群体而言,由于日常消费有限,相比其收入总规模,流转税可能只是九牛一毛。况且流转税种,无法专门针对穷人减免税,所有人只能负担同样的税率。这种累退效果长此以往,必然会使穷者越穷、富者越富。

虽然个人所得税理应调节收入差距,但由于制度设计和税收征管的原因,目前实际上大部分负担都课在工薪阶层身上。工薪所得的最高边际税率达到45%,个体工商户的最高边际税率为35%,而财产转让收入、彩票中奖等却只有20%,股票转让所得甚至一直无须纳税。高收入的个人还可以通过公司避税,或者采纳其他的避税计划。最为严重

---

〔1〕 参见施正文:《分配正义与个人所得税法改革》,载《中国法学》2011年第5期。

的是,由于难以联网采集纳税信息,税务机关实际上无法掌握高收入人群的财务状况,让个人所得税沦为一只没有牙齿的老虎。

巨额房产无须缴纳房产税,赠与财产无须缴纳赠与税,继承财产无需缴纳继承税,这些重大利好让中国成为富有者的乐园。在财政开支方面,虽然政府近年来强调民生财政,推行基本公共服务均等化的政策,但是,地区差距、城乡差距还是不断扩大,农村义务教育投入不足、基本医疗服务严重短缺、公共交通设施参差不齐、社会保障水平低下等问题广泛存在,处于贫困线以下的人口虽然有所减少,但总体数额仍然十分惊人,与社会主义财政的要求明显不符。

坚持财政的社会主义原则,就是要让财政更好地发挥调节收入差距的作用,更多地照顾弱势群体的利益,让这个社会更加公正、更加和谐。为了做到这一点,有必要提高所得税、财产税的比重,减轻工薪阶层和低收入的税收负担,严厉打击恶意避税行为,并引入与分配公平密切相关的税种。在财政支出方面,应该加大转移支付的力度,财政分配向边缘地区、贫苦地区、农村地区倾斜,弥补基本公共服务的短缺。

《宪法》对中国财政法指明了方向,甚至提出了具体的指导。以上内容只是一个简单的列举。此外,《宪法》第 3 条关于国家机构实行民主集中制,第 4 条关于各民族一律平等,第 5 条关于建设社会主义法治国家,第 13 条关于保护私有财产,第 15 条关于实行社会主义市场经济,第 33 条关于国家尊重和保护人权等,都为财政法提出了具体要求。虽然现行《宪法》的确存在缺陷,甚至包括制度性障碍,但是,宪法的意义在于实施。在行宪过程中完善宪法,这本身就是宪法生命力的体现。由于宪法规则的抽象性和高度概括性,其精髓需要通过解释逐渐展现,并赋予其时代内涵。解释的空间用尽后,如果还不能解决问题,还可以启动修宪程序。“20 世纪 50 年代以来,宪法史上发生重大变化,即宪法价值的重心和基点从传统的人权和政治领域转变到经济领域,开始由政治立宪向经济立宪转化。”[1]财政立宪主义横贯政治立宪与经济立宪，凝聚了政治立宪与经济立宪的双重宪法价值，之于法治财政建设，价值不可低估。十八届三中全会决议将“财政”置于“国家治理的基础和重要支柱”高度，但如果没有法治的保障，财政就不可能真正发挥其基础性和支柱性作用。为此，我们提倡财政立宪主义，并不是期望在短期内大规模修宪，更不是试图抛开现行宪法另起炉灶，只是希望宪法的原则和精神能够得到真切贯彻。一言以蔽之，只要认真落实宪法的原则和精神，中国财政法治就有希望实现。

---

〔1〕 张淑芳主编：《宪政经济学》，中国政法大学出版社2006年版，第69页。

第二章　公共财政、民主政治与法治国家

1. 财税、政治与法治的内在关联[1]

财税和法治具有天然的紧密联系性。从缘起来看，财税问题往往是法治启蒙的导火索或法治建设的突破口，以财产权保障为主旨的权力制约理论不仅是现代财税的根基，更需要通过完善的法治加以保障；从逻辑关系来看，法治推进良法善治的落脚点是维护公民权利，而财税作为财富分割的利器，是私人财产权和公共财产权的关键连接点。财税推动法治进步的事例，在中外政治历史上屡见不鲜。

在当下我国，建立现代财税制度与推进法治中国建设相辅相成。一方面，现代财税制度需要建立在法治基础上。这意味着财税政的制定和实施不仅必须于法有据，而且应该符合正义、遵从道德，以宪法政治

---

〔1〕 本部分原载刘剑文主编：《财税法论丛》（第5卷），法律出版社2004年版，收入本书时有所更新。

为依归,实现人的全面发展;另一方面,建立现代财税制度本身也有助于推进法治中国建设。只有"理财"即是"治国","依法理财"才有可能"依法治国;只有建立良好的财税制度,方能合理分割公私财产权,保障纳税人合法权益,满足政府的合理开支需要,实现民强国富。

更重要的是,财政是国家治理的基础和重要支柱,[1]法治是治国理政的基本方式,两者在国家治理层面水乳交融,相互依托。只有遵循法治原则,把权力关进制度的笼子,财税才有可能成为优化资源配置、维护市场统一、促进社会公平、实现国家长治久安的制度保障。[2] 只有恪守财税的秉性,法治才能不断汲取其实现的物质基础,不断向前推演,成为民众的生活必需品,惠及普罗大众。而且,公共财政理念与法治的本质论都着眼于保障私权、约束公权,两者高度契合,形成法治财税新思维,作用于国家治理层面,极有可能成为国家治理的一种新模式或新理念。

财政既是社会财富的分配方式,也是执政当局的施政纲领,还是普遍有效的强制规则,因此,它是经济、政治和法律的综合载体。当财政不能适应社会发展的需要时,改革当然是首当其冲的选择。不过,财政改革的意义绝非限于经济体制,它对政治和法律同样也会产生相当的诉求。就我国当前的公共财政改革而言,如果不能辅之以民主法治的整体推进,任何方案设计最终都可能流于形式。从制衡权力、服务市场的角度看,公共财政与民主政治、法治国家是内在统一的。因此,必须

---

〔1〕 按照德国经济学家瓦格纳的解释,整个社会是由政治体系、经济体系和社会体系三个子系统构成的,而财政是连接这三个子系统的关键环节,或者说,三大子系统以财政为媒介构成了整个社会。参见李炜光:《财政何以为国家治理的基础和支柱》,载《法学评论》2014 年第 2 期。

〔2〕 参见李志萍、刘隆亨:《完善税收民主化和法治化的思考》,载《法学杂志》2010 年第 1 期;邵学峰:《税收质量研究——国家间的比较与反思》,经济科学出版社 2005 年版,第 16 ~ 19 页;杨小强:《中国税法:原理、实务与整体化》,山东人民出版社 2008 年版,第 89 页。

重新阐释公共财政的深刻含义，纠正当前实践中的工具主义倾向。

第一，公共财政是财政改革的目标。公共财政是与市场经济相适应的财政模式，其核心在于满足公共需要，如国防安全、社会治安、经济调控、环境保护等。这些需要基于市场的内在缺陷而产生，无法通过市场手段加以满足，但其对市场的发展具有不可替代的意义。因此，所谓公共财政，其实就是一种服务于市场的财政。这主要表现在，凡是市场需要的物品或服务，如果市场本身无法提供，财政就必须设法予以满足。凡是市场不需要的物品或服务，财政就不能干预。有些物品或服务虽然为市场所需要，但市场本身能够提供，财政也不能干预。这样，就可以将财政的活动范围限制在服务市场的范围内，避免财政供给的不足或过量，防止财政资金的浪费，也因此阻却财政权力的滥用。

在历史上，"王权财政"是作为公共财政对立面而存在的。王权财政是一种权力支配型财政，其职能主要是替君王筹集行政管理、领土扩张以及皇室开支的经费，财政所承担的公共职能非常有限。在自然经济条件下，这种财政模式虽然比较落后，但也有其存在的合理性。不过，到了封建社会后期，随着市场力量的萌芽、生长和壮大，王权财政对经济发展的阻碍也越来越明显。近代各国资产阶级革命的爆发，大都与国王的苛捐杂税、穷兵黩武和挥霍无度有关。因此，这其实也是一场为市场而战的财政革命。随着资产阶级革命的胜利，公共财政逐渐在各国得以建立。迄今为止，在服务市场、促进经济发展方面，公共财政已经取得巨大的成功。

我国自 1949 年以后，为了适应计划经济的发展需要，建立了一种迥异于公共财政的"国家财政"模式。一切经济资源都被纳入经济计划，从而直接成为财政的活动对象，市场交易和价值规律则被彻底摒弃。经过近三十年的实践，这种经济体制已经被证明完全失败，相关的财政模式自然也成为改革的对象。随着计划经济向市场经济的转型，财政的活动范围及方式发生了翻天覆地的变化。从彻底取代市场到弥补市场失效,从掌控一切资源到提供公共物品,中国财政的公共性逐渐凸显。到 2003 年,党的十六届三中全会决定更是要求,必须健全公共财政体制,推进财政收入、财政支出和财政管理制度的改革。这表明,公共财政已经成为我国财政改革的基本目标。

不过,到目前为止,我国财政改革的依据仍然是党和政府的政策,改革的范围也主要限于经济体制的层面。财政的民主参与程度较低,财政活动的透明度明显不足。不仅如此,财政权力的分配和行使也缺少约束,无法可依、有法不依的现象十分严重。在改革的初期,这种粗放式的模式也许能够奏效,甚至还会节约许多斡旋谈判的成本。然而,随着改革的深入,各种利益矛盾越来越激化,改革的风险也会越来越大。如果继续依赖权力部门的自律和觉悟,一旦出现领导人的重大决策失误,而又没有相应的制衡和纠错机制,其后果的严重性将是无法想象的。

因此,应该创造一种民主的氛围,使所有的利益诉求能够在开放的平台上,遵循既定的游戏规则进行交流和妥协。同时,也应该营造一个法治的环境,为权力运作设定一个起码的边界,使其不至于随心所欲、无所顾忌。从英国宪政的建立过程可以得知,公共财政与民主、法治之间呈现良性互动关系。民主法治可以促进公共财政的深入,而公共财政也可以推动民主法治的发展。所以,领导阶层应当利用财政改革的契机,有步骤地推进政治体制改革,努力建设社会主义法治国家。而市场力量也应该学会利用财政手段,积极介入民主和法治建设进程,使财政改革成为带动政治转型的先驱。如果能够从这个角度阐释党的十六届三中全会决议,笔者相信,有关财政税收体制改革的思路才会更加开阔。

第二,公共财政与民主政治之间能够良性互动。任何历史时期的财政都必须履行一定的公共职能，自然经济条件下的王权财政如此，计划经济条件下的国家财政也不例外。不过，无论是王权财政还是国家财政，受经济条件和政治环境的制约，公共意愿的实现都难以脱离权力的控制。例如，在王权财政时期，君王的权力高于一切，社会公众都是被统治的对象，社会财富也大都集中在君王手中。财政由此成为一个自足的体系，很难受到社会公众的制约。在社会矛盾不是十分尖锐的时期，公众往往通过上书的形式祈求君王体恤民情。一旦社会矛盾无法调和，暴动和起义就会成为解决政治问题的手段。即使暴动成功，改朝换代的结果仍然是君临天下，普通民众依旧无法参与财政决策的过程。财政应当履行哪些职能、如何履行职能，完全取决于执政当局的自我反省。如果其专断独行，刚愎自用，财政对公众的意愿就可能置若罔闻。只有在领导阶层比较开明，善于总结历史教训时，财政的公共性才能得到较好的体现。

在计划经济的国家财政时期，虽然在经济上实行公有制，但并没有探索出一条实现公有制的有效途径，国家所有制实际上成为财产权的普遍形式，国家的一切经济资源都被财政所垄断。在政治上，由于缺乏汇集公众意志的政治途径，国家意志实际上取代了公众意志，集权和专断成为一个共同的特点。如果政治领导人的决策一贯正确，如果计划所依赖的信息完全准确，国家财政肯定会成为历史上的财政典范。然而，谁也不能保证领导人不犯错误，谁也不能保证计划信息的绝对准确，中国从“大跃进”到“文化大革命”的惨痛教训，就已经深刻证明了这一点。因此，国家财政模式的失败也就是历史的必然。

王权财政和国家财政的共同特点是，二者都是一种权力支配型财政。财政虽然可能受到权力系统内部的监督和制约，但是，居于权力系统之外的社会公众，无法通过自身的参与，干预财政的活动进程。导致这种现象的原因既包括政治上的集权，也包括经济上的垄断。政治上的集权使社会公众被合法地排除在权力系统之外,而经济上的垄断也使得财政不依赖社会公众的贡献而自给自足。因此,这两种财政都不需要建立在民主政治的基础上,相反,他们对专制政治还会起到相当的巩固作用。但公共财政的理念与此完全不同,它是市场经济的必然产物,是国家与社会的二元化的结果。因此,公共财政必须以政治上的民主作为前提。只有真正发扬民主,市场的意志才能得以体现,而财政权力也才能得到约束。

在市场经济体制下,财产独立是一切经济活动的前提。无论是宪法还是法律,都必须将保护财产权作为核心内容。鉴于市场无法提供国防、治安等公共产品,同时也无法消除各种外溢性,权利人才不得不牺牲自己的财产,向国家缴纳税款。然而,财产权所负担的义务并不是孤立的,它以增进财产权、保护财产权作为前提。纳税更不是义务性的进贡,而是一种近似交换的行为。为了保证国家不至于索取过高代价,为了督促国家提供公共产品,权利人自然会通过各种方式介入财政的决策过程。在英国的历史上,新兴资产阶级正是通过议会斗争,逐渐将财政收入和支出权控制在自己手中。通过漫长的财政民主化实践,英国公共财政得以建立,英国的民主宪政也正式形成。这足以证明公共财政与民主政治的良性互动关系。

我国目前仍处在国家财政向公共财政的转型过程,同时也应该是集权政治向民主政治的转型过程。经过三十多年的市场化改革,市场主体的独立意识和参政意识都已经大大提高。为了防范权力滥用和决策失误,应该同步推动政治体制改革,使各方面的力量都能够参与财政权力的运作过程。首先,应当积极推行宪政,使宪法的权威在各个领域都能得到体现。无论是政府的权利还是执政党的权力,都必须通过宪法加以约束。任何违反宪法的行为,都应该承担法律责任或政治责任。其次,应当积极推行党内民主,改变目前党的权力过于集中的现状。再次,应当理顺共产党和人民代表大会的关系,强化人民代表大会的权力机关地位,使党的活动在人民代表大会的组织规则下进行。最后,应当对人民代表制度进行重大改革,改变代表的选举方式和组成结构,逐步进行直接选举,并使人民代表专职化。

如果不尊重市场力量的政治诉求,如果不通过合理的制度使权力真正服务于市场,公共财政永远将无法摆脱权力的支配,公共财政的改革最后也只会满足于表象。经过三十多年的市场化改革,我国的财政公共化已经取得了长足的进步,但政治体制改革仍然裹足不前,财政民主的过程十分艰难。无论是财政收入还是财政支出,实际上都无法由市场力量民主决定,财政权力仍然处于不受控制的状态。从法理上看,这与我国宪法所规定的一切权力来源于人民是相冲突的。从实践效果上看,各种落后势力仍然在凭借专制体制的余威,从事各种破坏市场的行径。日益膨胀的税外收费之所以无法控制,主要是因为财政权力至今难以受到市场的制约。财政开支之所以浪费严重,也是因为市场主体无法参与预算审批的过程。

当然,我们也看到,无论是全国人大,还是少数经济发达地区的地方人大,都在积极参与财政活动的决策和监督过程,财政权力已经受到一定程度的制约。我们相信,这种趋势还会继续保持和发展下去。不过,由于制度本身的缺陷,人大的力量仍然非常薄弱。无论是预算审批还是预算监督,都存在许多难以克服的问题。因此,要想真正实现对财政权力的控制,必须实行制度创新,从政治体制改革的高度予以配合。否则,不管市场对财政民主的呼声如何强烈,各种既得利益都不会自动退出历史舞台。从路径设计上看,正如稳步推进的经济体制改革一样,随着公共财政改革的进程,逐步改革政治体制,应当是一条成本最低的选择。

第三,公共财政对法治国家有内在的要求。毋庸置疑,公共财政对民主政治的诉求,必须通过相应的制度予以落实。从人类历史的经验看,制度的最佳选择只能是法律,而法治正是其发展的最高境界。早在两千多年前,亚里士多德就已经提出,法治的意义在于制定良好的法律,并使其得到公正平等的适用。不过,在奴隶制和封建制时代,由于受经济发展水平的限制,法治只能是一个美好的梦想。法律成为君王统治百姓和臣民的工具,无法成为人民治理国家的有效手段。随着资本主义国家的建立,市场为权力立法的趋势越来越明显,法治国家的轮廓才逐渐显现。从这个意义上说,也只有在市场经济条件下,随着民主政治的推行,法治国家才有可能真正实现。

按照公共财政的观点,财政权力并没有独立于市场的价值,它来源于市场,也必须服务于市场。为了正确处理市场与财政的关系,除了民主决定财政事宜之外,还必须以强有力的方式划定财政活动的边界。在边界以内的事宜,是财政必须履行的义务,既不能推托,也不能懈怠。超出边界的事宜,财政则不能擅自越位。无论是失职还是越权,都必须承担相应的责任。如果财政权力不受边界的限制,不管授权的过程如何庄严肃穆,不管权力的载体道德如何高尚,不受制约的权力最终都会走向反面,成为公共财政的反对力量。由此可知,公共财政必须以法治国家为基础,才有可能真正实现。

法治国家原则首先要求,财政行为必须有法律依据。因此,立法机关必须切实履行职责,对财政支出、收入及管理等方面的重大事项,制定切实可行的法律规则。如果没有法律对财政权力的限制,市场与国家的界限就有可能被突破。遗憾的是,由于长期行政主导的影响,我国财政立法相当薄弱。迄今为止,经由全国人大或其常委会制定的法律,在财政收入领域只有四部,[1]财政管理领域只有两部,[2]而财政支出

---

〔1〕 即《个人所得税法》《企业所得税法》《车船税法》《税收征收管理法》。

〔2〕 即《预算法》《审计法》。不过,《各级人民代表大会常务委员会监督法》《企业国有资产法》也与财政有着紧密的联系。

领域一部。[1] 其余的大部分为国务院颁布的行政法规，有的甚至只是财政部或税务总局的内部规范性文件。虽然近五年来，市场化的财政改革逐步推进，公共财政的方向也日渐明了，但是，大部分改革措施仍然表现为党和政府的政策，法律所发挥的作用微乎其微。

即便是已经制定的法律，如果其不能在实践中得到遵守，其法律效果也无法显现。因此，法治国家原则还必须关注法律的执行。从我国目前的情况看，除了税收法律的执行相比较为规范外，其他领域的财政秩序仍然非常混乱，有法不依、执法不严、违法不究的现象非常严重。这种结果固然与法律的不完善有关，但更为重要的原因是，缺乏一种有效的监督机制，违法行为不能得到查处和纠正。例如，国家审计署 2003 年起每年公布的审计报告表明，中央国家机关违法使用资金的数额触目惊心。但时至今日，未见任何有关追究法律责任的下文。可见，政府的内部监督固然重要，但其局限性仍然十分明显。从财政民主的角度看，只有加强人民代表大会的监督权，提高财政的透明度，才是有效治理财政秩序的根本之道。

应该看到，法治国家虽然是公共财政的基础，但并非只有等到法治完全实现后，才能考虑财政的公共性问题。事实上，公共财政与法治国家相辅相成，二者之间呈现良性的互动关系。例如，公共财政主张权力来源于市场，主张权力服务于市场，主张通过市场力量约束权力，这些与法治国家原则都是天然一致的。改革开放三十多年来，我国法制虽然仍然落后于经济发展的需要，但总的来说，经济体制改革不断推动着法制的进步。随着市场的力量的壮大，国家的权力在逐渐缩小，这也是一个不争的事实。和以往的财政体制改革不同的是，公共财政的理念不仅涉及财政收入，更突出了财政支出和财政管理，因而越来越接近控

---

〔1〕 即《政府采购法》。

制权力的核心。如果能够借助公共财政改革的动力，将财政权力限制在市场可以接受的范围内，这对提升我国的法治水平无疑是极大的促进。

例如，尽管我国《预算法》存在很多不尽如人意的地方，但是，有关预算编制、审批、执行和监督方面的要求，对政府的财政权力仍然是一种重要的制约。近几年来，随着公共财政改革的深入，人大逐步加大了对预算审查的力度，对预算的编制、全口径预算以及预算的执行等，都提出了很多具体的要求。由于预算活动牵一发而动全身，因此，预算的规范化也就等于权力的规范化。只有当政府每花一分钱都必须经过预算审批时，才能表明政府的“钱袋子”掌握在人民手中。也只有发展到这一步，才能真正实现法治国家原则。尽管预算改革牵涉人大制度本身的完善，牵涉财政支出、收入和管理的综合配套，但是，这些都是我国法治化进程中不可回避的选择。因此，应当充分利用公共财政改革的契机，加大人大对政府的预算控制，努力使其成为我国法制建设的突破口。

在第十届和第十一届全国人大常委会的立法规划中，与公共财政相关的立法项目占据了耀眼的份额，说明立法部门意识到了财政法治建设的重要性。尽管其中有不少立法项目迄今尚未完成，如《税收基本法》制定等，但是，每一个立法项目都激起了社会广泛的关注。例如，《企业所得税法》《社会保险法》《企业国有资产法》的制定，《个人所得税法》的修改，都曾经是媒体和网络持续报道的热点新闻。2004 年《宪法修正案》将《宪法》第 13 条修改为：“公民的合法的私有财产不受侵犯。”“国家依照法律规定保护公民的私有财产权和继承权。”“国家为了公共利益的需要，可以依照法律规定对公民的私有财产实行征收或者征用并给予补偿。”这进一步体现了对公民私有财产的保护。从某种意义上讲，这是市场经济发展的结果，也是公共财政改革的必然要求。如果财政权不以公民的财产权为前提,如果公民不能凭借财产权对抗国家的财政权,无论是公共财政或是法治国家,都只能是一句美丽的谎言。

财政法本来就是一个非常敏感的领域,它不仅关乎经济、社会、民生,而且与政治改革的进程息息相关。当社会还无法就相关问题达成共识时,立法也需要节制和审慎。因此,无论市场的要求如何强烈,按照我国现实的国情,以及事物发展的内在规律,公共财政、法治国家,都将是一个较长的历史过程。笔者并不指望一朝一夕完成罗马城的建设。但是,无论是最高决策者,还是普通的社会公众,都必须清醒地意识到,公共财政不是一个孤立的体系,而是经济、政治和法律的综合载体。在当前的财政改革实践中,应当随时从民主和法治的层面予以呼应。如果就财政论财政,一叶障目不见森林,不仅公共财政的理念无法真正实现,而且也可能贻误民主改革和法治建设的最佳时机。只有深刻认识财政、政治和法律之间的良性互动,深层次财政改革的目标才有可能实现,新一轮财税改革也才能取得预期的成效。

2. 公共财政的形式要素:财政法定〔1〕

一般而言,议会对财政事项行使决定权,可以通过两种法律途径:一是对具体财政问题进行审查批准,二是将有关财政活动的普遍规则制定为法律。因此,从渊源上看,财政法定主义实际上是财政民主主义的一种实现形式。在财政法的发展史上,财政法定也往往和财政民主交错重叠。英国的《大宪章》《权利请愿书》《权利法案》,美国的《独立宣言》《弗吉尼亚权利法案》,法国的《人权与公民权利宣言》等重要的

---

〔1〕 本部分及之后三部分内容源自《财政法基本原则论纲》,载《中国法学》2004 年第 3 期,收入本书时有所增删和更新。

宪法性文件，大多以人民“同意权”的形式，表述人民在财政方面的基本权利。这种“同意权”既是财政民主主义的法律依据，也是财政法定主义的理论渊源。

由于近代资产阶级革命大多起源于税收危机，税收具有否定公民财产权的特征，公法对财政的关注首先是从税收开始的，财政法定主义最初只是以税收法定主义的形式而存在。在现代行政法的视野中，法律保留的范围一般也只限于侵害行政，而与财政支出有关的授益行政几乎不受限制，可以通过授权立法的形式由政府决定。然而，随着财政职能的扩张，财政的影响也越来越大。除了税收之外，费用征收、国债发行、社会保障、转移支付等，无一不关系到人民的切身利益。即便财政支出是一种授益行政，其法律效果也并非如此单纯。在财政资源有限的情况下，对特定主体的授益，其实就是对其他主体的侵害。有鉴于此，财政法定的范围也逐渐从税收，扩展到其他财政收支形式，从而为财政民主奠定了更为宽广和坚实的基础。

由于法律的制定程序远比审批具体财政事项严格，因此，财政法定主义有利于在更高的层次实现财政民主。一般情况下，法律规定的内容涉及财政活动的普遍规则，对所有的财政主体和财政行为，都具有约束力和指导效力，因此，财政法定主义也较为适合现代社会条件下，日益变化和纷繁复杂的财政实践，便于掌控财政活动的宏观秩序。由于法律的稳定性、可预测性，一旦立法程序完成，在具体的执行过程中，立法机关自己也必须受其约束，不能随意变动。这种状况的有利之处在于，便于形成一种稳定的财政秩序，为财政活动在国际上取得信誉，也便于协调国内各种阶层的利益冲突，使各种利益诉求通过立法程序达到平衡。除此之外，它也有利于财政相对人形成稳定的预期，以便及时调整自己的生产和生活。

财政法定并不是空洞的口号，而是现行《宪法》的要求。无论是财政权的来源、财政权的实现行使，还是国有资本收益的使用、税收立法权的归属，抑或是财政平等主义，都可以从宪法中找到答案。并且，考虑到财政问题的重要程度，我国《立法法》第8条和第9条规定，财政税收基本制度只能由全国人民代表大会立法。只有当财政税收基本制度尚未制定法律时，根据全国人民代表大会及其常务委员会的授权，国务院对其中的部分事项先制定行政法规。尽管这种允许授权立法的规定尚不够彻底，但在我国目前的情况下也算是一种进步。可以说，这是我国财政法定的直接法律依据，对整个财政立法都具有普遍的约束力。并且，为了规范授权立法，改变授权立法过于原则、笼统的现状，2015年新修订的《立法法》将第10条改为两条，作为第10条、第12条，修改为："第十条　授权决定应当明确授权的目的、事项、范围、期限以及被授权机关实施授权决定应当遵循的原则等。授权的期限不得超过五年，但是授权决定另有规定的除外。被授权机关应当在授权期限届满的六个月以前，向授权机关报告授权决定实施的情况，并提出是否需要制定有关法律的意见；需要继续授权的，可以提出相关意见，由全国人民代表大会及其常务委员会决定。第十二条　被授权机关应当严格按照授权决定行使被授予的权力。被授权机关不得将被授予的权力转授给其他机关。"这无疑对财政法定的实现起着巨大的推动作用。中国加入世界贸易组织之后，公开透明也成为财政法的努力目标。如果能将基本财税制度的立法权，统一集中在立法机关手中，使财政法定的要求真正落到实处，其将在这方面发挥不可替代的作用。

财政法定主义是财政民主的具体体现，它以财政民主作为基础，同时也是财政民主非常重要的实现途径。这里所谓的"法"，应该仅指由人民代表所组成的最高权力机关所制定的法律，但财政"法定"并不是要求对一切财政行为都制定专门的法律，而只是要求财政行为必须具有法律依据，必须得到法律的明确许可或立法机关的专门授权。[1] 只有在法律允许的范围内，政府才享有财政方面的自由裁量权。财政法定主义一般表现在以下几个方面：

首先是财政权力（利）法定。财政权所包含的内容是十分宽广的，它既包括立法机关的财政立法权，也包括政府及其所属各部门就财政事项所享有的决策权、执行权和监督权等。它既包括上级政府对下级政府的财政权力，也包括下级政府对上级政府的财政权利，甚至包括没有行政隶属关系的地方政府之间相互享有的财政权利。它既包括政府作为整体对财政相对人所享有的命令权、禁止权，也包括财政相对人对政府依法享有的监督权、请求权等。

财政权力（利）法定的主要目的在于督促政府在法定的授权范围内行事，防止超越职权和滥用职权的现象发生，同时也是为了明确财政关系中利益分配的法律界限，保护财政相对人的合法权益。当财政主体从事一定的行为时，如果法律没有赋予相应的权力（利），该行为的法律效力应当被否定。为此，财政权力（利）的设定应当尽可能具体明确，不能出现含混模糊的地方。财政权力（利）内部的效力等级，同级财政权力（利）之间效力冲突的协调，财政权力与财政权利之间的关系协调，等等，都应当在财政法中事先予以明确。

其次是财政义务法定。和财政权力（利）一样，财政义务种类也是十分复杂的。一般情况下，财政权力（利）与财政义务相对应，一方的财

---

〔1〕 例如，就行政事业性收费而言，要求每一项收费都制定法律明显不可行。但是，行政事业性收费的开征要遵循何种法律标准和程序，资金使用有何具体要求，却非常有必要通过专门的法律加以明确。我国台湾地区的“规费法”所起到的就是这个作用。此外，对于政府性基金，虽然目前难以做到一项基金一部法律，但是，最起码基金的设立只能通过法律规定。国务院或中共中央的文件，甚至行政法规，都不宜作为政府性基金的设立依据。

政权力（利）正好是对方的财政义务。如对于预算请款权来说，[1]财政机关的拨款就构成相应的义务；对于税务机关的税收请求权来说，纳税人缴纳税款就构成相应的义务。当然，也不排除一些程序性的纯粹义务设定，不以对方的权力（利）作为前提，如纳税申报义务等。不论是哪种类型的财政义务，都应当通过法律事先明定，以便于当事人预测自己的负担。

法律所要规定的，除了财政义务的种类之外，还应该包括财政义务的构成要件、具体内容、衡量标准等要素。大体来说，对于程序性的义务，法律规定的条件可以略微宽松，甚至不妨授权财政机关根据财政管理的需要具体把握。但对于涉及财政相对人财产权利方面的义务，则必须事先设置严格的法律条件，如纳税义务、费用交纳义务等即属此种类型。财政主体只需承受法律明确规定的义务，超出法定义务范围的事项可以拒绝。

和其他公法领域一样，财政机关所享有的财政权力是不可放弃的，因此有效行使财政权力本身也是财政机关的一种义务。不论财政机关放弃自己的权力，还是怠于行使自己的权力，都是一种失职行为，都会对公众利益带来损害，因此必须得到制止。

除了以上内容的法定，还有财政程序法定。财政程序法定的目的在于，保障财政权力在既定的制度框架内有效运作，保障财政行为的透

---

〔1〕　预算审批通过并公布之后，预算用款单位是否有权要求政府拨款，这是预算请款权需要讨论的内容。如果认为预算只是对政府的最高限额授权，那么，在此范围内，政府有权根据情况决定是否拨款以及如何拨款，而用款单位却无权要求政府按预算拨款。如果认为预算不仅是一种授权，同时也是一种义务设定，那么，预算确定的拨款项目，政府就必须按时足额拨付，而用款单位也有权向政府请求。按照我国《预算法》第 47 条的规定，“各级政府财政部门必须依照法律、行政法规和国务院财政部门的规定，及时、足额地拨付预算支出资金，加强对预算支出的管理和监督。各级政府、各部门、各单位的支出必须按照预算执行”。我们认为，为了督促政府严格执行预算，可以考虑赋予用款单位预算请款权。在预算被修改或调整之前，必须执行现有的预算。对于因此可能发生的争议，有必要设计一套公法程序予以救济。

明度、公正性和规范性，为财政民主奠定良好的法治基础。需要由法律直接规定的程序主要有财政立法程序、财政行政程序、财政监督程序和财政司法救济程序。

财政立法程序主要由立法法作出规定。如我国《立法法》对法律、行政法规、部门规章、地方性法规和规章等的制定程序都作了较为详细的规定，这些内容同样适用于财政法的制定过程。立法程序法定不仅有利于规范财政行政立法和地方立法，同时对于最高国家权力机关本身也是一种有力的制约。

财政行政程序主要由行政程序法作出规定。由法律直接规定财政行政程序，旨在通过程序的公正实现实体的公正，有利于规范财政机关的财政行为。我国目前除了税收征收程序、财政处罚程序、财政预算程序有直接的法律规定外，其余部分还没有达到程序法定的要求。

财政监督程序除了行政机关的内部监督外，同时也要考虑权力机关的外部监督。《审计法》只能规范行政内部监督，不能规范权力机关的监督。只有通过立法的形式明确规定财政监督的程序，监督机关才能合法有效地行使监督权，对被监督单位也是一种权利保障。

财政救济程序既包括行政救济程序，也包括司法救济程序。救济程序适用于解决财政机关与相对人之间的财政冲突，因此必须以法律的形式加以规定。我国目前既有《行政复议法》，又有《行政诉讼法》，它们对财政税收方面的救济都具有适用效力。

最后是财政责任法定。财政责任是一种督促财政主体合法履行财政权力，切实履行财政义务的外力保障机制。虽然它不是一种常态，但由于它对当事人的财产、职位、机会等影响甚深，因此必须于法有据。财政责任既可能因财政机关违反法定义务而引发，也可能因财政相对人违反法定义务而引发。财政责任的种类除了行政处分、行政处罚、行政赔偿之外，情节严重的还应当承担刑事责任。另外，随着财政法治进程的深入,类似引咎辞职之类的政治责任和罚息、支付违约金、强制支付之类的经济责任也应当适时引入财政法,以增强其可救济性成分和刚性色彩。

前者在于财政权力(利)、义务、程序、责任的法定,而从另一个角度,财政法定也可以由收入法定、财政平衡的法治保障、财政支出的法治约束三部分构成。

首先是财政收入法定。根据现代国家财政收入的构成,财政收入法主要包括税法、公债法、费用法、彩票法以及某些特定的资产收益法等。财政收入行为立法的目的,一方面是为了解决政府行为的合法性,为财政收入的获取提供法律依据;另一方面也是为了约束政府的行为,防止其滥用行政权力,随意侵犯公民财产权。财政收入法虽然在形式上表现为给财产设定负担,但这种负担本身是以尊重财产权、保护财产权作为前提。因此政府汲取收入必须在法治的视野下遵循一定的原则,使负担在公民之间平等分配,同时还必须遵循一定的程序,以体现财产权人的参与和同意,并督促相关政府部门依法行政。

在不同的历史时期,政府财政收入来源也不一样。在封建制时期,官产收入,如土地收入、盐铁专营等,是政府主要的收入来源。在这种背景下,土地租赁或买卖法、盐铁专营法等,事实上具有财政收入法的内容。在资本主义时期,由于财产私有制广泛推行,税收开始取代官产收入,成为政府的主要收入来源。与此相适应,税法开始备受瞩目,成为财政收入法的主要形式。不过,随着资本主义政府职能的扩展,税收开始难以满足日益膨胀的财政需要,公债、规费、政府性基金等逐渐在财政收入结构中发挥不可替代的作用。与此相适应,公债法、规费、政府性基金等逐渐在财政收入结构中发挥不可替代的作用。与此相适应,公债法、规费法、政府性基金法等也应运而生。

在不同的经济体制背景下,政府财政收入来源也不一样。在公有制的计划经济时期,由于国有经济成分占绝对比重,投资利润成为政府的主要收入来源。加之政府对国有企业直接控制。企业收入甚至泛化为财政收入,企业支出也泛化为财政支出。所以,根本无须对财政收入专门立法,通过国营企业法就可以达到目的。不过,这种体制在中国已成为历史。由于企业的资本来源多元化,政府不得不考虑以税收的方式获取收入。和利润不同的是,税收无须以投资关系或者所有权作为前提。对于私人所有的企业或者财产,政府仍然可以基于一定的原则而分享。在这种情况下,税法开始出现并逐渐发达。与此同时,公债法、费用征收法、彩票法等也相继涌现。

在权力专制时期,创造相关的财政缴纳义务,保障政府获得财政收入,制裁财政违法行为,是财政收入法的主要功能。但是在民主法治时期,法律的作用在于保护公民权利,维护公民的财产和自由。因此,财政收入法的功能也同样经历了转型。例如,在传统的观念中,税法是侵犯人民财产的法律。但在现代法治观念的指导下,税法已经成为限制课税权、保护公民合法财产的法律。"无代表,不纳税"就是其最好的体现。如果没有经过公民的同意,如果不将税款用于合宪目的,如果税收侵犯公民的生存权,公民就有权拒绝纳税。在现代社会中,税收经过公民同意的途径,就是由代议制机关制定法律。除此以外的规费法、公债法、彩票法等,虽然法律规制形式不一,但其出发点都是一样的。收入法定是实现法治财政保护公民权利,维护公民的财产和自由目的的前提和重要保障。

其次是财政平衡的法治保障。财政平衡法主要涉及政府间的财政关系,它包括财政收支划分法和财政转移支付法。财政平衡法以财政民主为基础,是财政分权的必然产物。中央政府及各级地方政府的收支范围、下级政府对上级的财政上缴、上级政府对下级的财政拨款,都通过财政平衡法予以规范。为了保证各级政府财力真正均衡,财政平衡法必须科学测算各级财政的收支范围及转移支付的标准或额度,因而使其显示出很强的技术性。另外,为保证财力分配的公平与科学,财政平衡法宜由超越当事人之外的立法机关加以制定,中央政府的立法权应当受到限制。

财政平衡法的目的在于维持一国中央和地方之间、地方相互之间的财力均衡。事实上,中央与地方之间的财力均衡取决于制度安排。例如,通过财政收支划分法,可以将财政支出的范围、财政收入的分享进行划分。一般而言,在划分收入时需要赋予中央机动财力,以满足其维护国家统一和宏观调控经济的职能。不过,通过转移支付制度的实施,这部分机动财力可以通过不同形式返还给地方。财政平衡制度涉及的好坏,直接影响到中央和地方财力的均衡。当然财力均衡的标准不在于绝对数字,而在于各自行使职能的需要。中央财力的有余或不足,地方财政的不足或者有余,都会影响其职能的有效发挥,因此必须通过一定的方式予以调节。

所谓地方之间的财力均衡,仅仅是指各地之间的相对均衡。由于经济发展的起点不一、机会不等,不同地域之间的差客观存在。财政平衡法的作用,不在于在规定时期内消除这种差距,而在于通过积极的努力,不断缩小这种差距,使各个地方提供公共服务的能力大致相当。一般而言,由于需要建立全国统一的规则,财政收支划分法很难体现对落后地区的特别照顾。考虑到特别地区的特殊需要,在划分财政收入时,中央获得充裕的财政资金,以保证转移支付职能的发挥,就是一种不容置疑的正当需求了。通过中央这个环节的转移支付,先进地区的收入部分转移到落后地区,从而可以使地区间的差距逐渐缩小。从这个角度而言,财政平衡是一个动态的过程,是一个追求的目标,它并不代表绝对的平均化。

财政平衡法在一国法律体系中具有重要地位。财政平衡法的内容或者体现于宪法,或者体现于专门的财政法。例如,德意志联邦共和国由联邦、州和地方(市镇)三级政府组成。每个州都有自己的宪法、联邦政府和各州政府依据宪法分别在各自的范围内履行宪法赋予的职责。1949 年《联邦基本法》专辟第十章《财政》,对联邦和州的公共开支、税收立法权、税收分配、财政补贴和财政管理等基本事项作出了明确的规定。1969 年的《联邦财政均衡法》是实行州财政平衡改革的产物,集中体现了德国的转移支付制度,自生效以来,经过了多次修订。现行的《联邦财政均衡法》是于 1993 年 6 月修订,1995 年开始生效的,其主要通过规定纵向财政平衡法和横向财政平衡两种方法来实现各级政府的财政平衡。

美国是由 50 个州组成的联邦制国家,州以下有 8 万多个地方政府。联邦政府和各州政府依据宪法分别在各自的范围内履行宪法赋予的职责。《联邦宪法》中关于财政的规定是国家财政法的立法基础,联邦议会、州议会、地方议会都有根据《联邦宪法》的规定通过相应财政立法的权力。日本于 1947 年颁行《财政法》,其中第一章总则以保持适度的财政收支划分等内容为中心,对财政均衡、公债制度等作了总的规定。1948 年,日本又颁行《地方财政法》。除此之外,日本《地方自治法》中也有大量内容涉及财政平衡。

我国目前还没有专门的财政平衡法,但国务院和财政部发布的规范性文件中,有一些涉及财政收支划分和转移支付,事实上构成了我国财政平衡法的主要内容。例如,1993 年国务院发布了《关于实行分税制财政管理体制的决定》;2001 年国务院印发了《所得税收入分享改革方案》;2003 年国务院又发布了《关于明确中央与地方所得税分享比例的通知》。再如 1994 年财政部发布了《过渡期转移支付办法(1995)》,并经历若干修正。2002 年起,财政部开始发布《一般性转移支付办法》,并针对民族地区、农村税费改革等,制定了一些专项转移支付办法。

除此之外，对于跨地域的大型工程，如电厂、铁路、城际交通等，税收如何在省级行政区域中划分，财政部也有一些相关的专项规定。例如，《财政部关于三峡电站税收分配有关问题的通知》（财政〔2003〕7号）就对三峡电站的税收如何在重庆市和湖北省之间进行分配作了规定。另外，根据《国务院关于印发所得税收入分享改革方案的通知》，企业所得税是中央和地方分享。对于跨地区经营集中缴库的企业所得税，其中属于地方分享的部分，需要在地方政府间进行分配。为此财政部、国家税务总局和中国人民银行联合下发了《跨省市总分机构企业所得税分配及预算管理暂行办法》（财政〔2008〕10号）。该办法规定，属于中央与地方共享收入范围的跨省市总分机构企业缴纳的企业所得税，按照统一规范、兼顾总机构和分支机构所在地利益的原则，实行"统一计算、分级管理、就地预缴、汇总清算、财政调库"的处理办法，总分机构统一计算的档期应纳税额的地方分享部分，25%由总机构所在地分享，50%由各分支机构所在地分享，25%按一定比例在各地间进行分配。[1]

最后是财政支出的法治约束。由于财政支出关系一般都具有受益

〔1〕 根据该文件规定，总机构在每月或每季终了之日起十日内，按照以前年度(1～6月按上上年，7～12月按上年)各省市分支机构的经营收入、职工工资和资产总额三个因素，将统一计算的企业当期应纳税额的50%在各分支机构之间进行分摊（总机构所在省市同时设有分支机构的，同样按三个因素分摊），各分支机构根据分摊税款就地办理缴库，所缴纳税款收入由中央与分支机构所在地按60∶40分享。分摊时三个因素的权重依次为0.35、0.35和0.3，当年新设的机构第二年起参与分摊，当年撤销的分支机构第二年起不参与分摊。总机构应将统一计算的企业当期应纳税额的剩余25%，就地缴入中央国库，所缴纳税款收入60%为中央收入，40%由财政部按照2004年至2006年各省市三年实际分享企业所得税占地方分享总额的比例定期向各省市分配。跨省市总分机构企业缴纳的所得税滞纳金、罚款收入，不实行跨地区分享，按中央与地方60∶40分成比例就地缴库。需要退还的所得税税款滞纳金和罚款收入仍按现行管理办法办理审批退库手续。分配给地方的跨省市总分机构企业所得税收入，以及省区域内跨市县经营企业缴纳的企业所得税收入，可参照本办法制定省以下分配与预算管理办法。

性，相对人不仅不会受到利益侵害，反而能从中得益，因此我国财政支出法向来不受法学研究及立法者的重视。目前除了《政府采购法》外，其余领域都明显缺乏法律的深度干预，使财政权力具备很大的自由裁量空间。这种不受民主统治的绝对权力能否造福于民，完全取决于执法者的个人素质，制度上很难得到保障。为了防止权力滥用，强化财政支出的法治约束实属必要。

财政支出法主要包括财政拨款法、财政采购法、财政投资法和财政贷款法。虽然这几种财政支出都应该经过财政预算，但其各自的标准、程序、管理和监督仍然需要相应的法律规定，从而使得财政支出法成为财政法中最复杂、最重要的领域之一。

财政拨款法主要规范政府无对价的资金拨付行为，如行政事业单位经费的拨付、社会保障资金的支付、政府对企业的补贴或对公民的救济等。除了财政拨款的指导思想和原则外，我国财政拨款法目前亟待解决的问题是拨款的标准和程序问题。对于法定的财政拨款，应通过切实有力的方式保障相对人的受领权。对于行政机关可以自由裁量的财政拨款，也应该通过一定的标准和程序加以规范。从这方面看，财政拨款法必须与社会保障法、行政标准法、产业政策法等相结合，才能达真正达到目的。

财政采购法主要规范政府有对价的资金拨付行为，如采购物资、工程和劳务等，其目的在于提高财政资金的使用效率，保证政府采购过程的廉洁透明，同时贯彻国家的宏观经济政策。政府采购法主要规定采购原则、采购主体、采购范围、采购方式、采购程序、采购的监督与投诉等问题，它主要是一个程序法，具体的采购标准和资金来源都必须以财政预算作为基础，不能超出预算核准的范围。

财政投资法主要规范政府对公用企业、基础设施、高科技企业等的投资行为，通过选题、立项、评估、审批、监督等环节的制度控制，达到降低成本、提高效率、防止腐败等目的。由于财政投资大多以设立国有企业的形式进行，因此财政投资法与国有企业法的关系十分密切。一般而言，财政投资法主要规定投资行为的立项、投资形式的选择、投资范围的确定、投资项目的管理、投资利益的回收等内容。这些内容确定后，企业的设立、管理等完全可以由国有企业法甚至普通的公司法进行规范。

财政贷款法主要规范中央对地方政府、上级地方政府对下级地方政府的借贷行为，以及政府或政策性银行对企业或重大工程项目的贷款行为。财政对国有企业的贷款行为在我国早就以“周转金”的形式存在，政府之间的借贷现象大多则是近十年以来分税制的产物。由于地方政府财力不足，又不能发行公债，因此，当遇到重大困难时，向上级政府借款成为迫不得已的选择。随着政府间财政关系的理顺，虽然这种现象将会明显减少，但上级政府也可以有意识地将其作为一种宏观调控的措施加以保留。至于政策性银行向企业的贷款，从表面上是金融行为，但实际上还是一种财政行为，因为政策性银行的全部注册资金来自于财政拨款，其行为必须满足财政政策的需要。

1994 年我国就已经开始了的预算体制改革，到目前已经取得了较大成绩，初步建立了税制和分税制财政体制，迈出了向公共财政转变的第一步。但整个财政体制的改革是一个宏大而系统的工程，已经进行了的改革主要完成了财政“收”的部分，而同等重要的“支”的改革尚待进行。完善我国财政支出法律制度，当务之急是要强化预算授权制度和支出基准制度，推广收支分离制度，完善国库集中支付制度和政府采购制度，促进公共财政建设，加强对财政支出的法治约束。

财政法定主义是财政民主主义的重要实现形式，它强调财政运行的稳定性、规范性和可预测性，对我国财政实践具有重要的指导意义。

长期以来，我们已经习惯于政府对财政活动的主导，习惯于以政策规定指挥财政的进程，习惯于运动式的财政管理方式，对财政法定的意义没有给予高度的重视。正因为如此，在财政领域，直接由全国人大制定的法律少之又少，国务院制定的行政法规次之，内容最为复杂庞大的还是各级党委和政府发布的政策性文件。[1] 这些文件有的是对现行法律的解释或补充，有的是对立法空白的填补，还有的直接在修改现行法律的具体规定，与财政法定主义存在很大的偏差甚至冲突。

按照财政法定主义的要求，无论是党的政策，还是政府的政策，都必须在法律的框架下运行才具有合法性。虽然政策对立法具有指导性，但也只有转变成立法之后才能起到规范作用。虽然政策在执行过程具有灵活性，但这种灵活性也必须在法律允许的范围内才能体现。因此，我国的财政实践必须从政府主导性财政、政策主导性财政，转变为法律主导性财政。只有这样，才能杜绝财政活动中的随意性，提高财政机关的遵纪守法意识，同时也才能更好地保护财政相对人的利益，促进市场经济的健康稳定发展。

3. 公共财政的功能目标：财政健全

财政健全主义所关注的是财政运行的安全稳健，其核心问题即在于，能否将公债作为财政支出的资金来源。资本主义早期，财政健全主义一般要求年度财政平衡，不得在预算中列赤字。国家的财政开支只能以税收、费用等非税收入作为来源，公债的合法性被完全否定。进入垄断时期以后，受经济危机的影响，国家不得不大规模干预经济。由于

---

〔1〕 例如，财政部 2010 年制定的《政府性基金管理暂行办法》第 11 条规定，国务院所属部门（含直属机构）、地方各级人民政府及其所属部门申请征收政府性基金，必须以法律、行政法规和中共中央、国务院文件为依据，法律、行政法规和中共中央、国务院文件没有明确规定征收政府性基金的，一律不予审批。以中共中央和国务院的文件作为设立政府性基金的法律依据，这与财政法定主义的要求明显相悖。从保护公民财产权的角度看，即便是行政法规，也未必有权开征政府性基金，除非有明确的法律依据。

财政开支的数额剧增，而传统的收入来源不升反降，因此财政赤字成为各国的普遍现象。为了弥补财政赤字，公债手段开始被大量使用，并且逐渐合法化。在这种历史背景下，人们对财政健全主义开始持怀疑态度。在公债发行已经不可避免的情况下，是否还有必要强调财政健全主义？如果是，那么财政健全主义的内容如何衡量？这些问题一直缠绕在人们的心中，不得其解。

针对这些问题，有的人主张，年度财政平衡事实上无法做到，财政平衡应该建立在动态基础上。如果在一个经济周期内，萧条时期的赤字与高涨时期的盈余能够相抵，这也是一种平衡；还有的人主张，考虑财政本身的平衡问题没有意义，需要考虑的应当是财政的经济效果。如果财政能够促进经济健康发展，即便出现财政赤字也没有关系。我们认为，随着财政平衡被打破，公债的规模日益扩张，财政风险也越来越大。在这种情况下，就更应该强调财政健全，防止财政突破最大承受能力，引发财政危机。应该说，虽然实现财政健全的方式可以调整，但财政健全的理念任何时候都不会过时。

毫无疑问，财政平衡是实现财政健全的一种方式，也是一种理想的财政状态。然而，当年度财政平衡无法坚持时，财政健全主义的重点也应当随之调整。既然公债在现代经济条件下无法避免，就不妨肯定其合法存在。但是，借债毕竟是引发财政风险的重要因素，因此，法律应当着重对公债的发行主体、审批程序、发行方式和限额、使用范围、偿还方式、债务管理等作出限制，以最大可能地发挥公债的积极功效，降低公债的财政风险。当公债的规模和结构已经超出风险预警线时，法律还应该设置紧急应对措施，如强制性要求收缩财政开支规模、调整财政支出结构，等等。

财政健全包含了经常性收支必须维持平衡、公债只能用于具有公共性的建设项目、公债应当遵守实体法上的风险防范机制、公债应当履行程序法上的审查监督手续等内容,并延伸探讨了地方财政的募债主体资格。

第一,经常性收支必须维持平衡。经常性支出是指为保证政府各部门和各项事业日常活动开展所需的支出,如行政事业单位的经费支出、一般公共事业支出等,它一般以税收作为收入来源。从历史渊源来看,经常性收支代表着最传统和最狭窄的政府职能,历来就属于必须保持平衡的项目。从风险控制来看,经常性支出中大多属于消费性开支,难以在经济上产生利益回报。如果用借款收入维持该项开支,财政的风险极其巨大,对后代产生明显的不公平。从现实可能来看,由于经常性支出中不包含经济调控职能,税收等收入大都能够满足其需要,不会出现财政资金的短缺问题。

第二,公债只能用于具有公共性的建设项目。之所以将公债的用途限定在建设性项目,主要是因为建设性项目具有直接偿还债务的能力,可以在很大程度上降低财政借款的风险。在我国,建设性项目既包括公共预算中的公共投资项目,也包括国有资本经营预算中的营利性投资项目。由于后者完全建立在市场竞争的基础上,因此不以通过发债的方式筹措建设资金。如果出现资金短缺,也应当通过银行贷款等市场方式解决。故此,需要财政借款支持的建设性项目只能限制在公共投资的范围内,纯营利性的投资项目应被排除在外。2014 年 8 月 31 日通过的《预算法》第 34 条肯定中央一般公共预算中必需的部分资金,可以通过举借国内和国外债务等方式筹措,改变了 1994 年《预算法》第 27 条不对资金作出区分的做法,仅限定于一般公共预算举借债务,排除国有资本经营预算盈利项目通过发债的方式筹措建设资金,进而与民争利,影响社会资源配置的整体效率。

第三,公债应当遵守实体法上的风险防范机制。公债的风险虽然最终要通过经济的发展来消除,但法律上的风险防范机制也是十分必要的。首先,应当界定公债的范围,将内债、外债都包含在内。债的形式既可以是债券,也可以是可以直接借款,还可以是一种保证债务。其次,应当借鉴经济学的研究成果,为公债设定最高上限。例如,规定未偿还的内债余额不得超过国民生产总值一定的比例;[1]规定财政举借外债的最高数额;规定政府担保债务的最高数额,等等。《预算法》第34条第2款规定,“对中央一般公共预算中举借的债务实行余额管理,余额的规模不得超过全国人民代表大会批准的限额”就是对这一研究成果的积极回应。再次,由于长期公债容易转嫁财政风险,增加代际之间的不公平,因此,从长远来看,应当对公债的偿还期限作出一定的限制,防止政府发行期限过长的公债。最后,有必要设立偿债基金,增加债务

〔1〕 2005年12月26日,第十届全国人大常委会第四十次委员长会议通过了全国人大常委会预算工作委员会关于实行国债余额管理的意见。这意味着自2006年起,中国开始参照国际通行做法,采取国债余额管理方式管理国债发行活动,以科学地管理国债规模,有效防范财政风险。所谓国债余额,是指中央政府历年的预算差额,即预算赤字和预算盈余相互冲抵后的赤字累计额和经全国人大常委会批准的特别国债累计额。国务院在关于实行国债余额管理的报告中说,自1981年恢复发行国债以来,我国一直采取逐年审批年度发行额的方式管理国债。这种管理方式存在五个方面的问题:年度国债发行额不能全面反映国债规模及其变化情况,控制年度国债发行额不利于合理安排国债期限结构,不利于促进国债市场平稳发展,不利于财政与货币政策协调配合,不利于提高国债管理效率。全国人大常委会预算工作委员会赞同国务院有关报告中关于实行国债余额管理的五点理由,并在关于实行国债余额管理的意见中指出,实行国债余额管理,要突出解决规范运作和有效防范财政风险的问题,变每年审批年度国债发行额为批准预算年度年末国债余额限额。实行国债余额管理后,借新还旧的发债由财政部在年度国债余额限额内根据财政收入状况和资本市场情况自行运作,既规范了发债行为,又增加了主动性和灵活性,符合国债管理的客观需要,并有利于有效防范财政风险。全国人大常委会预算工作委员会关于实行国债余额管理的意见同意了国务院提出的五条建议:一是在每年向全国人民代表大会作预算报告时,报告当年年度预算赤字和年末国债余额限额,全国人民代表大会予以审批;一般情况下,年度预算赤字即为当年年度新增国债限额。二是在年度预算执行中,如出现特殊情况需要增加年度预算赤字或发行特别国债,由国务院提请全国人大常委会审议批准,相应追加年末国债余额限额。三是当年期末国债余额不得突破年末国债余额限额。四是国债借新还旧部分由国务院授权财政部自行运作。财政部每半年向全国人大有关专门委员会书面报告一次国债发行和兑付等情况。五是每年一季度在中央预算批准前,由财政部在该季度到期国债还本数额以内合理安排国债发行数额。参见中央政府门户网站:http://www.gov.cn/jrzg/2005-12/18/content_130261.htm,访问日期:2012年5月13日。

偿还的财政保障,降低债务到期时的还款压力。

第四,公债应当履行程序法上的审查监督手续。为了限制政府借债的能力,法律应当在程序上规定公债发行的审查监督手续。例如,一般情况下,国库券的发行应当遵守财政法定主义,由权力机关直接以立法的形式加以规定;建设公债的发行也应坚持财政民主主义,经由权力机关审批通过;国家外债的募集和债务担保的实施,至少也要经过最高行政机关的同意,并报最高权力机关备案。在监督方面,则应该建立完备的债务监测、统计和预警公告体制,按照一定的指标及时向人民披露各种公债信息。另外,对于某些国债资金专项项目,还应该通过一定的检查机制,监督资金的使用效益,防止资金被挤占或挪用。目前,我国虽然也制定了一些公债审查监督程序,但基本上停留在行政机关内部管理的层次,其效力形式和公开透明度都有待提高。随着相关公债程序的逐步健全,我国财政运行的安全稳健性也会逐步得到提升。

第五,有限肯定地方财政的募债主体资格。1994 年《预算法》第 28 条规定,“地方各级预算按照量入为出、收支平衡的原则编制,不列赤字。除法律和国务院另有规定外,地方政府不得发行地方政府债券”。2014 修改后的《预算法》第 35 条对地方债作了比较全面的规定,有利于地方债的规范发展,但其明确举债主体仅限于经国务院批准的省、自治区、直辖市,且只能发行地方政府债券。从目前的实践情况看,地方政府维持财政平衡的能力比较脆弱,地方财政赤字实际上普遍存在。当出现入不敷出的现象时,地方政府一般采取向中央政府借款的办法。新《预算法》出台之前,有时,中央政府会代地方政府发行债券,在发行的国债总额中事先划出一定的比例供地方政府使用。从实施效果来看,这种做法虽然形式上保证了全国的统一募债权,但在防范财政风险方面却不尽如人意。由于发行主体过于集中,财政风险集中在单一的主体上,缺乏释放途径和缓冲空间。而权力有限地下放地方政府,使募债主体多元化，中央政府在防范财政风险方面的机动性就会得以增强，整个国家的财政风险也会随着下降。

当然，为了防止地方政府过度举债，在法律上可以设定一些标准和程序。与此同时，地方债在程序上要严格履行财政民主，由地方立法机关予以审批，同时赋予上级政府监督检查的权力。《预算法》第 35 条就规定，省、自治区、直辖市应当依照国务院下达的限额举借的债务，列入本级预算调整方案，报本级人民代表大会常务委员会批准，还应当有偿还计划和稳定的偿还资金来源。在地方尚不具备成为一个独立财政主体的前提下，完全取消中央对其举债的约束机制，不仅容易激发地方政府的投机思想，而且对债权人也会带来额外的风险。

自 2008 年以来，为了应对国际金融危机，我国开始实施扩张性财政政策，财政投资成为刺激经济增长的主动力。在财力不足的情况下，从中央到地方，举债就成为政府筹集资金的首选。这种做法虽然成功地让中国经济跳出低谷，但是也带来了很多的负面效果。其中，财政风险就是一个不得不应对的问题。地方政府虽然表面上没有举债权，但是，通过建立融资平台公司，或者政府变相提供担保，地方仍在通过各种途径举债筹资。从 2015 年开始，这些债务进入偿还的高峰期。在经济不景气和土地收入锐减的同时，面对还本付息的压力和后续的资金要求，地方政府确实面临严峻的挑战。[1]

迄今为止，我国还缺乏强有力的公债风险防范机制，政府债务风险的消除完全被寄托在经济的持续发展上。然而，任何经济政策都存在失败的可能，如果积极的公债政策未能带来预期的经济效果，财政风险就会集中爆发，对宏观经济带来更大的负面冲击。因此，财政健全主义实际上是一种未雨绸缪的举措，它通过具体的法律标准和程序，将财政

---

〔1〕 详见本书第八章“地方债与国家治理”。

风险控制在可以预测和接受的范围内,对经济的长远发展具有十分重要的意义。尽管财政健全的具体标准还有待深入研究,其内容也必须随着实践的变化而调整,但是从宏观上确立财政健全主义仍然是十分必要的。

4. 公共财政的价值追求:财政平等

第一个方面,财政平等主义的理论基础。财政平等主义包含着对正义的价值追求,从制度上则主要体现一种平等的对待。它既包括财政收入方面义务人的平等牺牲,也包括财政开支方面权利人的平等受益,还包括在财政程序方面的同等条件同等处理,等等。

财政平等主义是宪法平等原则在财政法中的具体适用。我国《宪法》第4条规定,“中华人民共和国各民族一律平等”。第33条又规定,“中华人民共和国公民在法律面前一律平等”。这是我国财政平等主义的直接宪法依据,对整个财政法都具有重要的指导和规范效力。

平等是人类衡量自身价值的标尺之一,它和公平既可以理解为同义词,也可以理解为手段和目的的关系。当它们被理解为同义词时,平等本身就是公平,公平也只有在平等的状态下才有意义。但它们被理解为手段和目的的关系时,平等可以视为实现公平价值的基本路径。

财政法上之所以强调平等主义,除了宪法上的直接要求外,更重要的是一种公平观的指导。如果不能在财政行为的相对人之间做到平等对待,就会使整个财政法建立在不公平的基础上。这样的法律在古代社会中的确普遍存在,但正是因为它们的落后,所以遭到了历史的唾弃。

财政法所追求的是一种与市场经济良性互动的民主和法治状态,平等主义既是经济体制的必然要求,也是政治民主的有力保障。从经济发展的规律看,商品是天生的平等派。如果让强权、偏见和歧视充斥财政法的立法、执法和司法过程中,市场机制和价值规律必然失去生存的空间。从国家政权的性质看,我国是人民民主国家,国家权力来源于人民,服务于人民。因此,人民对财政事务应该有平等的参与权,财政法对人民的利益也应该给予平等的保障。

如同其在宪法中的丰富含义一样,在财政法中,"平等"一词并不代表绝对的平均或无差别。税收根据负担能力而课征,费用根据受益程度而征收,社会救济根据需要程度而开支等,实际上都是一种有差别的平等。同等情况同等对待,不同情况不同对待,这才是实质公平的真正体现。

另外,受财政法公法性质的影响,在具体的执法过程中,财政平等主义也限于财政相对人相互之间的平等。只要符合法定条件,财政部门必须依法征税、收费,或进行财政开支,不得人为偏废。在这个环节中,要求平等对待财政执法部门与财政相对人并无实际意义。然而,如果超越这个环节,从宪法的角度看待财政部门与财政相对人之间的关系,其视野必然更加开阔,结论也可能出现多元。

财政法所追求的公平,既包括起点的公平,也包括过程的公平,无论在实体法还是在程序法上都可以表现为一种平等的对待。也正因为如此,在财政法的不同领域其要求会有所不同,它包括但不限于下述几个方面:

第一,在政治程序方面,人民享有平等的参与权。人民参与的途径是通过政治选举组成代议制机构,行使立法权、财政审查批准权和财政监督权。为此,公民的选举权和被选举权必须得到强有力的尊重,以保证人大代表真正代表人民的意志。

第二,在税收课征方面,除了坚持税收法定原则,由纳税人及其代表自己决定课税事宜外,主要应当根据纳税人税负能力的大小设计税制,使税负能力相同的人缴纳相同的税收,税负能力不同的人缴纳不同的税收。

第三，在行政事业性收费的征收方面，平等主要体现在受益的关联度上。例如，收费应该体现直接受益性，主要根据直接成本确定收费标准，不能要求没有享受公共服务的个体缴纳。而政府性基金则应根据特定事业与特定群体的特殊关联性合理确定义务人，并根据间接受益或所造成负担的大小，确定政府性基金的缴纳标准。

第四，在地区间财政关系方面，财政法应该保证最低限度的财政均衡。例如，除了中央政府通过转移支付增加财政困难地区的财政供给能力外，还可以设计一种地区间横向财政均衡的模式，由富裕地区按照一定的标准向贫困地区进行财政援助。目前，虽然实践中存在一种地区间对口支援机制，但是，这种做法缺乏制度保障，完全靠中央的权威在推动，也没有明确的标准和程序，因此其效果难以得到持续的保障。

第五，在社会阶层间的财政关系方面，应该保障每一个群体同等的机会和待遇，不能出现制度性歧视。如我国目前的城乡差距很大程度上即与财政支出的不平衡有关，因此应该通过一定的财政法律措施予以反向调节，以促进城乡的机会均等。

第六，在财政支出的标准方面，除了公务所需或无法逾越的客观困难外，相同的情况应当相同处理，不能因为人为原因导致受体之间的差异过大。正因为如此，在预算编制的过程中，部门之间行政管理费用贫富不均的现象，必须加以改变。

第七，在最低人权的保护方面，财政应当保障每一个公民的生存权、受教育权等基本人权，为社会弱者提供力所能及的帮助和救济。例如，最低生活保障制度的实施范围不仅限于城市，农村同样也应该普遍推行。如果本级财政缺乏足够的支付能力，上级财政应当通过转移支付予以足额补充。

第八，在财政集中采购方面，必须通过公开透明的标准和程序，保障每一个适格供货商中标机会的平等。如供货商的入选标准应当事先明定,实施采购时优先考虑招投标方式,设置采购意义和救济程序,等等。

第九,在财政行政程序方面,财政机关有义务平等对待每一个财政相对人,不能毫无理由地为部分相对人设定程序便利,而给其他人设置程序障碍。如在同等情况下,不能只对部分纳税人给予减免税待遇,而拒绝其他人的申请。

第十,在财政司法程序方面,为保证财政部门与其相对人同等的陈述申辩机会,法律必须为财政部门设定较重的证明责任,以矫正行政程序中双方法律地位的不平等。例如,财政相对人只需证明财政行政行为的发生,而财政部门则必须证明该行为的合法性。

实际上,财政平等主义的表现远远超出上述有限的列举。尽管我国尚没有专门的法律对其进行确认,使其在整个财政法领域具有普遍效力,但由于它是宪法平等原则在财政法领域的延伸,完全应该成为一条现实有效的法律原则。

我国目前正处在社会的转型时期,旧的社会秩序和分配方式已经被打破,而新的有效治理结构并没有建立起来,城乡差距、地区差距、贫富差距越来越大,社会矛盾也表现得越来越复杂和尖锐。在这种社会背景下,财政平等主义的确立和有效发挥作用,有助于从制度上缩小各种不合理的差距,从心理上增强人们对消除不平等现象的信心,有利于将社会的矛盾控制在人们的心理承受能力以内,创造一种平等和谐的竞争环境。

近几年来,我国不断加大对社会保障的投入,增加对西部地区的转移支付规模,同时对农村基础设施建设和养老医疗教育问题越来越重视,这些对促进财政平等无疑具有重要的积极意义。但是不可否认,除了财政收入征收方面的具体制度设计外,中国财政不平等现象的重要根源仍然在于财政支出结构的不合理。所以,财政法学应当更多地从经济发展、人权保障和社会公平的角度,对如何完善财政支出的方向、标准和程序作出应有的贡献。

5. 公共财政的制度保障:财政民主

财政民主主义所要求的是,人民通过一定的程序和方式,行使对重大财政事项的决定权。在现代社会中,由于人民行使权力的机构大多是由人民代表所组成的议会,因此财政民主主义又被称为财政议会主义。其直接的要求是,重大财政事项必须经过议会的同意,或者由议会制定法律予以规范。如果没有议会决定或法律授权,无论是财政收入还是财政开支,都可能被指责为违反人民的意志。

我国《宪法》第2条规定,“中华人民共和国的一切权力属于人民。人民行使国家权力的机关是全国人民代表大会和地方各级人民代表大会。人民依照法律规定,通过各种途径和形式,管理国家事务,管理经济和文化事业,管理社会事务”。因此,从渊源上看,财政民主主义在我国法律体系并非没有依据,它只是宪法所规定的人民主权理论在财政法领域的落实和体现。

财政法之所以如此强调财政的民主基础,与财政在社会生活中的重要作用密不可分。就财富的占有量来看,财政收入占国民生产总值的比重,许多国家都维持在35%左右,北欧的高福利国家甚至超过60%。2011年,我国公共财政收入达到103,740亿元,政府性基金收入达到41,359亿元。光这两项就占到了当年GDP比重的30.77%。[1]如此大量的资金集中在国家之手,通过财政收入和财政支出不断循环,

---

〔1〕 参见财政部《关于2011年中央和地方预算执行情况与2012年中央和地方预算草案的报告》,载 http://www.mof.gov.cn/zhengwuxinxi/caizhengxinwen/201203/t20120316_635884.html;以及国家统计局预测的2011年GDP数据,载 http://finance.people.com.cn/GB/16898408.html,访问日期:2012年5月13日。

使得现代财政的地位远非过去所能比拟。财政成为国内最大的消费者、资金持有者和信用保持者，有足够的能力引导个人的生产和消费，发挥调节经济景气周期的作用。[1] 由于财政收入实际上来源于人民，理论上又是用之于人民，因此，对于如何收取和支配这些资金，人民应该拥有最后的决定权。议会作为人民的代议制机构，对财政计划的每一个环节，自其一开始就必须参与决策。

财政不仅是经济运转的重要推进器，同时还是政治活动的主要资金来源。正因为如此，每年的财政预算不仅仅是经济计划，也是来年政治活动的节目安排。财政收入的来源和结构，财政支出的投向和比例，其实都反映出国家的政治意图。例如，执政党确立的科学发展观要求，必须统筹城乡发展、统筹区域发展、统筹经济社会发展、统筹人与自然和谐发展、统筹国内发展和对外开放。为此，财政必须加大对农村的投入，加大对不发达地区的支持，加大对环境资源保护的倾斜等，以体现党和政府工作重心的转移。这些活动的重要性绝不亚于一般的法律制定，从政治民主的角度看，也应该由人民行使最后的决定权。如果排斥财政民主，拒绝人民对重大财政事项的决策参与，等于剥夺了人民在政治上的参政议政权，这在民主观念深入人心的今天是无法接受的。

从理论上看，尽管财政总是被界定为一种公共物品，但公共性并不是财政活动的必然结果，而只是财政活动所追求的一个目标。在现实生活中，财政活动偏离公共利益的现象比比皆是，因此，不能将公共性视为财政活动的当然前提。为了防止政府借“公共”之名，不当地追求部门及个人的私利，必须在程序上引入民主的机制，由人民自己决定何谓公共利益，公共利益应当通过何种途径实现，公共利益与个人利益冲

---

〔1〕 参见蔡茂寅：《财政作用职权理性与公共性——兼论建立财政法学之必要性》，载《台大法学论丛》第25卷第4期。

突时如何协调,等等。财政民主主义保留人民对重大财政事项的决定权,正是实现财政活动公共性的重要保障。也许,即便实行财政民主主义,由人民直接或通过代表行使决定权,也不能保证每项财政活动的结果,都能真正体现公共利益。但是,相比委诸财政机关自主决定而言,这种方式是最可取的。

一般情况下,财政民主主义主要表现为财政议会主义,即重大财政事项必须经过议会审批。如果一国的预算制度较为完善,能够覆盖所有的财政收入和支出形式,需要经过议会审批的事项主要表现为年度财政预算。在一定程度上,财政民主主义是与现代预算相伴而生的,英国就是一个典型的例子。从 1215 年《大宪章》的问世,到 1816 年联合王国综合基金形成,英国议会通过控制预算收入和支出,基本上实现了对政府权力的最终控制。到 19 世纪中叶,不仅政府每年经费必须事先经议会核准,财政拨款必须按预算执行,而且还直接设立监督机构,审查各项经费是否按指定用途有效运用。[1] 可以说,英国的资产阶级革命就是一场议会革命,也就是一场争取财政民主主义的革命。当国王的权力彻底被议会通过预算控制时,国家政治经济制度的性质就已经悄然改变。

经过数百年的演变,虽然王权在各国已经不复存在,或者不再发挥重要作用,但受权力分立观念的影响,预算制度仍然作为一种民主机制保留下来,以达到控制政府行政权力的目的。不过,由于各国国情不同,预算能否真正实践财政民主,结论是很难一致的。一般而言,以下几个因素会在其中起到很大的作用:第一,议会是否拥有独立于政府的强大权力。如果议会代表的选举机制不健全,或完全由政府官员把持议会,即便有议会审查和批准预算,也只能流于形式;第二,预算是否覆

---

〔1〕 参见焦建国:《日本政府预算制度研究》,财政部财政科学研究所 2001 年博士学位论文,第 26、27 页。

盖全部财政收支范围。如果进入预算的资金只是全部财政资金的一部分,预算制度的功效也会被抵消;第三,与预算有关的财政信息能否做到公开、透明。如果整个预算过程都在黑箱中操作,不向社会公开,议会的审批也难免脱离人民的意志;第四,预算监督是否存在强有力的、法制化的常规渠道。如果违反预算的收支行为不受制约,财政民主就只是一种高级障眼法。从这个意义上说,财政民主主义与整个社会的法治文明是互动的。财政民主主义必须以民主政治和法治国家为基础,而财政民主主义的实施又是对民主和法治的有力促进。

财政民主主义对我国财政活动的要求具体表现为,重大财政事项由人民代表大会审查决定。除了对财税方面的基本制度制定法律以外,人民代表大会的财政决定权也体现在预算审批上。根据我国《宪法》及《预算法》的相关规定,全国人民代表大会负责审批中央预算,地方各级人大负责审批本级地方预算,这表明,财政议会主义的基本要求在我国已得到了确认。不过,由于人民代表制度本身的问题,由于预算编制的内容过于粗糙,由于预算审批的专业性过强,预算的民主功能并未得到充分释放。2011 年起,按照财政部的要求,虽然全部财政收入都要求进入预算管理,预算外收入和支出不复存在,[1]但是,对于一般公共预算之外的国有资本经营预算、政府性基金预算等,立法机关的干预

[1] 2010 年 6 月,财政部制发《关于将按预算外资金管理的收入纳入预算管理的通知》,规定自 2011 年 1 月 1 日起,中央各部门各单位的全部预算外收入纳入预算管理,收入全额上缴国库,支出通过公共财政预算或政府性基金预算安排。地方各级财政部门要按照国务院规定,自 2011 年 1 月 1 日起将全部预算外收支纳入预算管理。相应修订《政府收支分类科目》,取消全部预算外收支科目。在此之前,国家实施了以"收支两条线"管理为中心的预算外资金管理改革,将属于一般预算收入性质的行政事业性收费、罚没收入等纳入公共财政预算管理,与税收收入一起统筹安排使用;将具有以收定支、专款专用性质的政府性基金、土地出让收入、彩票公益金等纳入政府性基金预算管理,专项用于支持特定基础设施建设和社会事业发展。通过上述措施,预算外资金的规模已得到有效控制。2011 年起,将按预算外资金管理的收入全部纳入预算管理,此举意味着预算外资金概念已成为历史。参见人民网 http://finance. people. com. cn/GB/70846/17082641. html,访问日期:2012 年 5 月 12 日。

度仍然十分有限。因此，通过财政预算的形式控制政府权力，目前在我国还无法取得理想的成效。

除此之外，财政民主主义还要求赋予人民对财政事项的广泛监督权。这首先要求财政行为的决策程序、执行过程以及实施效果，具备公开性、透明性等特点。如果连人大代表都不能见到预算全文，而只是一个粗略的预算报告，无论是预算审批还是预算监督，都只会流于形式，公开透明更无从谈起了。更何况，所谓预算公开，并不是指向人大代表公开，而是指向全体人民公开，便于人民行使决策权和监督权。其次，应当尽快制定《新闻法》，保证新闻媒体对财政事项的采访自由，使社会公众能够及时获得最新信息，从而更好地监督政府的财政权力。最后，应当借鉴先进国家的经验，在人民代表大会的运行模式中设立专门的财政监督机关，使人大审计、政府审计、社会审计成为一个有机的整体。当然，监督的目的在于提高财政执行的效率，最终也是为了更好地保障人民的决定权。因此，财政民主主义的首要内容仍然落实在人民的财政决策权上。

财政民主是现代财政法关注的核心，也是整个财政法的立法基础。财政民主主义的实施，对确立财政法的发展方向，解决现实生活中财政秩序的混乱，树立中国财政法治的形象具有重要的现实意义。长期以来，我国财政一直是政府主导型的财政，政府在财政决策中事实上起决定作用。尽管政府一再宣称是人民利益的代表，但其与人民之间缺乏直接的利益制衡机制，许多情况下可能难以脱离自己的部门本位。如果肯定重大财政问题经过人民同意，如果承认人民行使权力的机构是人民代表大会，那么就应当将财政民主主义的要求落到实处。从实际效果看，当前我国财政领域的混乱现象，如政府乱收费问题、预算外资金体外循环问题、政府间财政关系极不稳定的问题等，都与政府权力欲望过度膨胀有关。如果不从财政民主主义着眼，只是由政府部门在内部进行利益分配的微调,问题很难从根本上得到解决。

近年来,随着财政改革的进展的日渐加快,建立公共财政体制的呼声也日益高涨。中国共产党十六届三中全会决定也明确指出,要健全公共财政,健全公共财政体制,明确各级政府的财政支出责任;进一步完善转移支付制度,加大对中西部地区和民族地区的财政支持;深化部门预算、国库集中收付、政府采购和收支两条线管理改革;清理和规范行政事业性收费,凡能纳入预算的都要纳入预算管理;改革预算编制制度,完善预算编制、执行的制衡机制,加强审计监督;建立预算绩效评价体系,实行全口径预算管理和对或有负债的有效监控;加强各级人民代表大会对本级政府预算的审查和监督。这些无疑代表了我国财政法的发展方向。

不过笔者认为,加强人大对政府预算的审查和监督在公共财政改革中居于首要地位。只有以财政民主作为指导原则,才可能实现公共财政的建设目标。偏离了财政民主,偏离了人民对财政的自主决定权,无论如何强调财政的公共性,无论如何强调财政与公共服务的联系,在理论上都很难令人信服。因此,考虑到税费改革、财政支出改革等多方面的新情况,有必要在财政民主主义的指导下,重构我国财政法律制度。当然,财政民主主义的落实会受到诸多外在条件的制约,例如,加强人民代表大会的权能,完善中国共产党的领导,促进政务信息的公开,开拓人大监督的制度渠道,等等。因此,只有将财政改革置于政治经济体制改革的大环境之下,才可能收到预期的功效。

第三章　法治财税：从理想图景到现实诉求[1]

1. 财税需要何种法治：工具还是目的？

法治是一种国家治理方式，“要管理一个现代的国家，它需要法治”，[2]而不能再走“人治”的老路。“在经济全球化的过程中，法治的理念和价值被广泛承认。”[3]但“作为经典概念，法治蕴涵隽永，然幽昧经年，即便在标榜法治传统的西方亦不曾有过一个公认的定义”。[4] 即使是宪法学者或政治学者言及“法

〔1〕 本部分内容原载《清华法学》2014 年第 5 期，收入本书时有所增删。

〔2〕 [美]格雷厄姆·艾利森、罗伯特·D. 布莱克威尔、阿里·温尼编：《李光耀论中国与世界》，蒋宗强译，中信出版社 2013 年版，第 17 页。

〔3〕 钱弘道、戈含锋、王朝霞、刘大伟：《法治评估及其中国应用》，载《中国社会科学》2012 年第 4 期。

〔4〕 夏恿：《法治是什么——渊源、规诫与价值》，载《中国社会科学》1999 年第 4 期。类似的表述可参见陈林林：《法治的三度：形式、实质与程序》，载《法学研究》2012 年第 6 期。

治"时,也几乎没有给出相同的界定或阐释。[1] 尽管如此,其核心仍可表述为:"国内的所有人以及机构,无论是公共机构还是私立机构,都应接受法律的约束,并且享有法律的利益,而法律则是公开制定的、在公布之后生效的(一般而言),并且在法院公开执行的。"[2]就其本质而言,法治"是要树立法律在社会中的最高权威,实现法律对权力的有效驯服,切实保障公民的自由和权利"。[3] 换言之,法治是个人被公正合理对待的前提,[4]保障私权、约束公权,以规则统治实现对国家权力的制约与监督和人的全面自由发展始终是法治的精髓。[5]

由此可见,虽然法治的内涵极富争议,但是,法治拒绝人治,这是最基本的共识。基于对人治的反思,良法善治至关重要。良法是法治的价值标准和理性追求,善治是法治的运作模式和实现方式。良法与善治的有机结合,构成了现代法治的本质和精髓。[6] 在当代中国,良法善治的基本途径是彻底否定以阶级斗争为纲的法律观,否定工具主义的法治观,既重视法律的政治性(法律的政治要素、政治基础、政治功能等),更注重法律的公理性(法律中的正义、平等、自由、人权、道德价值等)。[7] 判定良法自有各种各样的标准,归根结底,良法的内容和程序

---

〔1〕 参见林子仪、叶俊荣、黄昭元、张文贞:《宪法——权力分立》,学林文化事业有限公司(台湾)2003年版,第13页。

〔2〕 [英]汤姆·宾汉姆:《法治》,毛国权译,中国政法大学出版社2012年版,第12页。

〔3〕 梁迎修:《理解法治的中国之道》,载《法学研究》2012年第6期。

〔4〕 参见孙莉:《德治与法治正当性分析——兼及中国与东亚法文化传统之检省》,载《中国社会科学》2002年第6期。

〔5〕 参见高鸿钧:《现代法治的困境及其出路》,载《法学研究》2003年第2期;徐汉明:《法治的核心是宪法和法律的实施》,载《中国法学》2013年第1期;汪习根:《论法治中国的科学含义》,载《中国法学》2014年第2期。

〔6〕 参见李林:《弘扬"良法善治"的法治精神》,载 http://www.iolaw.org.cn/showarticle.asp? id=2147,访问日期:2014年9月2日。

〔7〕 参见张文显:《和谐精神的导入与法治中国的转型——从以法而治到良法善治》,载《吉林大学社会科学学报》2010年第3期。

都应该体现公平正义。而要实现这一点，毫无疑问首先要强调规则，其次要考虑规则的合理性、科学性，以及规则制定过程的民主参与，最后还要重视规则适用过程的正当程序。有鉴于此，法治必须确立一些稳固的原则，供立法、执法和司法一体遵从。不仅如此，法治还必须关注国家权力的合理使用，[1]考虑规则能否驾驭权力、约束统治者，防止权力借法律之名被滥用。不管文字上如何表述，只有具备法治的核心要素，遵守基本的理念和制度，才可能称得上真正的法治；否则，很可能就只是人治的变体。

1997 年，中共“十五大”把“依法治国，建设社会主义法治国家”确定为中国共产党领导人民治理国家的基本方略，1999 年全国人大又把“中华人民共和国实行依法治国，建设社会主义法治国家”写入宪法。[2] 自此，法治不仅是重要的政治规范，而且上升为重要的宪法规范，获得了最高的法律效力。然而，依法治国与法治国家建设是什么关系？二者之间有何联系，又有何区别？假如二者之间只是同义反复，那么对执政党最高决议和国家宪法这么重要的文件而言，实在没有必要如此表达。如果二者之间没有任何联系，上述两个文件连续将其置于同一句话，又明显令人感觉于理不通。通过对两个名词的比对分析，分别厘清其内涵和要求，廓清彼此之间的关系，也许可以窥见中国法治发展的方略。

直观来看，“依法治国”就是遵照法律治理国家。由于法律具有一体适用性、稳定性、权威性，相比按照统治者意志治理，依法治国是一种更值得追求的国家治理状态。即便法律不一定能够真正代表多数人的

---

〔1〕 参见刘隆亨：《论依法治税的目标、理论和途径》，载《中国法学》2002 年第 1 期。

〔2〕 2013 年，《十八届三中全会决定》在“依法治国”和“建设法治国家”基础上提出了“推进法治中国建设”。《决定》指出：“建设法治中国，必须坚持依法治国、依法执政、依法行政共同推进，坚持法治国家、法治政府、法治社会一体建设。”

意志,也不见得一定能体现实质公平和正义,但只要其权威能够约束所有主体,尤其是约束权贵阶层自身,只要法律能得以公正、公平和公开地适用,这种秩序就会对所有人都有利。这样,无产者不用担心随时受到权贵迫害,有产者不用惧怕财产随时被侵占,执法者不敢随意滥用职权,法律体系内部也会井然有序,上下一体。尽管这种结果并非尽善尽美,但相比人治状态下的擅权专断、恣意妄为,这已经是很不错的图景了。因此,执政党和宪法能够确认"依法治国",摒弃依政策治国、依统治者意志治国的思路,不能不说是一个重要进步。

1999 年修正前的《宪法》第 5 条规定:"国家维护社会主义法制的统一和尊严。一切法律、行政法规和地方性法规都不得同宪法相抵触。一切国家机关和武装力量、各政党和各社会团体、各企业事业组织都必须遵守宪法和法律。一切违反宪法和法律的行为,必须予以追究。任何组织或者个人都不得有超越宪法和法律的特权。"不容否认,这些要求所体现的都是"依法治国",与早期我国宣扬的"法制"原则一脉相承,其核心在于秩序,奉行"有法可依、有法必依、执法必严、违法必究",强调法律的权威和法制统一。相比完整的法治理念,它们所欠缺的内容是,没有陈述依法治国的主体,没有对法律本身提出要求。如此,依法治国完全可以被解读为执政党、政府甚至某些权威个人依照法律治理国家。这样的法律有可能本身就是暴政,而被统治的人民只能俯首帖耳,甘当顺民。

"依法治国"不能涵盖的还有法律的正当性。以此为界分,法律大体可以抽象为良法与恶法。良法必须遵从,无论是主张法治还是依法治国,理念上对此都会认为理所当然。但如果是恶法,人民是否有权抵抗?"依法治国"所看到的如果仅仅只是形式法治,答案可能会为否,制度设计方面也会缺乏相应的机制。而法治所要求的必须是良法之治,它需要承继传统形式意义法治国的杰出理念,诸如最大限度地维护人民基本权利、基于自由主义对国家权力可能滥权的疑惧,以及确保上述两个原则所必须采行的法律保留及所衍生的信赖利益保护、溯及禁止与可预测性原则的实践等。同时必须符合国家追求整体实质正义以及将国家行为确实用法而非单纯用法律加以束缚,摒弃恶法亦法。[1] 可见,法治承认法的道德性,承认实在法之外自然法。在一定的条件下,实在法会因违反自然法而丧失效力。[2] 只有基于这个前提,才有可能通过宪法约束立法者,才有可能要求法律不得违宪,并建立违宪审查制度。

如果“依法治国”与法治理念尚有差距,那么,“法治国家”呢？德文文献中的法治国(Rechtsstaat)指的是有法可依、依法治国的国家,它是实证主义法理学传统的一部分。根据这一传统,立法者的意志是法律的最高渊源。直到“第二次世界大战”结束语前,一直主导着大陆法传统的法治国概念始终不承认最高立法者(不论是专制君主、独裁者或是民选立法机关)应受更高法的约束,为独裁者以法治之名推行专制打开方便之门。[3] 希特勒在位期间推行的种族主义和对外侵略政策虽符合当时的法治国原则,但明显有违人道主义,破坏了既存的国际秩序,给德国带来惨痛的教训。“第二次世界大战”结束后,德国基本法引入实质法治国理念,开始明确宪法对立法者的约束,强调法律的正当性和合目的性,强调公民的基本权利不受侵犯,并设立联邦宪法法院,行使违宪审查权。至此,法治国家的理念才渐趋圆满,与英美国家的法治原则不断接近,为现代国家所接受和遵从。

归纳起来,法治不仅具有形式上的要求,如法律保留、法律优位、正

---

〔1〕 参见陈新民:《德国公法学基础理论》(上册),山东人民出版社 2001 年版,第 100 页。

〔2〕 参见颜厥安:《法与实践理性》,允晨文化宝业股份有限公司 1998 年出版,第 39 页。

〔3〕 参见陈新民:《德国公法学基础理论》(上册),山东人民出版社 2001 年版,第 3 ~ 31 页。

当程序等,更应考虑法本身的合目的性和正当性,强调法律的道德基础,并通过宪政确保统治者自身受约束,保护公民的基本权利不受侵犯。法治不只具有工具性价值,更具有目的性价值;它所维护的除了秩序和安全,还有公平正义、人性尊严、基本权利。从这个角度而言,我国宪法中所提到的依法治国,可以被理解为法治的内在组成部分,是形式法治国的必然要求。另外,鉴于我国长期的人治传统,在推进法治建设时,更应该强调法治的实质性内涵,防止特权凌驾于宪法和法律之上。[1] 形式法治要求国家权力的行使具有法律依据,而实质法治则涉及人的尊严、自由、法律安定性和公正等理念。[2] 作为一个系统化工程,财税法治需要法治化理念的确立以及相关制度的构建。形式法定与实质公平是重中之重。[3] 财税所需要的法治,正是这种兼顾形式正义与实质公平,融形式与实质为一体的法律之治。

2. 法治财税的形式要义与现实诉求

法治的形式要义比较具体,可以形成明确的原则或制度,对财税立法、执法和司法都具有指导作用。除了有助于形成统一的法律体系,消除内部的效力冲突和矛盾外,在很大程度上,这些要求主要是为了约束公权力,防止政府擅断专行、恣意妄为,侵犯公民、法人的财产和自由。在法制健全的国家,财税立法和财税行政如果违反这些原则,会招致严

---

〔1〕《十八届三中全会决定》提出,建设法治中国,必须坚持依法治国、依法执政、依法行政共同推进,坚持法治国家、法治政府、法治社会一体建设。《十八届四中全会决定》更是将法治作为国家治理方略。如果执政党真正认识法治的意义,并真心愿意付诸实施,则无疑为国之大幸。

〔2〕参见[德]乌茨·施利斯基:《经济公法》,喻文光译,法律出版社2006年版,第100页。

〔3〕参见刘剑文:《强国之道——财税法治的破与立》,社会科学文献出版社2013年版,第78页。

重的法律后果，包括立法被确认为无效，行政被确认为违法。而所谓法制健全，就是指国家建构了一套体制或制度，确保这些原则或要求得以落实。

2.1 法律保留原则

"所谓法律保留原则，简单地讲就是指行政行为必须有法律的依据，也即行政机关只有在法律有明确规定的情况下才能作出积极的行政行为，否则就构成违法。"[1]法律保留的意义，在于赋予立法机关最高权威，使其对关系到人民生命、自由、财产的事宜，可以行使专属立法权。没有法律的授权，政府不得自行其是。在当代，关于法律保留的范围，国内外学术界有四种不同的理论，即侵害保留说、全部保留说、重要事项说和机关功能说。在这四种不同的观点中，除第四种观点重在强调立法机关立法程序的民主正当性外，其他三种观点都重在强调保留内容的重要性，即凡是涉及人民基本权利之实现与行使的事项，特别是给付行政，均须实行法律保留。[2] 财税是国家公器，关乎人民的财产和自由，其重要性不言而喻。我国《宪法》第 56 条规定"公民有依照法律纳税的义务"；《税收征收管理法》第 3 条要求，"税收的开征、停征以及减税、免税、退税、补税，依照法律的规定执行"；《立法法》第 8 条规定，有关财政、税收的基本制度只能制定法律，都是法治原则对财税的要求，其核心就是法律保留，旨在划定立法权与行政权的边界，在特定范围内排除自主行政行为。

不过，法律保留从来就不是铁板一块，分绝对与相对两类。绝对的法律保留即国会保留，不允许授权立法，只能立法机关亲自立法。《立法法》第 8 条虽然规定，有关财政税收的基本制度只能制定法律，但依

---

〔1〕 黄学贤：《行政法中的法律保留原则研究》，载《中国法学》2004 年第 5 期。

〔2〕 参见王鸿貌：《税法学的立场与理论》，中国税务出版社 2008 年版，第 216 页。

照第9条,这些并非绝对保留,而是可以授权国务院制定行政法规。事实上,我国现有的18个税种中,只有3个是全国人大立法开征的,其余15个都由国务院立法开征。这种做法激起了很大的民意反弹。2013年就有全国人大代表递交提案,要求全国人大废止税收立法授权,将税收立法权收回全国人大。[1] 然而,按照《宪法》第56条的规定,课税又似乎属于宪法所规定的法律保留,因为从中可以反推的结论是,无法律不纳税。这意味着税收立法存在宪法瑕疵。

课税关系到公民财产的安全,其重要性和刑罚对公民的自由一样,确实应该列入绝对法律保留事项,全国人大不能授权国务院决定。不仅如此,每一种税都需要对应一部法律,以保证课税构成要件法定。政府性基金的课征范围相对有限,收入与支出又存在一定程度的对应性,开征目的与缴费人的行为有所关联,因此,尽管也应该一种基金一部法律,同样实行法律保留,但鉴于其重要性有所降低,授权立法未尝不可。至于行政事业性收费,由于种类繁多,且严格遵守受益原则或成本填补原则,没有必要实行一费一法,但是,有关收费的立项、审批、标准、执行、异议等内容,需要事先用法律规定。我国台湾地区"规费法"的用意即在于此,这也是一种法律保留。

在财税法领域中,除了侵益性的税收、行政收费外,还有授益性的财政支出行为。这些行为是否需要法律保留,不能单纯观察其对个体的"授益性",更应该看到其整体的"重要性"。2013年,中国财政支出规模达到22万亿元。[2] 如此巨额的资金如何分配,关系到国计民生,

---

〔1〕 2013年全国人民代表大会期间,全国人大代表、编剧赵冬苓发起的《关于终止授权国务院制定税收暂行规定或条例的议案》征集到了31位代表联署,要求全国人大收回对国务院制定税收行政法规的授权,引起新闻媒体和社会公众的广泛关注。

〔2〕《关于2013年中央和地方预算执行情况与2014年中央和地方预算编制情况的报告》,载 http://news. xinhuanet. com/fortune/2014 - 03/05/c_119627073. htm,访问日期:2014年9月2日。

不能任由政府决定，应该实行法律保留。通常情况下，政府编制财政支出预算，经立法机关审批之后，再由政府负责执行。国家固然可以通过预算的执行以达成所要追求的政策目的，国民以及其代表所组成的议会亦透过预算的审议，对整个国政进行监督。[1] 这个过程虽然不完全等于立法，但其效果与法律保留并无二致。除了预算，财政支出的方向、结构和基准对资金分配也具有重要意义，立法机关应该深度干预，实行法律保留，但不一定要排斥授权立法。至于财政管理，如国有资源管理、国有资产管理、国有资本管理、国库管理等，法律保留的密度更可宽松一些，甚至允许存在行政保留的空间。

虽然《宪法》第 89 条规定，国务院统一领导全国地方各级国家行政机关的工作，规定中央和省级政府具体职权的划分，但同时也要求，国务院规定行政措施、制定行政法规、发布决定和命令时，必须根据宪法和法律。政府间财政关系的重要性程度不言而喻，关系到国家权力的纵向分配，与国家结构形式息息相关，理应属于《立法法》第 8 条所提到的财税基本制度，实行法律保留。不仅如此，由于它涉及国务院自身的利益，为避免身份和立场的冲突，应该实行绝对的法律保留，不能授权国务院立法。我国目前仅有国务院文件规范政府间财政关系，[2] 财政转移支付更只有财政部的规范性文件，[3] 既非基于立法授权，也不属于

---

〔1〕 参见蔡茂寅：《预算法之原理》，元照出版股份有限公司 2008 年版，第 2 页。

〔2〕 参见《国务院关于实行分税制财政管理体制的决定》（国发〔1993〕85 号）；《国务院关于印发所得税收入分享改革方案的通知》（国发〔2001〕37 号）。2014 年 8 月新修改的《预算法》第 29 条规定，中央预算与地方预算有关收入和支出项目的划分、地方向中央上解收入、中央对地方税收返还或者转移支付的具体办法，由国务院规定，报全国人民代表大会常务委员会备案。这相当于将政府间财政关系的决定权完全赋予国务院。

〔3〕 2014 年 8 月新修订的《预算法》第 16 条对转移支付提出了一般性要求，其精神与《十八届三中全会决定》一致，确立了转移支付的目标、原则和具体要求，核心在于限制专项转移支付。不过，相比法治原则的要求，仅有这些政策性要求远远不够，否则，行政规范性文件仍然可以决定具体支付，为行政滥权留下了太大空间。

行政立法,与法治的要求相距太远。

概言之,在财税领域,法律保留仍是需要特别关心的问题。当务之急是实现立法权归位,充分发挥人民代表大会的立法职能,廓清立法权与行政权的关系,让人民意志通过立法程序充分表达,通过立法博弈达成社会共识,化解各阶层之间的利益冲突。如果做不到这一点,任由国务院及其部委相机决定,法治的尊严将荡然无存。

2.2 法律优位原则

基于法律优位原则,"一切行政活动包括政府的改革决策,无论是权力性行政还是非权力性行政,无论是干预行政还是服务行政,也无论是负担行为还是授益行为,除非在有法律特别授权的例外情况下,均不得与法律相抵触"。[1] 与之关联,国家机关制定的规范也必须与法律保持一致,不得抵触。该原则旨在维护法律权威,维系法律体系内部的统一性。它还可以扩展理解为,下一位阶的规范与上一位阶的规范保持一致,简称下位法不得抵触上位法。例如,《宪法》第5条要求维护法制统一;《立法法》第五章规定法律体系内部的效力层级,都是法律优位原则的要求,一体适用于所有的法律领域。在财税法中,《税收征收管理法》第3条第2款规定:"任何机关、单位和个人不得违反法律、行政法规的规定,擅自作出税收开征、停征以及减税、免税、退税、补税和其他同税收法律、行政法规相抵触的决定。"所维护的也是法律优位原则。

就整体情况而言,财税法对法律优位原则的贯彻不遗余力,财税法规、规章或规范性文件直接挑战法律的现象并不多见。不过,鉴于财税体制和社会环境都处在渐变过程,改革试点作为一项经验在财税领域十分常见。"纵观改革开放以来的立法进程,我们不难发现,始终高度

[1] 李洪雷:《深化改革与依法行政关系之再认识》,载《法商研究》2014年第2期。

重视立法'试点'是我国税收立法的一个重要特点。"[1]如果法律调适未能及时跟上,试点往往意味着突破现行规范,酿成与法律优位原则的直接冲突。例如,我国2004年在东北三省推行增值税转型改革试点,[2]2010年在新疆推行资源税改革试点,[3]2011年上海和重庆推行房产税改革试点,[4]2012年先在上海后推广至全国的营业税改增值税试点,[5]都是在未修改上位法的前提下进行的,也没有经过正式的立法授权,而只是根据国务院甚至中共中央的会议精神。这种先行先试过去被尊为创新,其实很难通过法治原则的审查,其合法性经常会遭遇挑战。[6] 值得庆幸的是,新一届国家领导人上台后,开始强调在法治轨道上推行改革,要求任何重大改革都必须于法有据,这对法律优位原则的贯彻将是极大的促进。[7]

由于当前财权几乎完全集中于中央,地方为在经济竞争中获得优势,总是倾向于"明修栈道暗度陈仓",通过各种措施变相侵蚀中央财权,下位法抵触上位法的现象也时有发生。例如,《预算法》在修改前,第28条禁止地方预算编列赤字,但地方受财力紧张和追求政绩所致,

---

〔1〕 张守文:《我国税收立法的"试点模式"——以增值税立法"试点"为例》,载《法学》2013年第4期。

〔2〕 增值税转型改革试点是指将增值税从生产型改为消费型,允许纳税人从销项税额中抵扣生产设备所包含的进项税额。

〔3〕 资源税改革试点是指将资源税从按照产量定额征收,改为按照销售价格定率征收,旨在增加地方政府的财政收入。

〔4〕 房产是改革试点是指对个人自用的房产取消免税待遇,并按照市场价格计征税款。

〔5〕 营业税改增值税试点是指将流通流域的营业税取消,全部改征增值税。

〔6〕 重庆、上海的房产税改革试点方案公布后,笔者曾联合全国十四所大学的税法教授向全国人大常委会递交一份合法性审查建议书,请求全国人大常委会审查其效力。

〔7〕 习近平总书记在中央全面深化改革领导小组第二次会议上强调,"凡属重大改革都要于法有据。在整个改革过程中,都要高度重视运用法治思维和法治方式,发挥法治的引领和推动作用,加强对相关立法工作的协调,确保在法治轨道上推进改革"。载 http://news.xinhuanet.com/fortune/2014-03/01/c_126207261.htm,访问日期:2014年9月2日。

通过政府融资平台在变相举债,有的甚至直接向银行贷款。[1] 再如,国务院早在2000年就强烈要求纠正地方自行制定税收先征后返政策,明确界定其属于变相减免税,违背了统一税政、集中税权的原则,[2]但这个现象一直未能根绝,以至于不得不频频清理。2009年,财政部、国家税务总局下发《关于坚决制止越权减免税,加强依法治税工作的通知》,[3]目标依然在此。时至今日,这个问题只是有所缓解,事实上仍未得到彻底解决。

看来,坚持法律优位,不仅要观察各种正式法律文件,也要关注具体的行政措施。更主要的是,必须建立一种常态化机制,对违反原则的现象实行监控。这种监控不仅仅依赖有关部门的职权行为,更要调动社会的积极性,鼓励其参与监督。例如,对违反宪法和法律的行政法规、地方性法规、自治条例和单行条例,公民可以向全国人大常委会递交合法性审查建议书;[4]税务行政相对人认为税收规范性文件违反税收法律、法规、规章或上级税收规范性文件的规定,可以向制定机关或其上一级税务机关书面提出审查的建议。[5] 不过,相比而言,笔者更倾向于发挥法院的作用,让其在审理具体案件的过程中,可以拒绝适用违反宪法和法律的法规和规章,尽管目前的法律并不支持这样做。

2.3 平等原则

平等原则不只是适用于税法,而是适用于所有部门法。从法治概

---

〔1〕 截至2013年6月底,地方政府负有偿还责任的债务108,859.17亿元,负有担保责任的债务26,655.77亿元,可能承担一定救助责任的债务43,393.72亿元。参见审计署2013年第32号审计结果公告,载http://www.audit.gov.cn/n1992130/n1992150/n1992500/3432077.html,访问日期:2014年9月2日。

〔2〕 参见《国务院关于纠正地方自行制定税收先征后返政策的通知》(国发〔2000〕2号)。

〔3〕 参见财税〔2009〕1号文。

〔4〕 参见《立法法》第99条第2款。

〔5〕 参见《税收规范性文件制定管理办法》第35条。

念使用上看,相同情形下必须毫无例外地适用法律。[1] 具体来说,它要求相同情况相同处理,不同情况不同处理,不管是立法还是执法和司法。就其横向含义而言,它要求忽略一些在法律上无关紧要的差别,如民族、种族、性别、宗教信仰、贫富状况、家庭出身、教育程度等,平等地对待所有的人,以体现相同情况相同处理。就其纵向含义而言,它要求充分关注法律上至关重要的差别,保护妇女、儿童、残疾人、贫困人口等弱势群体的利益,以体现不同情况不同处理。在宪法与法律之间,在不同的法律部门之间,衡量情差异性的标准并不一致,在一个领域中有必要忽略的差别,在另一个领域中却必须得到充分体认。例如,财富状况对选举权不能产生影响,对纳税能力的衡量却是一个重要指标。因此,只有结合财税法的具体特点,才能探讨平等在其中的实现路径。

财税法是有关公共财产取得、管理和使用的法律,[2]平等原则的适用主要体现在财产取得和使用两个环节,与财产管理所涉不多。对税收、政府性基金、行政事业性收费而言,公共财产的取得意味着私人财产的牺牲,要想体现平等,必须根据不同的收入类型具体分析。对行政事业性收费而言,其逻辑基础在于弥补政府提供对等公用服务的成本,平等也就体现在"受益"方面:同等程度受益的人,缴纳相同金额的费用;不同程度受益的人,缴纳不同金额的费用。例如,高速公路的通行费标准根据建造和营运成本核定,通行距离越长,表示受益越多,收费自然越高,这符合平等原则。一般情况下,能够确定具体受益个体的,应该尽可能采取收费的方式处理。受益范围如果可以确定为特定的群体,则不妨采取政府性基金的方式。一旦受益范围已经无法特定,公民

---

〔1〕 Frans Vanistendael. Legal Framework for Taxation. In Victor Thuronyi(eds.). Tax Law Design and Drafting(Volume 1). International Monetary Fund:1996.

〔2〕 参见刘剑文、王桦宇:《公共财产权的概念及其法治逻辑》,载《中国社会科学》2014年第8期。

财产牺牲和政府公共服务之间无法建立具体的受益关系,则只能采取税收方式筹集财政收入。

"税课是否平等,须依其衡量标准;依个人之支付能力以课税,即为衡量标准。每一位纳税义务人与其他纳税义务人的纳税能力,究竟是相类似或不同,量能课税原则即为其指针。"[1]可见,判断税收是否平等的标准是税收负担能力,而不再考虑纳税人是否能够从中同等受益。在现有的税制体系中,所得因为扣除了相关的费用和开支,表现为纯受益,因而最能体现税收负担能力,让所得税成为最符合平等原则的税种。摆在次位的是财产,它也能在很大程度上体现税负能力。财产越多的人,一般税收负担能力越强。没有财产的贫困人口,自然没有税收负担能力。因此,对财产征税也基本符合平等原则。最有争议的是针对流通环节征收的货物与劳务税,其征税对象是因销售货物或提供劳务而索取的对价。由于征税时不允许扣除成本、费用等,相同销售额带给纳税人的利润可能并不一致,甚至可能出现有销售但无利润的情况,因此,这种对价并不能准确反映税收负担能力,只能从整体上得出大致的判断,即销售额或经营额越大,税收负担能力越强。有鉴于此,在设计税制时,从平等原则出发,应该尽量采纳所得税,其次是财产税,最后才是流转税。在设计具体的税种时,也应该尽可能遵循量能课税,让规则更加公平合理。

有些财政措施并不以财政收入为目的,而是体现了特定的政策需要,如环境税、排污费等。在这些领域中,平等原则既不表现为受益关系,也不按税收负担能力来衡量,而是体现为损失填补,遵循肇因者付费原则。谁对环境造成的损坏大,谁排放的污染物多,谁就应该多缴税费,供政府用于环境改善或修复,类似于损害赔偿。如果排污量相等,

---

[1] 葛克昌:《税法基本问题(财政宪法篇)》,北京大学出版社 2004 年版,第 122 页。

对环境的损害程度相同,则只能平等对待,征收相同的税费。另外一种特别现象是,基于经济、文化、社会等因素的考虑,税法也会提供照顾性的减免税措施,以刺激特定行业或地区的发展。这些规则明显违反平等原则,不过,只要目的正当、手段合适,且确实证明有必要,且只在有限期间和范围内采用,通过比例原则审查,就仍然会被法治原则所容。

财政支出平等是财政公平原则的一个重要分支,即财政开支方面平等对待权利人,使其平等受益,[1]其可以从两个方面考虑。站在政府间财政关系的角度,中央政府应该平等对待地方政府,上级政府应该平等对待辖区内的下级政府。这种平等主要体现为基本公共服务均等化,保证每一个地方政府都有能力提供大致相同的基本公共服务,让每一个地方的居民都能享受到公共财政的阳光。站在政府和居民关系的角度,财政支出的平等也需要区分不同的情况。例如,公务员的薪酬待遇需要社会综合工资水平、考虑不同级别和岗位对社会的贡献程度;政府采购需要遵循等价交换的原则;而社会福利、社会救济、社会优抚等,则需要考虑被保障对象的需要程度,社会保险还需要考虑被保险人的缴费情况、参保年限等。相比税收和收费,财政支出的平等标准更显多元化,需要结合不同的支出分别鉴定。

除以上所提及的法律制定层面的平等,平等原则还体现为执法公正,不允许选择性执法,也不能搞运动式执法。就税收和费用而言,必须坚持应收尽收原则,不能因为财政入库压力大就收过头税费,也不能因为经济增长快就放水养鱼,该收不收。就财政支出而言,如果法律已经设定了支出标准,政府必须严格遵守标准,按照规定程序和时限完成支出。即便授权政府进行合理裁量,也必须在平等原则的指导下,相同情况相同处理,不同情况区别对待。目前我们所观察到的情况恰恰是,

---

〔1〕 王世涛:《财政宪法学研究》,法律出版社 2012 年版,第 79 页。

财税领域执法不公的现象非常普遍，不仅涉及政府与居民的关系，也涉及政府间转移支付。如果规则原本就不合理，假借不公正的执法，其效果可能会越来越恶化。即便是合情合理的法律，一旦不能得到良好的执行，其公正性也会大打折扣。

2.4　不溯及既往

法律具有指引作用，可以为人们提供既定的行为模式，税法中适用不溯及既往原则，其理由主要在于纳税人应该在能够预见其税法后果的基础上从事经济活动。[1] 但也必须看到，法律不能引导其生效之前的行为。法律颁布前，人们的行为只能按照当时的法律来调整。法律还具有预测作用，凭借法律的存在，人们可以预先估计行为的法律后果。未颁布的法自然不能起到这种作用。法不溯及既往原则表现在，国家不能用当前制定的法律指导人们过去的行为，更不能用当前的法律处罚人们过去从事的行为，目的在于限制行政权力的扩张，维护社会秩序的稳定性，保护人们所期待的信赖利益。不过，如果溯及既往并不会给当事人带来损失，而是为了更好地保护其权利或提供更多的利益，则不妨作为例外存在。《立法法》第 93 条规定，法律、行政法规、地方性法规、自治条例和单行条例、规章不溯及既往，但为了更好地保护公民、法人和其他组织的权利和利益而作的特别规定除外，体现的就是法不溯及既往原则。

"从税收法定主义出发，为了维持法的安定性和可预测性，税法当然只能适用于其生效之后的事件，否则就会使纳税人总是处于惶恐不安之中。"[2] 因此，通常情况下，税法对不溯及既往原则更为关注，因为

---

〔1〕 Frans Vanistendael. Legal Framework for Taxation. In Victor Thuronyi (eds.). Tax Law Design and Drafting (Volume 1). International Monetary Fund: 1996.

〔2〕 熊伟：《重申税收法定主义》，载《法学杂志》2014 年第 2 期。

它整体上属于侵益性规范,溯及既往往往会增加纳税人的负担。税收法定主义所指向的"法",也应该仅指现在已经制定正在生效的法,而不包括尚未制定或未来生效的法。否则,就会违反纳税人的合理预期,破坏其对法律的信赖。在税法上,对于信赖与已经终结的事实关系相结合之法律上的法律效果继续被承认,且基于法安定性之理由,税捐义务人信赖基于该法律状态所产生之税法地位不至于溯及既往的蒙受不利益,原则上应加以保护(所谓税捐溯及既往效力之禁止;溯及连结之禁止)。[1] 但是,扩大费用扣除范围、增加税收减免力度等授益性规则,即便溯及既往,也不会侵害纳税人的利益或权利。正因为如此,《税收规范性文件制定管理办法》第13条规定,税收规范性文件不得溯及既往,但为了更好地保护税务行政相对人权利和利益而作的特别规定除外。与此形成对比的是,由于财政支出对当事人具有授益性,财政法一般并不介意溯及既往。例如,工资、养老保险待遇的增加,不仅可以适用于当期和未来,也可以适用于过去某段时间,形成补发工资、补发养老保险待遇等概念。

3. 法治财税的实质要义与现实诉求

法律保留、法律优位、平等原则、不溯及既往,代表了法治原则在形式层面的要义,对财税活动的积极意义不容小觑。它们有助于保持立法对财税的控制权,确保法律体系的内在统一,实现负担和资源的公平分配,维护当事人对财税法律的信赖。特别是"中国的法治发展目前仍处在形成过程中,鉴于中国文化传统的衰败与民主政治尚有提升空间,中国法治的道德维度和政治维度是尤其需要加强的两个基本方面"。[2]

---

〔1〕 陈清秀:《税法总论》,元照出版股份有限公司2010年版,第264页。
〔2〕 胡水君:《中国法治的人文道路》,载《法学研究》2012年第3期。

在此情景下,旗帜鲜明地宣传、落实和推进法治财税,对发挥财税在国家治理中的基础和支柱作用至关重要。不过,法治发展的历史早已告诫我们,精致化的形式也可能引人误入歧途。如果法律的内容和目标设定错误,或者权力源头被邪恶势力所控制,那么发达的法治不仅不能促进公平正义,反而可能以正义之名助纣为虐。比如,民主虽然是一个值得追求的价值,与法律保留及法律优位紧密关联,但也可能形成多数人的暴政,成为一部分合法侵害另一部分人的借口。而一旦执政者自己不受法治约束,只是用法律来治理人民,其所带来的危险也是人民无法承受之痛。

与法律一样,财税也有自己的实质理性,是一个有生命力的动态体系,这是法治财税必须尊重的事实。易言之,财税需要服从自己的规律性。一旦这种要求被破坏,就算形式上符合法治原则,也无法达到理想的正义。例如,量能课税解决了纳税人之间的相对公平问题,税收法定解决了课税的法律保留问题,依法行政解决了正当法律程序问题,但仅有这些仍然不够。从实质理性的角度看,最重要的是课税不能无度,必须接受比例原则的审查。比例原则"通过考察目的和手段之间的关系,尤其是要考察征税目标价值的实现不能过分损害纳税人的基本人身财产权利这一方面,来防止过度地破坏二者之间利益与价值的均衡。并且其也是征税裁量权行使杜绝恣意与专横的理性的保障"。[1] 中国历史上的政治改革、农民起义,美国的独立战争、法国大革命、英国光荣革命,尽管形式上会祭出合法性的大旗,其焦点仍然是过重的税收负担。财政分配的过程同样如此。法治可以保证最基本的形式平等,但是,分配政策是否符合公平正义,是否能够促进经济发展和社会进步,是否有助于生态文明和环境保护,是否能保护基本人权并促进人的全面发展,

---

〔1〕 姜昕:《比例原则研究——一个宪政的视角》,法律出版社 2008 年版,第 18 页。

不是一般意义上的法治所能解决的。

事实上，相对于法治和政治，财税是国家治理的另一套系统，延伸到社会的每一个角落。一方面，它支撑庞大的公共权力体系，并通过分配财政资源，体现财政的权力性和公共性，保证社会正常运转和健康发展，另一方面，它又需要向社会汲取财政资源，包括征税、收费和发债，解决政府的正常开支。在此过程中，还会有大量的资源、资产和资金沉淀在政府，需要其行使管理职能，争取最大程度的保值增值。从公共财产的取得、管理到支用，每一个环节都必须贯彻法治思维，以维护必要的秩序、安全和平等；每一个环节也都要衡量其实质理性，尊重其自身的规律和逻辑，思考合乎正义的财税模式，以实现其目的正当性。即便面对社会的变化必须调整原先规范的价值或逻辑，也必须先对于既存法律规范的目的作充分的认识与理解之后方属可能。[1] 将财税的理性楔入法治原则，为法治财税增加了新的内容，其内容包括限定元权力、提供目的指引、保障权利底线，核心仍在宪法政治。

所谓限定元权力，就是要约束最高统治者，将一切国家权力纳入法律控制，不允许任何特权凌驾于法律之上。从形式上看，立法机关是最高权力机构，它是法律的制定者，拥有最高的法律权威。但在政治实践中，执政党的影响力最大，政治影响力最强，是事实上的最高统治者。如果法治不能约束这些主体，不管其决策程序如何精致，决策过程如何高效，决策内容如何丰富，都可能会酿成法治之殇，导致非常危险的结果。因此，必须通过宪法为最高统治者设定元规则，告诉、警示哪些不能做，哪些能做，哪些必须做，同时建立常态化的违宪审查机制，保证财税决策不至于偏离大方向，不至于过度侵犯人民的财产和自由。正是

---

〔1〕 参见柯格钟：《租税之立法界限及其宪法上的当为要求——以德国税捐法之理论为基础》，载《宪法解释之理论与实务》2010 年第 7 辑。

由于财产和自由掌握在“独立行动的个人手里,才没有人有控制我们的全权,我们才能够以个人的身份来决定我们要做的事情。一个富人得势的世界仍比一个只有得势的人才能致富的世界要好些”。[1]

所谓提供目的指引,就是要将正义和道德引入财税。在这方面,宪法仍将发挥不可替代的作用,它通过设定国家发展战略、政府职能范围和公民基本权利,为财税法确立基本的价值和方向。宪法确认我国是社会主义国家,财政就更应该重视社会公正,矫正社会不平等;宪法确认我国是公有制国家,国有资产的收益就应该纳入公共预算,服务全体人民;宪法要求帮助少数民族地区加速经济和文化的发展,财政就应该对这些地区实行特殊的转移支付,并赋予自治地方更多的财政自主权;宪法宣称公民合法财产不受侵犯,税费征收就应该合法有度,尊重公民的同意权;宪法肯定国家实行市场经济,财政就应该划定其与市场的边界,不干预市场主体的经营活动。只有基于目的的指引,财税立法和行政才不会偏离方向。

如果说目的指引是从积极作为角度为财税指明方向的话,那么保障权利底线则是从消极防御角度为财税设定了边界。宪法确认了公民的基本权利和自由,这是国家对公民的基本承诺,是国家权力的边界,不得逾越。具体至财税法中,在限制国家征税权的同时,必须限制国家不正当地从事经济活动,[2]侵害纳税人的权利。财税法最常涉及的是财产权、营业自由、个人隐私和平等权。没有法律依据要求公民纳税,侵犯了公民财产权;歧视某种特定的经营,违背了税收中性原则,侵犯了营业自由;随意公开或泄露纳税申报信息,侵犯了公民的隐私权;相

---

〔1〕 马岭:《宪法权利解读》,中国人民大学出版社2010年版,第23页。

〔2〕 参见陈征:《国家征税的宪法界限——以公民私有财产权为视角》,载《清华法学》2014年第3期。

同情况不同处理,不同情况等同处理,违背了平等原则。之所以用宪法设定这些权利,就是告诉立法机关和执政当局,立法权并非没有边界和底线。在宪政体制下,公民基本权利可在公益考量的必要情形下得以限制。但也只能在公共利益所必要的范围内。[1] 如果没有正当理由,或不遵守正当法律程序,国家不得侵犯公民权利。

通过这种实质意义上的拓展,法治财税有了更加广阔的空间。至少我们由此知道,法治财税不是只追求形式理性,还有更深层次的价值追求和目的意义。第一层次的意义在于,法治财税体现了公共财政理念,政府本身不应该有任何利益欲求,只是为了给社会提供公共服务。因此,财税需要遵循政府与市场的界分,做好市场经济条件下政府的本分,不能越俎代庖,直接干预企业经营和个人自由。"如果政府过多地直接替市场主体作决策或限制市场的决策范围,则市场对效率的贡献将有可能丧失或减弱。"[2]第二层次的意义在于,法治财税必须贯彻公平正义这一法治核心,[3]不能只做政府筹资理财的工具,而应该有自己的价值追求。有鉴于此,财税法学必须关注税收负担的轻重,关注财政支出政策的变动,关注预算掌控政府钱袋子的实效,让正义之光照亮财税之门,让财税法成为良善之法。第三层次的意义在于,法治财税必须落实财政民主和公众参与,让财税立法和决策不仅体现政府的意志,同时也体现公意,载负绝大多数公众的意志和利益。如果没有这层涵义托底,法律保留的价值会无所依归。

而要做到这些,法治财税必须统一于宪法政治。宪法政治从规范

〔1〕 参见姜昕:《比例原则的理论基础探析——以宪政哲学与公法精神为视角》,载《河北法学》2008 年第 7 期。

〔2〕 李昌麒、应飞虎:《论需要干预的分配关系——基于公平最佳保障的考虑》,载《法商研究》2002 年第 3 期。

〔3〕 参见刘剑文:《财税法治的破局与立势——一种以关系平衡为核心的治国之路》,载《清华法学》2013 年第 5 期。

与实践两个层面对政党政治施加了必要的限制。总体而言，这种限制既表现在程序方面，即对政党在民主政治过程中的活动，以及政党在执掌国家权力之后的活动予以必要的程序限制，也表现在实体方面，即审查政党之活动是否符合之宪政精神。如果没有宪法政治，政党政治将有可能落入无序之中。[1] 究其源，在于宪法是一国法律体系中最稳固、最成熟、最权威的规则，是所有法律、法规、规章的效力源头。宪法也是国民共识的最大公约数，是政府权力运作的总章程。无论是贯彻公共财政理念还是追求公平正义，抑或是坚持财政民主与公共参与，都需要借助于宪法加以确认或促进，相互冲突或抵牾的价值观念也需要宪法予以协调。同时，宪法还可以预设机制，防止某些价值走向极端化，例如，防止财政民主演变成多数人的暴政。通过限定元权力、提供目的指引、保障权利底线，法治与财税在宪法中得以有效结合，法治财税的实质要义得以彰显。

遗憾之处在于，目前我国宪法仍在沉睡，其功能主要停留在纸面上，缺乏有效的宪法实施机制，没有真正发挥元规则的作用。即便在财税法出现违宪情形，目前也没有违宪审查制度，让法治财税徒具形式意义。尽管执政党新一届领导人公开承诺，宪法的生命力在于实施，宪法的权威也在于实施，[2]让依宪治国不再是奢侈的期盼，而成为现实可求的目标。但是，鉴于我国目前的政治生态，这个过程不可能一蹴而就，因此，有必要保持足够的韧性和耐心，更有必要结合中国的实际情况，调动一切可用的法治资源，从更广阔的视野观察财税。

---

〔1〕 周叶中、李炳辉：《宪法政治：中国政治发展的必由之路》，中国法制出版社 2012 年版，第 173、174 页。

〔2〕 参见习近平总书记在首都各界纪念现行宪法公布施行 30 周年大会上的讲话，载 http://news.xinhuanet.com/politics/2012-12/04/c_113907206.htm，访问日期：2014 年 9 月 2 日。

4. 从法治到政治——现代财税的基础设施

“法治理念的根源在于本国的经济、政治、文化和社会发展的需要，法治理念的内容主要来自本国的政治和法律发展的经验教训，外部的和历史的法治文化是法治理念形成的背景和条件。”[1]在一个法制尚未健全的国度，当法律体系本身残缺不全，不能为社会提供充分的规则时，法治对人民而言无疑是一件奢侈品。此时，无论是法制还是法治，其最为重要的目标是加快立法进程，构建相对完整的法律体系。在此过程中，基于良性宪法的指导，结合现代法治的理念，让法律真正代表广大人民的利益，法制与法治则事实上融为一体。而要达到这种境界，绝非法治本身的力量所能自足。法治本身也需要基础设施，如先进的政党制度，合理的权力配置，良好的司法制度，高效的行政系统，坚实的法治信仰等。基础设施的发育状况不一样，法治的实现水平也会有所不同。

总体来说，法治的进程取决于政治，财税法治也不例外。因此，不宜抽象地谈论法治原则，还要考虑中国特殊的政治环境。受目前的法治和政治水平所限，也许在西方国家推进法治的重要力量，如议会和法院，在中国语境下不得不退居二线。而在中国最重要的政治力量，如执政党和政府，在西方国家的法治视野中却往往被忽略。如果食古不化、照搬照抄，本国的实践就会步入弯道。三十年来，中国特色社会主义法治的理论话语和具体实践，始终围绕“律法”和“司法”两个中心展开，排斥法律之外的规则体系和审判之外的纠纷解决机制，[2]已经造成法治

---

〔1〕 谢鹏程：《论社会主义法治理念》，载《中国社会科学》2007 年第 1 期。

〔2〕 强世功：《法治中国的道路选择》，载 http://www.dooo.cc/2014/08/30980.shtml，访问日期：2014 年 9 月 2 日。

的水土不服。基于实事求是的态度,笔者认为,法治财税建设应该引以为戒,充分调动各种积极因素,不仅充分关注传统的法治力量,结合本国国情,重视现实的政治及行政资源,将法治理念拓宽到公权力运作的全过程。

4.1 重视执政党对法治财税的推进作用

中国共产党是我国唯一的执政党,其影响力渗透到政治、经济、文化、社会等方方面面,包括财税。尽管在财税法从来没有出现过它的名字,但是不可否认,每一项重要财税立法、财税决策都会事先征得其同意,或者本身就是它强力推动的。例如,每一届中国共产党全国代表大会的决议,都会有大量篇幅涉及财税改革,成为财税立法和行政的指针,引导和推动后续的财税改革。1949 年以来的历史已经证明,当中国共产党重视法治时,国家的法治建设就会步入正轨。如果中国共产党决策错误,或者认识不到位,法治就会大步倒退,甚至沦落到被践踏的地步。因此,必须高度重视它在法治财税中的作用。

当下的中国,中国共产党决议的权威往往高于法律,人民群众和政府官员对党内文件的关注和遵从往往也高于法律。尽管这不是一种理想状态,与法治所推崇的法律中心主义不相吻合,但这是我们不得不面对的现实,如果利用得当,对推进法治财税也会产生巨大功效。例如,对于公款吃喝、公车私用、公款旅游等问题,虽然财税法确立的规则多如牛毛,预算、决算也在试图发挥作用,但最终都无济于事,而且愈演愈烈,成为破坏党和政府公信力的顽疾。中共中央政治局《关于改进工作作风、密切联系群众的八项规定》出台后,通过强有力的执行措施,目前党风、政风、民风都有了很大的改善。中共中央办公厅发布的有关差旅费、会议费、接待费的标准,也都成为了各级财政控制支出的尚方宝剑。

当然,作为一种政治力量,执政党坚持依法执政,实施党对国家和社会的领导,带头守法,保证执法,严格在宪法和法律的范围内活动,保证党和国家的各项工作都依法进行,[1]这是法治原则的必然要求。政治权力必须按照宪法和法律的规定来运行,从而避免政治权力的恣意,使得政治权力在理性的、可预期的轨道上运行,[2]这也是《十八届三中全会决定》的承诺。执政党坚持依法执政,实施党对国家和社会的领导,带头守法,保证执法,严格在宪法和法律的范围内活动,保证党和国家的各项工作都依法进行。[3] 因此,它提出的有关财税方面的改革动议,应当通过立法程序转换成国家意志,并尊重政党意志与人民意志之间的差异,尊重宪法设定的基本权利和国家战略。对于已经生效的财税法律,中国共产党也有义务带头执行,包括公开部门预算、遵守支出标准、控制"三公"经费,等等。它还有义务支持财税机关依法行政,支持司法机关依法审理财税诉讼,不干涉具体的财税行政及司法实务。更重要的在于,作为我国唯一的执政党,中国共产党应时刻保持先进性,维护和代表广大人民群众的利益。只有这样,其领导制定的财税法才有可能贯彻正义,以公众福祉最大化作为财税法的宗旨,以规范和约束公权力作为财税法的目标。

4.2 完善人民代表大会制度,提高财税决策和监督能力

人民代表大会制度是我国财税法治的枢纽。首先,人民选举其代表组成人民代表大会,行使对重大财税决策的决定权,体现了人民主权原则。其次,全国人大享有财税立法权,可以决定征税收费、确定财政基准,配置政府内部的财政权力结构,划分政府之间的财政收支,是法

---

〔1〕 参见强世功:《"依法执政"应成为建设法治中国的重心》,载《21世纪经济报道》2014年3月4日,转引自 http://jingji.21cbh.com/2014/3-4/5NMDA2NTFfMTA4MzI5Ng.html,访问日期:2014年9月2日。

〔2〕 参见强世功:《中国宪政模式? 巴克尔对中国"单一政党宪政国"体制的研究》,载《中外法学》2012年第5期。

〔3〕 李林、高汉成:《中国共产党为人民民主与法治奋斗的90年》,载《政治学研究》2011年第4期。

治原则发挥作用的基础性平台。再次,各级人大都享有预决算审批权,可以批准或否决政府的预算决算草案,决定财政支出的规模、结构,决定政府举债事项,行使着控制政府钱袋子的具体职能。最后,各级人大都享有财政监督权,可以通过质询、专题调查、听取政府关于预算执行情况的报告、听取审计报告,监督政府收入征缴和财政开支,还可以撤销不合法的预算、决算以及财税法规。形象地说,人民代表大会制度是法治财税的发动机,唯有当其强劲启动并源源不断地输送动力时,法治原则的设想才有可能变为现实。如果人民代表大会制度失效,法治理想恐将永远停留在纸面。

现实的情况恰恰是,人民代表大会被戏称为"橡皮图章",主要替执政党和政府的政策背书,将政党意志、行政意志转化为国家意志,从形式上赋予其合法性,人民代表大会本身所应该体现的财政民主、权力控制等职能早已被严重淡化。造成这种现象的原因,首先在于人民代表选举制度的不完善,如目前只有县乡人大代表实行直接选举,人大代表都是兼职,人大代表中官员比例太高,人大常委会委员大都是退休官员等,这些都制约了人民代表大会职能的发挥。其次,人民代表大会的会期制度也在很大程度上影响其作用。试想想,全国人大代表近三千名,各有自己的主业,又不能聘请助理,或者组建代表工作室,每年最多用一两天审议财税立法和预算,要想充当法治财税的起搏器,何其之难!最重要的障碍在于,可能这种状况并非基于错误或疏忽,而是一种有意的安排。事实上,我国到现在为止还没有理清中国共产党与人民代表大会的关系,虚化人民代表大会也就是自然而言的结果了。

代议制机关的有两大职能,即立法职能与监督职能,这是建立宪政政府的关键所在。而代议制机关的政府监督职能中,审议与通过财政预算法案的权力乃是它控制政府权力的主要手段。[1]《十八届三中全会决定》对此已经有所认识,在"推动人民代表大会制度与时俱进"一节,提出要加强人大预算决算审查监督、国有资产监督职能,落实税收法定原则。中共中央政治局通过的《深化财税体制改革总体方案》更是要求,新一轮财税体制改革2016年基本完成重点工作和任务,2020年基本建立现代财政制度,这对全国人民代表大会提出了非常高的要求。目前,《预算法》修改十年磨一剑,终于在2014年8月31日得以通过,但政府间收支划分法、财政转移支付法、公债法、行政收费法、政府性基金法仍付之阙如,还有15个税种有待上升为法律。此外,人大对财政预算、决算、政府性债务以及国有资产方面的监督也亟待加强,以其目前的立法、决策和监督能力,显非力所能及。而在现代各国,预算监督权力都是最重要的立法机构监督政府的工具,立法机构的预算监督也因此成为建立对人民负责政府的关键手段。[2] 因此,要实现法治财税,必须加强人民代表大会的能力建设,从推行直接选举、完善代表构成、推行专职代表制、改革会期制度等方面入手,发挥人民代表的主体性作用。另外,也要充实人大专门委员会和工作机构的力量,辅助人大代表履行职能,必要时可以考虑将财政经济委员会分立,设立专门的财政委员会。当然,最重要的还是要理顺执政党和人大的关系,让人民代表大会真正成为人民行使国家权力的机构。

4.3 发挥公共行政作用,促推法治财税进程

从法律角度上看,"公共行政是国家行为,它由立法机构创制、授权

[1] 参见周刚志:《论公共财政与宪政国家——作为财政宪法学的一种理论前言》,北京大学出版社2005年版,第205页。

[2] 参见林慕华、马骏:《中国地方人民代表大会预算监督研究》,载《中国社会科学》2012年第6期。

并受其约束”。[1] 在法治原则的传统视野中，行政机关一直是被规范或约束的对象，无论是法律保留、依法行政还是法院审查，其假想场景都是行政滥权。法治财税的立论也不例外。因为担心政府随意课税收费，所以要求财政法定；因为担心政府开支无度，所以实行预算和决算制度；因为担心财税违法行政，所以才引入行政诉讼制度。然而，另一个不得不承认的事实是，行政机关是面向人民最为直接的主体，绝大部分公共物品都是政府提供的。行政机关作为法律的执行机构，一方面需要遵守法度，另一方面也必须积极作为，通过良好的公共政策，让法治原则不再停留在纸面。可以预料，同样的立法、同样的监督，行政可以呈现不同的风格，有的懈怠，有的进取。这至少说明，政府并非只是法治的客体，它同时也可以是法治的主体。公共行政并非只是机械地执行法律，它同时可以成为法治的积极组成部分。这些都需要法治财税理念予以正视。

以财政支出为例，面对千头万绪的公共事务，法律所能规范的范围非常有限。即便立法机关可以对特定领域提出要求，最多也只能规定基本的标准或程序，不可能事无巨细、面面俱到。虽然政府预算需要经过立法机关审批，但支出政策的选择权仍然保留在政府，预算执行中的自由裁量也必然存在。盖在宪政学理上，预算之执行，其主要权限归属行政部门，国会对于预算之控制，主要系透过事前审议以及事后审查决算之方式为之，此乃因行政权为积极实现国家目的，必须足够之人力、物力配备，因而居国家支出最大宗性质使然。[2] 为了达成财政行政的目标，除了遵守法律确定的标准和程序，政府不得不发布大量行政规

---

〔1〕 [美]杰伊·M. 沙夫里茨、E. W. 拉塞尔、克里斯托弗·P. 伯里克：《公共行政导论》，刘俊生、欧阳帆、金敏正等译，中国人民大学出版社 2011 年版，第 10 页。

〔2〕 参见蔡茂寅：《预算法之原理》，元照出版股份有限公司 2008 年版，第 99 页。

则，以补充法律规定的不足，或者是为了延伸公共政策的效果。[1]“家电下乡”“粮食直补”“提高养老金支付标准”“营业税改增值税”“提高营业税和增值税起征点”“小微企业减免税”等，都是政府通过行政手段达成的。甚至连“政府间收支划分”“均衡性转移支付”“民族地区转移支付”等涉及政府间财政关系的事项，也成为了政府行政事项。

从法治原则的角度看，仅仅要求财税政策不违反上位法远远不够，因为它最多只是要求财税机关中规中矩，不越雷池半步，其效果属于消极防御的性质。法治原则更要考虑的是，如何通过积极部署达成政策目的，让法治之光照亮公共行政。为此，财税行政可以引入与法治原则相契合的做法，例如，保持政策制定过程的公开透明，引入公众参与和政策辩论，让政策制定、执行和监督相互分离等；财税行政还可以延伸现有的法律、法规，通过内部准则进一步规范行政权力，提升规则的确定性和可预期性，便于纳税人遵从。国家税务总局早在1995年即制定了《税务稽查工作规程》，将税务稽查的选案、检查、审理、执行职能相分离，同时对正当程序、证据要件、执法过程等都做了非常细致的规定。为规范税收规范性文件的制定，国家税务总局于2010年制定了《税收规范性文件制定管理办法》，涉及税收规范性文件的起草、审核、决定、公布、备案、清理，其中许多内容都打下了法治的烙印。

可见，在承认政府可能滥用行政权力的同时，我们也应该看到事情的另一面，即政府也是法治建设的积极主体。特别是对于财税而言，由于现有的法律法规不完善，留下了许多空白空间；由于经济社会生活复

---

〔1〕 2013年，除了国务院的财税法规和文件，财政部发布了192个规范性文件，国家税务总局发布了105个规范性文件，除去以两家联合下文的42个文件，财税规范性文件的总数量达到255个。姑且不论这些文件的效力状态和实施效果，至少这些事实表明，在推行财税公共政策方面，政府本身是一个不可或缺的主体，而且发挥了十分重要的作用。以上数据检索自财政部“财政法规数据库”和国家税务总局“税收法规数据库”。

杂多变，法律不可能预见到所有的情形；更由于财政支出本身是一种积极性行为，需要制定周密可行的公共政策，政府的角色不仅仅在于消极地执行法律，更在于通过创制规则追求财税正义，让实质法治能够通过行政变为现实。正是在这个意义上，当政府提出“依法理财”[1]“依法治税”[2]时，虽然其理念主要停留在“法制”层面，如果能够从正面加以鼓励和引导，其对“法治”的促进意义仍将十分巨大。

4.4 提升司法权威，督促财税机关依法行政

司法是守护正义的最后一道防线，对中国的法治实践而言，却很难成为最主要的防线，特别是在规范和制约公权力方面。相对于中国共产党的领导地位，相对于人民代表大会的权力机关身份，相对于政府在公共政策方面的强势，法院的政治权威和法律职能都比较有限。例如，法院不能进行违宪审查，必须严格执行法律、行政法规，就连行政规章也必须参照执行。即便在诉讼过程中行政机关将违法的规范性文件作为依据，法院最多只能不予适用，却不能宣布其违法。加之在目前的体制下，法院地方化、行政化十分严重，人事、财政、装备等都受制于地方党委和政府，很难在制约公权力方面发挥太大作用。[3]

---

〔1〕 根据《财政部门全面推进依法行政依法理财实施意见》（财法〔2005〕5号），财政部所确立的法治财政目标基本上可以概括为，建立财政决策、执行和监督相结合的财政运行机制，即：财政立法程序规范，立法质量明显提高；财政行政执法行为规范、程序正当、内容适当；财政执法监督制度完善，财政违法行为、执法过错行为得到及时纠正、制裁；财政行政管理公开、公平、公正、便民、高效、诚信。

〔2〕 《“十二五”时期税务发展规划纲要》（国税发〔2011〕56号）在提及依法行政时有如下列举，基本上反映了国家税务总局对依法行政的理解：（1）加强税收法治建设；（2）坚持依法科学民主决策；（3）推进税收立法和制度建设；（4）规范税收执法行为；（5）健全行政监督体系；（6）完善税收法律救济。

〔3〕 以税务行政诉讼为例，2013年，全国法院收案仅362件，结案393件。在已审结案件中，不利于税务机关的裁判只有31件，包括撤销、变更具体行政行为，确认行政行为违法，支持行政赔偿等，所占比例不到8%。相比全国2852个县级行政区划，如此之少的收案数量，如此之低的胜诉率，面对财税行政，法院权威之弱可见一斑。参见最高人民法院：《2013年全国法院审理行政一审案件情况》，载 http://www.court.gov.cn/qwfb/sfsj/，访问日期：2014年8月20日。

在法治原则的视野中，司法制衡是一股强大的力量，不仅违法行政会受到法院的审查，就连违反宪法的法律，也可能被法院宣布违宪。受国情政情区别所致，笔者不指望中国法院像西方国家法院一样，能够如此积极有效地对抗公权力，但是不可否认，如果失去这一股制约力量，让行政如脱缰野马不受拘束，不管是法治国家还是法治财税，最多都只能停留在纸面，不可能变为现实。而要想提升法院的权威及职能，让其在制衡财税行政方面发挥更加积极的作用，首先需要推进司法体制改革，让法院摆脱各种外在干预，独立行使审判权，同时实现法官的专业化、精英化，让其真正行使决定权。如果违宪审查在我国目前尚不可行，至少可以赋予法院对规章以下的行政规范性文件的审查权，让其可以直接宣布其违法，而不仅仅是不予适用。其次，需要调整财税制度的整体设计，让更多负税人转变成法律上的纳税人，让更多的财政相对人明悉自己的诉权。最后需要考虑的是，在鼓励多元解决纠纷的同时，取消对纳税人起诉的各种限制，让司法介入行政的渠道更加畅通。

《十八届三中全会决定》已经对深化司法体制改革作了全面部署，中央全面深化改革领导小组审议通过的《关于深化司法体制和社会体制改革的意见及贯彻实施分工方案》和《关于司法体制改革试点若干问题的框架意见》，明确了深化司法体制改革的目标、原则，制定了各项改革任务的路线图和时间表。我们期望这次改革有助于提升司法权威，解决法院地方化、行政化的问题，为建设落实法治原则发挥应有的作用。另外，随着我国税制结构从间接税向直接税的转型，自然人将逐渐成为纳税人的主体，其权利意识、公民意识会不断复苏；在财政方面，与人民利益息息相关的事项也会越来越多，如社会保险支出就是行政诉讼发案率比较高的领域，行政收费也不断成为新闻的热点。这种大环境的改变非常有利于法院发挥司法监督职能，在法治原则指导下制约财税行政。

按照我国现行的司法体制,税务行政诉讼案件属于行政诉讼的范畴,原则上依《行政诉讼法》的相关规定进行审理。但是,由于税务行政诉讼与其他行政诉讼之间存在着明显的差别,故《税收征收管理法》第88条[1]第1款专门针对因纳税争议而引起的税务行政诉讼案件规定了两个限制条件,即复议前置和先行纳税。纳税人对于税务机关作出的征税决定产生异议时,必须先申请行政复议,只有对行政复议的决定不服时,才可以提起行政诉讼。而纳税人在申请行政复议前,还首先必须依照税务机关的纳税决定缴纳税款、滞纳金或提供相应的担保,否则,纳税人将无权申请行政复议,更不可提起行政诉讼。[2] 这种规定严重限制了纳税人申请救济的权利,与法治原则存在很大差距。鉴于目前税务案件少之又少,税务行政复议的公信力又严重不足,司法能力亟待通过审判活动予以加强,至少就税务行政诉讼而言,我们不用担心法院的负担太重,也不用担心法院的专业性不足,更不用担心司法资源的浪费。只有取消各种诉讼前置条件,赋予纳税人和解、复议、诉讼的选择权,让纳税人可以自由起诉税务机关,才有可能更大限度地树立司法权威,让法治财税理念不在停留在纸面上。

4.5 从纳税人到公民:主体意识的复苏

依法理财和依法治税被贴上"法制"标签的原因在于,该表达中被省略的主语局限于政府,具体而言就是财政部门和税务机关,真正应该发挥主体作用的人却被忽视,甚至被视为被管理的对象或客体。例如,《预算法》被修改以前,其立法宗旨被表述为"强化预算的分配和监督职能,健全国家对预算的管理,加强国家宏观调控",就是这种指导思想的

---

〔1〕《税收征收管理法》第88条要求,发生纳税争议后,纳税人必须足额缴清税款或者提供担保,才能上级税务机关申请复议;对复议决定不服时才能向法院起诉。

〔2〕王鸿貌:《我国税务行政诉讼制度的缺陷分析》,载《税务研究》2009年第7期。

产物。其实,正如依法治国的主体是人民一样,依法理财和依法治税的主体也应该是纳税人。政府及其财税部门虽然也可发挥积极作用,但从本质上看,它们是法治所要规范和约束的对象。出于这种理念,在社会公众的强力呼吁和要求下,《预算法》修改后,其立法宗旨才会被改为"规范政府收支行为,强化预算约束,加强对预算的管理和监督"。唯有如此,预算才能真正由政府管理的工具转变成管理政府的工具。[1] 可见,法治财税必须要有明确的主体意识,不同的主体定位代表着不同的倾向。

在实行生产资料私有制的西方国家,税收是财政收入结构中的主要来源,纳税人理所当然被尊为国家的主人。我国虽然实行社会主义公有制,但随着市场经济改革的逐渐深入,税在一般公共预算中早已是大头,基于公共财政"取之于民、用之于民"的特性,我们也不难得出"纳税人养活政府"的结论。在法治财税和法治国家建设的过程中,纳税人权利意识的强弱、参政议政水平的高低,对制度的有效运作会产生关键影响。从这个意义上讲,有什么样的纳税人,就会有什么样的政府和财税制度,这样表述一点都不为过。如果纳税人将自己定位为臣民,只是被动接受和服从政府的管理,逆来顺受、唯唯诺诺,权力自然就会呈现暴力性和垄断性。如果纳税人将自己定位为公民,积极参与国家治理,努力通过各种途径确保财税立法的优良,同时奉公守法,面对违法、违纪行为积极抗争,政府的公权力才有可能被驯服。不管是宪政、民主或是法治,都不可能从天而降。权利也不是一种政府的施舍,而是纳税人奋力争取的结果。因此,面对法治财税这个大课题,除了制度建设,如何让纳税人增强公民意识,以主体心态积极参与法治进程,是一个非常值得重视的关键问题。

---

〔1〕 参见顾功耘:《"预算法"的理论基础与修改方向》,载《法学》2011 年第 11 期。

目前,我国政治架构和财税制度都存在缺陷,不利于纳税人发挥主人翁的精神,积极参与国家治理,努力维护自身权利。前者的问题主要涉及人民代表大会制度,前文已经有充分论述,此处不再赘述。后者的主要问题在于,执政党和政府都还不适应预算治国,财政管理仍处于碎片化状态,缺乏系统思维和整体意识。在预算编制、审批和执行过程中,人民代表决策、公众参与、预算透明等机制仍付;阙如,政府内部的利益争夺也非常严重,公共利益被部门利益和政府利益所绑架。《预算法》修改后,上述问题虽然有所缓解,但离解决还有很长距离。另外,我国目前的税制结构以间接税为主,法律上的纳税人并非真正负担税款之人,造成纳税人与负税人的隔离,严重影响了纳税人意识的复苏。其实,即便如增值税、消费税等流转税,将最终负担税款的人设计为纳税人,并在发票上将所负担税款直接列明,这在立法技术上不存在任何障碍,也不会带来任何实际成本,唯一需要改变的是我们的观念!

第四章　财税治理及其模式转换[1]

1. 从财税统制到财税治理：模式转换与理念更新

不同的财税安排代表着不同的治国思路，不同的治国思路催生出不同的财税体制。《十八届三中全会决定》要求"推进国家治理体系和治理能力现代化"，《十八届四中全会决定》强调"全面推进依法治国"，治国理念发生重大转变。在以往治国实践中，国家作为社会秩序的唯一建构者，由其单独地对社会予以规则化的调整，社会个体必须遵守国家的调整规则，[2]治理机制上凸显权力运行的单向性，行政主导色彩浓厚。而作为一种新型的社会运行机制，治理不仅融合并超越了"统制"和"管理"，还清晰界定了传统模式下国家、社会和市场之间的模糊边界。政府主导的集权管理模式转向政府、市场和社会分权共治的多中心

---

〔1〕 本部分内容原载《现代法学》2015 年第 3 期，收入本书时作了大幅度增补。

〔2〕 魏治勋：《"善治"视野中的国家治理能力及其现代化》，载《法学论坛》2014 年第 2 期。

治理架构,这是全面深化改革从“负和博弈”到“零和博弈”再到“正和博弈”的伟大尝试。[1] 要言之,在市场经济和民主政治条件下,国家治理是政府、社会和公民多元主体下的协同共治,它强调人性化的治理技术和注重过程控制的政府督导,是以法治为治理进路、善治为目标导向的新型治理模式,[2]是对旧式“国家建构”模式的根本性重构。[3]

财税是国家治理的基础和重要支柱。财政制度安排体现并承载着国家与纳税人、政府与社会、政府与市场等基本关系,[4]是全面深化改革的重要突破口。以往的财税模式强调财政管理,强调政府对权力、资源和信息的垄断,强调政府对国民的施舍与恩惠,这是一种财税统治的思路,以权治民,政府高高在上,国民被动接受。按照财税治理的思路,财税权力本身是被治理的对象,人民作为国家主人的地位得到尊崇。它追求的是国家权力向社会的回归,财税权力的主体从政府转向立法机关、选民和公众,治理策略也从单纯的控制、强制转向法治和公共治理。在这种模式下,财税治理的理念更加先进,财税治理的手段更加丰富,财税治理的主体更加多元,财税治理的目标更加注重公平和正义。对于发展中的中国而言,虽然这种转变会非常艰难,但这是社会进步的必然,无可回避。

不论是国家治理还是财税治理,都必须坚持宪法所确立的国家形态,不同的国家形态对财税活动的范围、规模有着不同的要求。在封建

---

〔1〕 江必新:《推进国家治理体系和治理能力现代化》,载《光明日报》2013年11月15日。

〔2〕 善治作为公共管理研究领域的核心范畴,合法性、透明性、责任性、法治、回应和有效是其基本要素,其本质特征在于政府公民之间的良性互动,是国家权力向社会的回归,旨在社会管理过程中公共利益的最大化。参见俞可平:《治理与善治》,社会科学文献出版社2000年版,第45页;吴汉东:《国家治理现代化的三个维度:共治、善治与法治》,载《法制与社会发展》2014年第5期。

〔3〕 [法]让-皮埃尔·戈丹:《何谓治理》,钟震宇译,社会科学文献出版社2010年版,第3页。

〔4〕 参见楼继伟:《深化财税体制改革 建立现代财政制度》,载《求是》2014年第20期。

王权国家,财政形态表现为家计财政,财税以统治者巩固权力为中心,附带提供基本的公共服务。在自由资本主义时期,权力的民意基础有所扩大,一人之治转变为众人之治,民主开始成为社会的主流。基于"夜警国家"的理念,这一时期的财政形态表现为公共财政,市场的调节作用得到最大程度的尊崇。到了垄断资本主义时期,财税不再限于组织收入和提供公共产品,还具有调节收入分配、稳定宏观经济等职能。例如,为调和日益尖锐的社会矛盾,除了通过政府公共投资带动消费、提振经济外,政府不得不加大社会建设,逐渐树立以人为本、公共参与、可持续发展等理念,财税对社会保障、文化建设、环境保护方面的介入越来越深,财税本身的民主性、公共性和法治化也得到提升。

《宪法》规定,"我国将长期处于社会主义初级阶段";"国家在社会主义初级阶段,坚持公有制为主体、多种所有制经济共同发展的基本经济制度","国家实行社会主义市场经济","中华人民共和国实行依法治国,建设社会主义法治国家"。[1] 归纳起来的宪法图景就是,中国实行社会主义制度,但目前尚处于初级阶段;坚持公有制经济制度,但允许多种所有制共同发展;实行市场经济和法治国家原则,但必须以社会主义作为前提。然而,社会主义基本要求到底是什么?初级阶段的定位又会对其施加何种限制?多种所有制共存如何影响财税安排?在建设社会主义市场经济时,财税如何发挥基础性、保障性作用?如此众多的国家目标同时规定在宪法文本,其对财税治理会产生何种影响?传统的财税统制与现在的财税治理,在理念和方式上有和不同?这些问题都必须从国家顶层设计的高度予以考虑。

以上问题归根结底都在于如何理解社会主义。就价值序列而言,社会主义是国家建设的总纲领,是公有制、市场经济和法治国家的基

---

〔1〕《宪法》总纲、第5条、第6条、第15条。

础，对其内容和实现方式提供指引，也构成限制。邓小平同志在 1992 年南巡讲话时提出，“社会主义的本质，是解放生产力，发展生产力，消灭剥削，消除两极分化，实现共同富裕”。[1] 但这种共同富裕并不是要求吃“大锅饭”，实行平均主义，而是允许存在一定的差距，先富带后富，最终实现共同富裕。[2] 按照这个思路，国家在安排财税制度时，一方面必须遵循宪法平等原则，消除过度的财富差异，通过公共投资、扶贫计划、对口支援、最低生活保障等方式，让全体人民共享发展成果；另一方面鉴于国家尚处于初级发展阶段，必须接受收入差距存在的现实，鼓励一部分人通过劳动或投资致富，推动经济的整体持续发展。国家实行市场经济，界定和保护私有财产，在坚持生产资料公有制的同时，允许多种所有制成分共存，无疑也是基于这个现实。

就公平与效率的关系而言，基于社会主义理念的要求，其主调无疑应该是公平。但从现实情况看，实现这个目标需要一个过程。改革开放的初期，国家百废待兴，国库空虚，经济发展成为第一要务。在这种背景下，效率成为财税治理的首选价值。与此相适应，全国人大分别于 1984 年和 1985 年两次授权国务院，允许其根据经济改革和对外开放的实际需要，制定暂行条例施行，财税决定权事实上集中于政府之手，成为一种调节经济总量、产业结构的政策工具，财税民主和法治问题未得到应有的重视，基本公共服务均等化的问题更未提上议事日程。时至今日，中国的经济总量已经位居世界第二，但贫富差距和地区差距却越来越大，社会矛盾越来越尖锐，财税治理的目标也必须随之调整。在承认差距的前提下，政府更应该通过各种努力实现公平，逐步缩小行业之间、地区之间、不同人群之间的收入差距，同时改善财税治理的方式，引

〔1〕《邓小平文选》（第 3 卷），人民出版社 1993 年版，第 373 页。
〔2〕《邓小平文选》（第 3 卷），人民出版社 1993 年版，第 155 页。

入公共参与和民主协商,奉行法治国家原则,让财税权力回归立法机关,实现财税统制向财税治理的转型。

实践表明,人类历史上的每一次重大变革均与“财税”紧密关联,近代数次大革命也大多起源于财政危机或者对征税权的争夺,财税在国家治理中起着治国安邦的功用。[1] 在现代民主法治国家,财政问题的实质在于国民财产权与国家财政权的互动。[2] 作为一个制度工具,政府的征税权的行使既可为社会公众提供公共产品,维护纳税人的合法权益,也可能逾越边界而介入私人自治领域,成为与民争利、赚取民膏的利剑。基于公共利益的考虑,财产权不仅具有权利性,同时还负有社会义务,[3]私人财产转化为公共财产具有正当性。[4] 但税收是纳税人同意的结果,需依法课征,不仅要有法律依据之形式意义,更须彰显与法律整体秩序相符之价值观。[5] 也就是说,作为强制的无对待金钱给付,课税需以宪法保障的公民经济自由权为基础,以自由与人性尊严的保护为最高目标,使征税兼具实质正义和形式正义。

源于财税在国家治理中的基石性作用,财税治理应当秉承公共财政的价值诉求与基本要义,回应民生诉求,提升财税的法律地位,规范清理授权立法,寻求财税治理的现代化。作为根本大法,《宪法》应对公共财产的取得、用益和处分做出严格限制,更加注重私人财产权的法律保护,强调公共财产的分配正义,保护纳税人的基本权益。在财税收入端要考虑征税客体的“可税性”和“应税性”,考虑征税的目的与方式,强

---

〔1〕 参见刘剑文:《落实税收法定原则的突破口是房产税立法》,载《经济参考报》2014年12月3日。

〔2〕 参见熊伟:《宪政与中国财政转型》,载《法学家》2004年第5期。

〔3〕 参见张翔:《财产权的社会义务》,载《中国社会科学》2012年第9期。

〔4〕 参见刘剑文、王桦宇:《公共财产权的概念及其法治逻辑》,载《中国社会科学》2014年第8期。

〔5〕 参见葛克昌:《所得税与宪法》,北京大学出版社2004年版,序,第10页。

调民意体现与共识生成，恪守税收法定原则，严格限制授权立法，同时遵循信赖利益保护、量能课税、生存权保障，使国家征税权受到合理约束。除了税收，其他财政收入也要坚持法律保留，防止政府借收费、发债、营利之机挹注国库，规避税收法定原则。更为重要的是，财政支出必须高度关注民生福利，均衡不同地区、不同人群的公共服务水平，实现全国范围内公共服务均等化，[1]尽量减少对于经济运行的直接干预。此外，权力寓于程序当中，政府收入和支出均须遵循正当法律程序，坚持公开、参与、互动等原则，使财税真正“取之于民，用之于民”。[2]

2. 市场经济与公共财政：财税治理的目标导向

政府与市场的关系一直是经济领域的基础命题。《十八届三中全会决定》明确提出，“经济体制改革是全面深化改革的重点，核心问题是处理好政府和市场的关系，使市场在资源配置中起决定性作用和更好发挥政府作用”。财税作为理财治国安邦的大学问，虽然涉及国家与纳税人、中央与地方、立法与行政等多重关系，但归根结底仍在于政府与市场关系的廓清。众所周知，市场配置资源是市场经济运行的一般规律，致力于解决市场经济体系不完备、宏观调控缺位、越位乃至错位等情形。但在现代市场经济中，社会个体都是“经济人”，总会基于“经济人理性假定”进行考量，以追求自身效用或利益最大化。由于“经济人”的有限理性特点，交易双方的信息始终处于不对称状态，市场失灵似乎在所难免，需要政府通过特定方式予以补救，包括财税方面的介入。

在财税领域，公共物品具有非排他性和非对抗性，倘若由私人个体

〔1〕 参见王玮：《公共服务均等化的基本逻辑》，载《当代经济科学》2008年第6期。

〔2〕 朱炎生：《税收债务关系说与国家征税权力之约束》，载刘剑文主编：《依宪治国、收入分配与财税法治》，法律出版社2015年版，第230～232页。

通过市场提供，不可避免地会出现“搭便车”现象，导致“公地悲剧”。[1] 当自由市场经济发展到现代市场经济阶段时，财税“化身”公共利益的代表介入到市场失灵领域，提供社会个体不能或不愿投资的公共产品和公共服务，比如铁路、公路等交通基础设施项目，包括通过税收优惠、财政补贴等方式弥补市场缺陷。[2] 然而，政府本身是复合利益主体，具有促进社会福利最大化和追求自身利益最大化的两面性，兼具“道德人”和“经济人”身份。[3] 国家宏观调控并不会总是带来正面效用，事实上，政府浪费和滥用资源普遍存在，财政支出中的贪污腐败也屡见不鲜。因此，财税治理除了规制偷税漏税、骗取政府补贴外，更要将财税权力纳入治理对象，防止政府不当干预市场机制。

市场机制具有信息传递、激励约束、结构优化、促进技术进步和效率等功能，它与财税治理既对立又统一，二者均受资源稀缺性的限制，都要遵循价值规律和满足人的需要，在配置规模和配置范围上存在此消彼长的关系。[4] 鉴于市场失效和政府失灵并存，财税治理应当维持中性原则，注意财税调控的适度，防止越俎代庖，妨碍市场机制正常发挥作用。国家应保证财税与市场的相对分立，政府提供公用服务，包括基础设施、基础性研究等，不介入具体的市场投资，保障市场机制发挥正常的作用。即便在社会主义公有制的中国，由于社会主义尚处于初级阶段，国家实行多种所有制共同发展，允许市场在资源配置方面发挥决定性作用，财税治理也应该保持高度谨慎。

---

〔1〕［美］哈维·S. 罗森、特德·盖亚：《财政学》，郭庆旺译，中国人民大学出版社 2009 年版，第 53 ~ 66 页。

〔2〕刘大洪、张剑辉：《税收中性与税收调控的经济法思考》，载《中南财经政法大学学报》2002 年第 4 期。

〔3〕熊伟：《财政法基本问题》，法律出版社 2012 年版，第 19 页。

〔4〕卢洪友：《从建立现代财政制度入手推进国家治理体系和治理能力现代化》，载《地方财政研究》2014 年第 1 期。

在国家治理理念的指导下，采纳财税中性原则不仅具有肯认国家对市民社会和自由经济秩序的宪政价值，使纳税人承担合理的税负，尊重并保障公民财产权的作用，同时也具有抑制国家权力、把权力关进制度笼子，实现治国理政理想图景的作用。鉴于政府与市场之间关系互补，[1]财税治理应致力于政府与市场边界的合理界定，避免财税活动的越位与缺位，充分发挥市场在配置资源方面的决定性作用和财税在调节经济方面的主导性作用。[2]

这样的财税与公共财政的理念一脉相承。公共财政是国家治理现代化的物质基础，它要求政府只提供公共产品或公共服务，不介入具体的市场经营；国有企业存在的价值不在于盈利，而在于提供公共产品；财政的作用在于弥补市场缺陷和市场失灵，在尊重市场机制的基础上更好地发挥其主导功用。[3] 众所周知，不同的经济体制有着不同的政府与经济的关系，故而决定了不同的财政制度。自然经济条件下的财政是“家计财政”或“王权财政”。计划经济体制下的财政是“国家财政”，国家掌控一切经济资源，财政不仅必须满足公共需要，而且还必须替代市场满足个人需要，市场运行机制和价值规律被彻底摒弃。[4] 伴随着我国财政的转型，公共财政理应成为财税治理的基本目标。

公共财政是与市场经济相适应的财政类型，提供公共产品和服务、满足社会公共需要是其核心要义。公共财政内在于市场需求，必须有一定的活动边界。[5] 凡是通过市场自身能够实现的目标，财税就不应当介入。如果财政无所不包，必然会侵犯市场自由与私人财产权。概

---

〔1〕 参见陈共:《财政学》,中国人民大学出版社 2004 年版,第 15、16 页。

〔2〕 参见王雍君:《财政制度与国家治理的深层关系》,载《人民论坛》2014 年第 2 期。

〔3〕 参见张馨:《“公共财政”与“国家财政”关系辨析》,载《财政研究》1997 年第 11 期。

〔4〕 参见熊伟:《财政法基本问题》,法律出版社 2012 年版,第 1、2 页。

〔5〕 参见张馨:《公共财政论纲》,经济科学出版社 1999 年版,第 5 页。

言之，公共财政解决的是市场经济条件下政府应当做什么的问题，实质仍在于政府与市场的关系。在财税法上，与公共财政相对应的是公共财产法理论。该理论主张，财税法调整的是公共财产法律关系，本质上是公共财产法的问题，它与私法一道构筑私人财产权的双重保障体系。[1] 公共财产来自于私人财产，但又独立于私人财产，其取得、管理和处分都是为了公共目的，使"取之于民"的财政收入能够切实地"用之于民"。

长期以来，我国政府的财政职能"缺位"和"越位"并存，政府失灵的现象非常严重。伴随着市场改革的深化，财税治理必须严格遵循弥补市场失效的准则，超越市场利益纷争，平等对待所有的市场活动。不论是财政收入还是财政支出，都应当坚持实质公正与形式公平理念，避免市场主体依靠公权力寻租，使弱势群体能得到帮助与救济。在民主宪政体制下，公共财政的民主性、法治性、非营利性和社会公正性突出，因而特别强调"民主代议机关主导型"的财政议决机制、"各级政府协商推进型"的政治议决体系以及"政府与人民良性互动型"的财政决议方式，力求所有政府的财政活动都能以社会的公共利益为归宿，使财政真正用于满足公共需要。[2]

3. 民主政治与法治国家：财税治理的基本进路

市场经济条件下，"市场失灵"和"政府失灵"并存，其中市场失灵由公共财政来解决，民主政治则是防范政府失灵的重要方式。在现代社会中，民主是人民意志和利益得以平等自由地实现的政治制度和政治

---

〔1〕 参见刘剑文、王桦宇：《公共财产权的概念及其法治逻辑》，载《中国社会科学》2014年第8期。

〔2〕 周刚志：《论中国转型时期的"财政国家"形态》，载刘剑文主编：《依宪治国、收入分配与财税法治》，法律出版社2015年版，第49～51页。

生活。[1] 《宪法》第2条明确规定,"中华人民共和国的一切权力属于人民。人民行使国家权力的机关是全国人民代表大会和地方各级人民代表大会。人民依照法律规定,通过各种途径和形式,管理国家事务,管理经济和文化事业,管理社会事务"。这就是民主政治的基本要求。在财税领域,财政民主要求重大财政事项必须经由人民同意和决定,或者由代议制机关制定法律予以规范,它是人民主权理论在财税领域的具体落实和实现,是财税的内在要求和基础设施。

倘若财税治理不以民主为基础,而以政府独裁或专制为前提,纳税人的权益将无法得到有效维护和保障,财税将沦为政府统治人民的工具。[2] 比如,在封建君主制时期,君王掌握财政大权,社会公众仅作为被统治的对象存在,很难参与财政的决策与监督,财政民主无从谈起。在计划经济的集权时代,财政由国家统收统支,国家意志取代公众意志,财税权力高度集中于政府。即便被冠以社会主义之名,受计划经济的高度集中性所致,加上苏联、中国久已形成的专制传统,这一时期的财税仍未能摆脱权力支配。由于不是建立在民主政治的基础之上,社会公众无法参与财政的收入、支出与管理,国民的财产权、参与权和决策权难以得到保障。特别是,受公有制经济制度的影响,国有企业利润成为财政收入的主要来源,以财产私有为前提的税收无足轻重。这进一步强化了政府对社会的控制,财税的民主基础被销蚀。

在社会主义市场经济条件下,顶层制度仍应以保护私人财产权为核心。正是由于中国尚处于社会主义初级阶段,国民经济、社会发展、人的素质都不发达,才有必要借助市场手段予以激励,在公有制经济

---

〔1〕 参见张希:《论民主政治及其制约因素》,载《政治与法律》2002年第4期。

〔2〕 参见刘剑文:《论财税体制改革的正当性——公共财产法语境下的治理逻辑》,载《清华法学》2014年第5期。

外,允许多种所有制经济形式并存。在这种背景下,税收逐渐成为财政收入的主要形式,私有财产的牺牲也成为常态。出于维护自身利益的考虑,公众必然希望参与财政决策,防止政府滥权敛财,并限定财政支出的方向,为财政民主化提供了必要条件。从中国改革开放以来的经验可以看出,财政民主化的过程也就是政治民主化的过程,政治民主化的成果反过来又会被财政民主所享用。只有推进政治体制改革,积极推行依宪治国,加强对公权力的约束和监督,才能改变目前权力过于集中的现状。

就中国的现状而言,无论是财政民主还是政治民主,都有必要按照《十八届三中全会决定》的要求,坚持和完善人民代表大会制度,通过直接选举、专职代表和公开竞选的方式,强化人民与其政治代表的联系。这是因为,在代议制民主制形势下,所谓纳税人同意权,所谓人民主权,往往都表现为人民通过其选举的代表间接行使。如果人民无法选举出真正代表其利益的代表,或者人民代表无法充分行使其职权,表面的民主往往掩藏着实质的专制。

当然,在现代社会中,民主又不仅仅限于选举。随着公共行政的广泛推行,信息公开、项目论证、公开征求意见、听证、恳谈等,都是扩大公众参与决策的渠道,也是实现权力回归社会的重要形式。以我国财税立法为例,不管是法律、行政法规还是部门规章,不管是其制定还是重大修改,草案在提交审议或批准前都必须向社会公开征求意见。2012年7月《预算法修正案(草案二次审议稿)》公开向社会征求意见时,短短一个月就收集到了超过30万条意见。2005年9月,针对《个人所得税法》工资薪金所得费用扣除标准的提高,全国人大常委会还举行过立法听证会。至于预算公开、项目公开、专家论证等,更成为当前财政程序的常态。网络媒体和信息平台大量出现后,突破了政府单相管制的模式,让社会舆论在参政议政方面发挥了前所未有的作用。

尽管如此，这些还是无法替代制度化的代议制民主，以及建立在这种民主基础上的财税法治化。如果受条件的限制，民主进程暂时无法大大踏步推进，至少可以在建设法治国家的旗帜下，将财税治理建立在法治轨道上。

法律是治国之重器，良法是善治之前提。为了防范政府失灵，必须将法治作为治国理政的基本方略。法治与人治相比最大的优势就在于可预测性，为社会提供了稳定可靠的行为准则。例如，法律保留原则要求，凡属涉及生命、自由和财产的事项，只能由法律加以规定。即便个别事项授权政府立法，授权也必须具体明确，附有期限，而且不能转授权；法律优位原则要求，法律体系内部的效力必须统一，任何行政法规、政府规章，包括规范性文件，都不能与法律相抵触；正当法律程序原则要求，政府对人民作出不利的行为时，要事先告知、说明理由和听取申辩；平等原则要求，相同情况相同处理，不同情况不同处理。不仅如此，依照法治原则，执政党和政府都必须遵守宪法和法律，不允许有任何特权凌驾于法律之上。这样可以为社会提供必要的确定性，并通过司法确立法律的至上权威。所谓“将权力关进制度的笼子”，这个笼子就是法律。如果说现代社会还需要国王，这个国王也就是法律。

财税正义需要财税治理与财税法治的协同整合。然而，我国是传统集权型国家，公权力传统根深蒂固，财税法治在过去相当长的时间里未得到重视，财税改革与财税法治建设相脱节。截至目前，经由全国人大及其常委会制定的法律寥寥无几，在财政收入领域只有《个人所得税法》《企业所得税法》《车船税法》和《税收征收管理法》，财政支出领域也只有《预算法》和《审计法》，其余大部分是国务院颁布的行政法规，甚至只是财政部或国家税务总局发布的规范性文件。法治国家原则要求，财税行为必须有法律依据。这里的“法”不能仅仅是一般的规范性法律文件，须是代表广大人民意志的全国人大及其常委会制定的法律。

目前,我国全面深化改革已进入攻坚期和深水区,必须稳步推进形式和实质兼备的财税法治建设,使其成为推动财税治理的压舱石,更使其成为建设法治国家的突破口。

作为法治国家的一部分,财税法治首先须落实财政法定主义,强化立法机关的权威,规范授权立法,提升立法层次,在条件成熟时将税收法定主义上升为宪法原则,有效规范财税权力的行使。[1] 此外,必须重视财税权力(权利)在国家与国民、人大与政府、中央与地方之间的合理配置,尽早制定财政基本法,以及与此相配套的财政收支划分法、财政转移支付法等法律,切实维护纳税人基本权益,使法治原则成为理财治国的根本保障。为此,必须从根本上改变对财税法的定位,使其脱离宏观调控法的窠臼,建构公共财产法的宏大视野,尽快将财税政策纳入法治轨道。例如,税收优惠历来被视为政府的政策工具,用于调节收入差距、产业差距和地区差距,很容易脱离法律的约束,成为政府权力的自留地。如果税收优惠过于泛滥,不受监管,反而会成为破坏公平、违背法治的渊薮。因此,必须以公共利益作为评判税收优惠的首要基准,遵循正当法律程序和实质正义,使其兼具实质合理性与形式合法性,实现应有的目标取向。[2]

法治并不复杂,但实施却不容易。纸面的法律不难制定,内心的信仰却很难形成。尤其对于长期习惯于擅断专行的政府而言,法治原则还是一个十分陌生的概念。在行政效率与法律程序之间,倘若二者之间稍有冲突,行政效率总是会被优先考虑。这种例子在我国财税实践中并不少见。《十八届四中全会决定》“全面推进依法治国、建设社会主

---

〔1〕 参见刘剑文:《我国财税法治建设的破局之路——困境与路径之审思》,载《现代法学》2013年第3期。

〔2〕 参见陈新民:《德国公法学基础理论》,法律出版社2010年版,第63~70页。

义法治国家”的声音言犹在耳，从2014年11月28日起45天内，财政部和国家税务总局三次下文，上调成品油的消费税税率。[1] 第一次下文时，发文单位尚且声明经过国务院同意，第二次和第三次下文时，程序正义完全被置之度外。即便从环境保护和促进新能源发展的角度看，利用国际原油价格下跌的机会提高成品油消费税确有必要，即便财政部和国家税务总局可能已经向国务院报批，但是，法律程序本身尤其自身的规律性，不同的行文主体代表着不同权限。以财政部、国家税务总局的名义修改国务院制定的《消费税暂行条例》，提升税率或者扩大征税范围，无论从哪一个角度看都是属违法，侵犯了民主视角下的纳税人同意权。站在司法审查的立场，如果纳税人向法院起诉提高燃油消费税税率违法，法院理所当然应该支持纳税人的请求。

可以想象，在一个长期习惯于权力至上、单向统治的国度，基于民主和法治维度提升国家治理能力何等艰难！尽管执政党的最高文件确认财税是国家治理的基础和重要支柱，要求发挥人民代表大会制度作为根本政治制度的作用，健全和完善社会主义民主，依法治国、建设法治国家也被提升为治国方略，但在财税实践中，要让民主成为一种常态、法治成为一种习惯，还需要很长时间的准备和磨合。在这个过程中，除了民众和官员都需要学习和适应，对已发生的个案不断总结和纠偏，更重要的还是制度建设。除了前文已经提到的民主选举和公共行政，国家机构之间财税权力配置的规范化，上下级政府间财政收支划分的法治化，是财税治理需要从纵横两个角度关注的内容。

4. 财税治理的横向进路：国家机构间财税权力配置的规范化

财税是连接政治、经济和社会的子系统，[2] 与民主、法治具有高度

---

〔1〕 参见财税〔2015〕11号、财税〔2014〕106号、财税〔2014〕94号文。

〔2〕 参见李炜光：《财政何以为国家治理的基础和支柱》，载《法学评论》2014年第2期。

契合性。财税改革推动了民主宪政的产生与发展,同时也需要接受法治原则的约束与指导。在民主法治精神下,财税治理应树立理财治国观、公共财产观、财政控权观和纳税人权利保护观等财税法治理念,[1]理顺国家与纳税人、人大与政府之间的关系,使财税权力(权利)得到合理配置,实现财税体制改革中权力(权利)间的分立与制衡。财税治理不仅需要厘定国家权力的边界,寻求私人财产权与公共财产权之间的互动和平衡,亦有必要在权力谱系内寻求财政权的合理安排,考量国家机构存在的合理性与有效性。在内涵上,基于不同的视角,财税权可以划分出不同的类型,如财政收入权、财政支出权和财政管理权,财政决策权、财政执行权和财政监督权,或财政立法权、财政执法权和财政司法权,等等。但不论如何划分,财税权在本质上仍属于公权力,必须加强代议制机构的民主职能,由人民和代议制机构主导财税,强化法治约束,让财税在法治的轨道上运行。

人民代表大会制度是我国的根本政治制度,人民代表大会理应成为财税权力横向配置的中心,成为不可或缺的立法机关、决策机关和监督机关。就立法而言,按照《立法法》第 8 条的要求,有关财政税收方面的基本制度只能制定法律,税收要素、征税程序、税权划分等重大财税事项均须通过立法程序决定。就决策而言,所有重大财税活动都必须由人民代表大会决定,或者由政府决定后报人民代表大会审批,如对外举债、重大投资、财政预算、财政政策的调整等。行政机关财税职权的行使应在代议制机关决策的框架之内,立法机关财税决策的边界就是行政机关财税职责权限和自由裁量权的起点。[2] 就监督而言,人民代

---

〔1〕 参见刘剑文:《财税法治在国家治理现代化中的担当》,载《法学评论》2014 年第 2 期。

〔2〕 参见王源扩:《论财政法的民主原则》,载《安徽师范大学学报》(人文社会科学版)2007 年第 3 期。

表大会专门财税事项享有调查权、问询权,人民代表享有质询权,全国人大常委会可以撤销违法的行政法规和规章,地方人大常委会还可以撤销违法的规范性文件。要言之,财政民主是国家权力正当运作的基础,在财税治理中要推进财政的民主化,实现权利与权力的互动与制衡。

财政税收基本制度的立法权专属于全国人大及其常委会,这是《立法法》的明文要求。但这种权力在实践中并未得到应有的尊重,税收法定原则遭到忽视,行政法规在整个财税法律体系中占据主导地位。[1]诚然,在特定的政治、经济和社会环境下,税收授权立法具有一定的合理性和必然性。但伴随着全面深化改革和依法治国方略的推进,站在国家治理的新高度,税收授权立法的弊端日益显著,收回税收立法授权的呼声日益高涨。《十八届三中全会决定》专门论及"落实税收法定原则",《十八届四中全会决定》亦强调要"全面推进依法治国方略",财税治理应借助法治中国建设的契机,严格遵循税收法定主义,择机废止1985年全国人大的立法授权令,建构以法律为主的税收规范体系。当然,鉴于目前人民代表大会立法能力相对薄弱,考虑到财税法律本身的复杂性,以及责任政府本身需要拥有施政空间,授权立法目前还不可能完全被禁止,只能在承认其存在的同时施加限制,将财税行政立法控制在合理范围内。[2]

在横向财税治理关系中,政府理论上只是一个行政机构,负责执行法律和立法机关的决议。例如,按照《预算法》,预算法律关系完全是以预算审批为中心,想象着人大作为权力机关能掌控政府的"钱袋子",督

---

〔1〕 参见张守文:《论税收法定主义》,载《法学研究》1996年第6期。

〔2〕 参见刘剑文:《财税法治的破局与立势——一种以关系平衡为核心的治国之路》,载《清华法学》2013年第5期。

促其在开支用度方面奉公守法、勤俭节约。然而,这种效果必须以强有力的人大为前提,否则就会形同虚设。现实中的情况正如我们所担忧的,政府在财税问题上实际上拥有最终决定权,人大的立法权或审批权往往流于形式。为改变这种情况,《预算法》于 2014 年 8 月 31 日被修改,从技术层面对预算的编制、审批和执行增加了诸多细致性规定,相信对改变权力机关与政府之间的不平衡会起到一定作用。不过不难预料,这种作用应该非常有限,因为问题的核心在于,政治权力在进行顶层设计时,是否真正愿意让人大成为国家权力中心。只要它拥有足够的政治权威,敢于行使法律赋予的职权,政府没有理由不俯首称臣。

在横向财税治理关系中,还有两个重要议题值得关注,一是宪法监督机制,二是司法审查职能。宪法是执政党领导人民制定的根本大法,是人民意志、政党意志和国家意志的统一。《立法法》第 87 条规定,“宪法具有最高的法律效力,一切法律、行政法规、地方性法规、自治条例和单行条例、规章都不得同宪法相抵触”,但是,由于我国没有违宪审查制度,财税方面即使出现宪法争议也投诉无门。如此,宪法成为纯粹的政治宣言,无法发挥国家根本大法的作用。《十八届四中全会决定》要求健全宪法监督与实施机制,〔1〕这是一个非常积极的信号,希望借此重树宪法权威。此外,更应发挥司法审查职能,开放行政诉讼空间,让法院通过审判监督政府。事实上,除了对行政行为进行合法性审查,即便按照修改前的《行政诉讼法》,法院对财税规范性文件也具有审查职能,对合法的可以参照适用,对不合法的不予适用。《行政诉讼法》2015 年 5 月 1 日修改生效后,法院的司法审查职能更加清晰。现在需要做的,更

〔1〕 具体要求包括:“完善全国人大及其常委会宪法监督制度,健全宪法解释程序机制。加强备案审查制度和能力建设,把所有规范性文件纳入备案审查范围,依法撤销和纠正违宪违法的规范性文件,禁止地方制发带有立法性质的文件。”

主要是改革司法体制,摆脱地方保护主义和行政干预,让司法在监督依法行政方面发挥更大作用。

当然,横向的财税治理不限于立法、行政与司法,政府内部的权力分配与制衡也很重要。例如,为了防止政出多门,有必要让财政部门统一管理政府收支,并让资金统一集中于国库,实行集中收缴和支付制度。基于会计与出纳相分离的原则,我国目前由中国人民银行经理国库的模式有其合理性,可以集中政府的现金收支,提高现金管理的效率,同时构筑公款安全的防火墙。至于税务机关是否需要独立于财政部门,从效率的角度并不见得必要,只要赋予税务机关独立的执法资格即可。目前国家税务局系统与地方税务局系统分设,不管是从征税成本还是纳税成本来看,都是一种无谓的浪费。现在的征管技术早就可以实现税款入库分流,无论是国家税务机关代征地方税,还是地方税务机关代征中央税,都不存在相互挤占资金或混淆入库级次的问题。基于大部制改革的设想,财政、国税、地税合并应该也是大势所趋。值得一提的还有审计机关的定位。目前审计机关隶属于政府领导,服务于政府内部审计。从改善财税治理的角度看,审计机关应该直接向人民代表大会负责,其可以同时接受政府和立法机关的委托,对公共资金使用的合法性、真实性和绩效开展审计工作,包括评估预算草案的科学性、合理性,决算草案的真实性、合法性。这种安排有利于强化审计机关的独立性,兼顾权力机关和政府的工作需要,提升财税治理的效率。

5. 财税治理的纵向进路:政府间财税关系的法治化

央地关系在中国是一个很复杂的问题。《宪法》第 3 条规定,“中央和地方的国家机构职权的划分,遵循在中央的统一领导下,充分发挥地方的主动性、积极性的原则”。《十八届三中全会决定》亦重申,建立现代财政制度,要发挥中央和地方两个积极性。就实质而言,央地关系是在民主集中制下的中央集权与地方自治相结合的模式。[1] 但在现实生活中，地方只视为中央的派出机构，中央拥有很大的财政决定权。为理顺央地财政分配关系，我国于 1994 年开始实行分税制，国家财政收入占国内生产总值的比重和中央财政收入占全国财政收入的比重都有显著增加，但事权与财权不一致的局限亦日益凸显，财权过度集中在中央，地方缺乏相应的主体税种及税权，地方财政自主权陷入空洞。[2] 特别是随着地方债问题的凸显，央地关系更需在法治范畴内予以规范。目前混沌不清的状况，更说明地方在财政、人事上的非独立性。

2014 年《预算法》修改后，第 35 条按照疏堵结合的思路，从举债主体、方式、用途、规模、监督制约机制和法律责任等作了全面规定，从法律上解决了地方债的一些基本问题，可谓理顺政府间财税关系的一大进步。[3] 然而，《预算法》明确举债主体仅限于经国务院批准的省、自治区、直辖市，且只能发行地方政府债券。而在实践中，省级以下的市、县政府往往才是地方公共物品的最直接提供者，同时亦是最主要的资金需求者，担负着繁重的地方事权和支出责任。此外，“省、自治区、直辖市依照国务院下达的限额举借的债务，列入本级预算调整方案，报本级人民代表大会常务委员会批准”。这使得地方人大及人大代表无权参与地方债的论证过程，可能弱化地方权力机关对地方债的监督，容易形成个人恣意并滋生腐败。为了防止道德风险，有必要将地方建设成法律上独立的财政主体，类似于中央作为母公司、地方作为子公司的模式。要实现这个目标，在我国单一制体制下，地方自治在所难免。

---

〔1〕 参见张海廷：《单一制下中央地方关系体制应作两类划分——我国中央集权式中央地方关系的动态平衡》，载《河北法学》2002 年第 1 期。

〔2〕 参见熊伟主编：《政府间财政关系的法律调整》，法律出版社 2010 年版，第 45 ~ 50 页。

〔3〕 参见朱磊：《预算法出台 20 年后首次修改：严格规范地方债》，载《法制日报》2014 年 9 月 1 日。

民主宪治国家以地方自治为基础。[1] 地方自治是指在一国宪法规范体系内,地方政府自主地治理本地的公共事务,不受或少受中央政府的干预。[2] 在性质上,地方自治是公法组织,具有公法属性,能够自主地享有并行使财税权、组织权等地方自治权力,自主地履行相应的义务,受到宪法和法律的约束与保障。地方自治具有分权制衡的宪政品格,能够抑制中央过度集权,形成权力的多中心格局,实现本地区公共服务的最优化。[3] 美国实行典型的联邦制,联邦和州之间的职权划分受宪法规范,州以下的县、镇、市都实行自治。[4] 文化背景和历史传统与中国相似的日本实行单一制,中央享有绝对的权威,但同时也制定《地方自治法》,实行地方自治。[5] 就连传统上历来高度中央集权的法国,通过从20世纪80年代初两次大规模地方分权改革,也已经转变为地方分权的单一制国家。到2003年,地方分权的原则被写入法国宪法,地方自治开始成为常态。[6]

综观世界各国的财税实践,财税自治与地方自治是相对应的。地方自治的核心要义在于财政自主,财税自治是地方自治的具体要求。财政自治体不仅享有财政自主权,同时亦具有财源保障请求权,以期实现地方治理风险最小化和社会公共福利最大化。一方面,地方政府拥有不受中央政府干预的财政收入权、财政支出权和财政管理及监督权,

---

〔1〕 参见葛克昌:《制度性保障与地方税》,载刘剑文主编:《地方财税法制的改革与发展》,法律出版社2014年版,第111页。

〔2〕 参见赵相文:《由法律观点论自治制度》,载《中原财经法学》2005年第2期。

〔3〕 参见闫海、曾祥瑞:《宪政、地方自治与地方财政法制——日本法的经验与借鉴》,载《行政法学研究》2011年第1期。

〔4〕 参见龚文婧:《英美地方自治制度比较研究》,中共中央党校2011年博士学位论文,第73~102页。

〔5〕 参见[日]礒崎初仁、金井利之、伊藤正次:《日本地方自治》,张青松译,社会科学文献出版社2010年版,第18页。

〔6〕 参见[法]让-玛丽·蓬蒂埃:《法国行政分权视阈下地方公共团体研究》,施思璐译,载《天津行政学院学报》2014年第1期。

必须对自己所有的财政行为负责；另一方面，地方政府的财力实则有限，在自主财源无法满足地方自治体最低需要时，有要求国家重新划分税源，保障并强化其自主财源的权力。[1] 从实质上看，地方自治（财税自治）是财政分权的结果，是政府间财政关系博弈与调适的结果，代表着宪政国家的共同发展趋势。作为国家治理体系的子系统，财政自治要求各级政府的事权与财力要相吻合，要有科学合理的财税体制，中央政府享有适度的宏观调控权，同时还必须有健全的法制体系作为国家治理现代化的实现方式及其制度保障。[2]

我国没有实行普遍的地方自治，仅有民族区域自治和特别行政区的高度自治两种类型，中央政府事实上决定着财权和财力的配置，在制度上地方对中央财政权缺乏行之有效的制衡。然而，我国幅员辽阔，经济发展水平各地不一，居民的需求偏好和能享受到的公共物品存在显著差异，由中央政府在全国范围内统筹提供公共物品已不合时宜。从财政学上看来，公共产品有全国性公共产品和区域性公共产品之分，具有显著的地域性和层次性特质。全国性公共产品适宜由中央政府提供，区域性公共产品适宜由地方政府提供。相对而言，地方政府更了解本辖区内居民的偏好，更能代表本地区居民的利益。倘若由中央政府提供区域性公共产品，可能造成地区居民偏好与实际受益之间的差异，产生跨地区外部效应。地方政府提供的区域性公共产品也可能与居民偏好不一致，导致溢出效应，因此中央政府必须拥有宏观调控权限。[3]

---

〔1〕 参见蔡茂寅：《地方财政权之保障》，载刘剑文主编：《地方财税法制的改革与发展》，法律出版社 2014 年版，第 50 页。

〔2〕 参见戴小明：《财政自治及其在中国的实践——兼论民族自治地方财政自治》，载《民族研究》2001 年第 5 期。

〔3〕 参见高旭东、刘勇主编：《中国地方政府融资平台研究》，科学出版社 2013 年版，第 92、93 页。

我国目前是一个处于转型社会的政治经济发展不平衡的大国，[1]处在经济体制改革的攻坚期和转型阶段，如果地方财政继续由中央政府支配，很容易忽视地方的财政自主空间，逼迫地方通过变相手段获取收益，比如土地财政、规费泛滥、公共服务特许经营等，影响国家治理现代化的进度及实效。[2] 在依法治国的新阶段，法治是国家治理现代化的基本方略，必须运用法治思维和法治方式规范政府间财政关系。中央对地方的约束也应该通过法律手段，而不是直接的行政手段，任何干预或管制措施都必须于法有据。要实现政府间财政关系法治化，值得考虑的具体路径有三条：

第一，中央与地方的财税分配必须以法律形式规定，保证其稳定性、规范性和权威性，防止中央随意调整。如果《宪法》暂时不可能对财政分权的基本原则和基本制度作出规定，则不妨考虑制定单独的《财政法》，作为财政领域的法律通则，另外再制定专门的《财政收支划分法》和《财政转移支付法》，明确中央与地方的财政权限，促进财政公共服务均等化。[3]

第二，中央对地方财政的干预和调控必须于法有据，凡属于地方财政自主权范围内的事项，除非处于重大公共利益方面的考虑，中央政府不得干预，地方政府对中央政府的非法干预可以拒绝。为了解决中央与地方之间涉及地方自治（包括财政自治）方面的争议，还应该建立准司法机构，如全国人大常委会内部的专门委员会，或者建立专门的行政法院，允许地方政府就相关争议向专门机构投诉或起诉。

---

〔1〕 参见苏力：《当代中国的中央与地方的分权》，载《中国社会科学》2004 年第 2 期。

〔2〕 参见刘剑文：《财税法治的破局与立势——一种以关系平衡为核心的治国之路》，载《清华法学》2013 年第 5 期。

〔3〕 参见熊伟：《地方债与国家治理：基于法治财政的分析径路》，载《法学评论》2014 年第 1 期。

第三，必须强化地方人大建设，规范人大代表的选举，允许实行竞争选举、差额选举和代表专职化，以体现其代表性。地方人大是地方国家权力机关，政府的重大财政行为都必须经过其审批，接受其监督。按照地方财政自治的原理，双方的法律权限界定清楚之后，地方政府需要接受中央政府的宏观指导，但主要接受地方国家权力机关的领导。对中国而言，这是一种国家治理方式，也是一种全新的财税治理方式，需要高度的智慧和胆识。

6. 财政转移支付的结构优化与规范调整〔1〕

我国地区之间经济发展差距较大，不同地方的财力不一，有的非常富裕，有的十分欠缺，公共服务的水平极不平衡。特别是城乡之间差距明显，近年来甚至还有扩大的趋势，与社会主义核心价值观存在冲突。为了做到公共服务的均等化，落实宪法规定的平等权，保证公民享受基本的公共服务，必须通过一定的方式解决落后地区财力不足的问题。政府间财政转移支付的意义即在于此。

财政转移支付是国际通行的惯例，不管是发达国家还是发展中国家，只要存在地区间发展差距，就会有财政转移支付的必要。区别只是在于，由于每个国家存在的问题不一，制度背景也各有特色，解决问题的方法自然相同。比如，有的在划分财政收入时就已经考虑不同地方的需要，财政转移支付的规模相对较小；如果不是这样，转移支付的规模就会相对较大。再如，有的国家存在地方之间的横向转移支付制度，有的则只有由上到下的纵向转移支付。此外，国家的法治化水平也会影响转移支付制度。有的国家制定了严格的法律，规范财政转移支付行为，有的国家则完全由中央政府单方面决定，缺乏程序性的地方参与

〔1〕 本部分原载《东方早报》2013 年 6 月 18 日第 C08 版。

决策制度。不过,就财政资金转移支付的结构而言,一般性转移支付为主,专项转移支付为辅,这在国际上应该是一个比较普遍的现象。

我国于1994年实行分税制财政管理体制改革,其初衷是为了增强中央财力,既保证中央国家机构的正常财政需要,也希望加大财政转移支付,解决不同地区发展不平衡问题,同时树立中央的政治权威,增强宏观调控能力。在这一背景的影响下,我国财政转移支付呈现四个特点:第一,以1993年地方收入作为基数,设定中央对地方的税收返还制度,照顾发达地方的既得利益,保证其不因分税制改革而受损。第二,一般性转移支付从零起点起步,逐渐发展壮大,并逐渐规范化、标准化,不过,相比税收返还和专项转移支付,其规模和比重明显偏低。第三,专项转移支付的类型十分复杂,规模非常庞大。很多专项转移支付项目要求地方提供配套资金,对地方的财政自主权构成很大的干涉。第四,财政转移支付的法治化程度低,虽然《预算法》2014年修订后涉及了转移支付,但通过其第29条将转移支付的具体办法、第38条将一般性转移支付的基本标准和计算方法授权给国务院规定。随后国务院通过《国务院关于深化预算管理制度改革的决定》(国发〔2014〕45号)、《国务院关于改革和完善中央对地方转移支付制度的意见》(国发〔2014〕71号)对转移支付做了更为具体的规定,但这些都是规范性文件。也就是转移支付至今没有相关的立法加以约束,甚至连一部行政法规和部门规章都没有,全部都是国务院和中央部委制定的规范性文件,规范化和透明度都存在很大的问题。

财政部《关于2012年中央和地方预算执行情况与2013年中央和地方预算草案的报告》显示,2012年,我国一般性转移支付21,471.18亿元,专项转移支付18,791.52亿元。一般性转移支付占全部转移支付的53.3%,比2011年提高0.8个百分点。相比1994年20亿元资金起步时的情景,目前一般性转移支付的规模确实有了非常大的扩展,一般性转移支付与专项转移支付的相对比例也在不断调适。到目前为止，一般性转移支付的规模超过专项转移支付，而且比重还在持续增加，这是一个非常可喜的变化。应该说，政府在这方面的努力是值得肯定的，也预示着财政转移支付未来的发展方向。而且《国务院关于改革和完善中央对地方转移支付制度的意见》（国发〔2014〕71 号）专门强调“增加一般性转移支付规模和比例，逐步将一般性转移支付占比提高到 60% 以上”。

不过，从目前的情况看，一般性转移支付所占比重还是太小。1994 年以来转移支付的发展路径是，维持专项转移支付不变的前提下，不断加大一般性转移支付的数量和规模。鉴于一般性财政转移支付的制度优势，以及当前专项转移支付带来的特定问题，我们认为，我国财政转移支付改革的方向应该是，在继续增大一般性转移支付的同时，大幅度压缩专项转移支付的种类和规模，同时在法治的基础上规范财政转移支付，保障地方对财政转移支付的参与权。《十八届三中全会决定》关于转移支付的规定与这一理念基本一致，其中规定“完善一般性转移支付增长机制，重点增加对革命老区、民族地区、边疆地区、贫困地区的转移支付。中央出台增支政策形成的地方财力缺口，原则上通过一般性转移支付调节。清理、整合、规范专项转移支付项目，逐步取消竞争性领域专项和地方资金配套，严格控制引导类、救济类、应急类专项，对保留专项进行甄别，属地方事务的划入一般性转移支付”。随后出台的《国务院关于深化预算管理制度改革的决定》（国发〔2014〕45 号）、《国务院关于改革和完善中央对地方转移支付制度的意见》（国发〔2014〕71 号）也都遵循了这一理念，只是做出更为具体的规定和要求。

一般性转移支付的优势在于，可以对地方财力进行整体性考量，在追求公共服务均等化的目标指导下，测算出本地区标准财力与实有财力的差额，用于确定是否需要对该地区进行转移支付，以及需要转移支付多少资金。人口、面积、资源、自然条件等，都可以设计成标准化的因素，通过统一的公式计算，无论是地方还是中央，都可以得知转移支付资金的数量。

一般性转移支付资金可以预测，标准公开，程序和结果都高度透明，中央主管部门没有寻租的空间，地方的财政自主权也得到了维护。不仅如此，由于中央没有设置资金的使用目的，也不能附加任何条件，这些资金可以完全融入地方的需要，由地方政府自主决定如何使用。鉴于地方政府更能了解本地居民的要求，一般性转移支付的效用通常比专项转移支付要高。

专项转移支付当然也有存在的必要性。专项转移支付的特点在于，资金有特定的使用目的，每一笔资金都只能用于特定的用途，因此被俗称为“项目资金”。也正因为如此，和一般性转移支付的标准化不一样，专项转移支付有较大的机动性，只有在符合条件时才有可能拨付。不仅如此，中央还可以要求地方按照一定的比例提供配套资金，以带动地方积极参与项目建设，放大转移支付资金的政策效应。

不过，专项转移支付的规模如果过于庞大，种类过于复杂，管理过于繁冗，其效用会受到很大的限制，甚至可能成为官员寻租的机会。以2012年为例，1.8万亿元的专项转移支付资金，即便平均分配给国务院部委及直属机构管理，每个单位也有将近400亿元可支配资金。由于主管部门太多，为了完成一个项目，地方不得不与多个部门打交道，请客送礼、贪污腐败的行为自然难以避免。很多地方在北京设立专门的办事处，主要就是为了疏通各个部委的关系，争取专项资金。

对于急缺资金的地方而言，专项转移支付当然也能解燃眉之急。但是，按照专项资金的本来要求，打酱油的钱不能打醋，不管地方的实际需要如何，资金不能跨项目调剂。另外，由于每个部门争相管理专项资金，专项资金的种类不断增多，项目金额越来越小，对地方而言，成本和收益明显不对称。正因为如此,目前地方在申请和使用专项资金时,多头申报、套取和挪用资金的现象也十分普遍。

2007 年,时任财政部部长的金人庆向全国人大承诺,将严格控制新增专项转移支付项目设置,并做了《关于规范财政转移支付情况的报告》。该报告涉及了一系列规范整顿的思路和管理意见,如将中央专项转移支付项目分为取消、整合、固定数额、保留四种类别,并分别处理。到期项目、一次性项目以及不再需要设立的项目将被取消。但 2008 年下半年全球金融危机来袭,不仅阻碍了这一改革的步伐,4 万亿元投资反而催生了更多的专项资金向地方下拨。

如前所述,专项转移支付不是不可以存在。作为一般性转移支付的补充,在均衡地方财力的基础上,通过专项支付达成某些特定目标,这也是中央实现自身职能的手段。不过,如果种类太多、数量太大、管理职权交叉、设立和使用过于随意,就会违背政策的初衷。正因为如此,李克强总理于 2013 年 5 月 13 日在国务院机构职能转变动员电视电话会议上强调,要下决心较大幅度减少中央对地方专项转移支付项目,“合并专项,扩大一般”,将适合地方管理的专项转移支付项目审批和资金分配工作下放地方,为地方政府更好履行职能提供财力保障。

理虽如此,要真正做到,难度不小。一方面,中央部委有自身的利益所在,合并专项意味着简政放权,会影响一部分官员的个人利益,执行起来自然会有阻力。另一方面,目前地方确实没有稳健的财政治理机制,预算执行的随意性非常大,专项资金一旦取消“专项性”,转为一般性转移支付,的确有可能难以实现中央的政策目标。因此,中央在这个问题上立场有所反复,也算是情有可原。

不过,既然目前转移支付的最大任务是均衡地方财力,实现公共服务均等化,减轻地区差距、城乡差距和阶层差距,一般性转移支付就应该成为主角,专项转移支付只是起补充作用,弥补一般性转移支付的不足。例如,针对汶川地震这样的重大灾难,一般性转移支付难以发挥作用,专项转移支付的功能就体现出来了。至于地方财政治理的欠缺,这是一个整体性问题,并非只有地方才有,中央也同样存在。应该强化地方民主和自治,而不宜事事包办,越俎代庖。

在一般性转移支付和专项转移支付以外,我国还有比较特殊的体制性上解和税收返还,前者是地方向中央上解资金,后者则是中央向地方返还资金。体制性上解是计划经济的产物,不符合财政转移支付的精神,与均衡地方财力及实现特定政策目标毫无关联,早就应该被取消。好在其数量微不足道,不足以影响大局。但是,作为分税制改革副产品的税收返还,目前仍有每年 5000 亿元的规模,不能体现财力均衡原则,实现按需分配,而是继续照顾发达地区,这确实有些匪夷所思,亟待在未来的改革中予以调整。

除了财政转移支付的结构优化,另一个需要重点考虑的问题是,如何从法治的视角对财政转移支付进行规范,明确财政转移支付的标准和程序,同时保障地方的参与权。

《预算法》2014 年修改之前,财政转移支付的直接依据只有财政部的文件,没有国务院制定的行政法规,更没有全国人大制定的法律。财政部每年制定《中央对地方均衡性转移支付办法》来规范一般性转移支付,专项转移支付则以《中央对地方专项拨款管理办法》作为依据。例如,《中央对地方均衡性转移支付办法》通常规定,“财政部门应根据客观情况变化及各方意见,不断完善转移支付办法,并负责相关政策宣传与数据等信息的公开,接受全国人民代表大会相关机构和审计部门的监督”。财政部门享有制定和调整转移支付办法的权力,而约束这一权力的主要规范是其自己制定的文件,财政转移支付似乎完全处于“法外空间”。《预算法》修改以后,其第 38 条第 1 款规定:“一般性转移支付应当按照国务院规定的基本标准和计算方法编制。专项转移支付应当分地区、分项目编制。”也就是说，一般性转移支付的基本标准和计算方法应当由国务院规定，完全由财政部操纵转移支付规则的时代将不复存在。

目前实际上，在十届全国人大常委会的立法规划中，“财政转移支付法”就已经被列入研究起草、成熟时安排审议的法律草案，不过，在后续的五年里，这方面并无实质性进展。十一届全国人大常委会的立法规划甚至将其剔除，不再将其列为考虑对象。笔者认为，这个结果并不代表财政转移支付法不重要，只是说明其中困难很大，暂时难以解决。不过从长远看，对于财政转移支付这么重要的问题，必须借助立法程序，广开言论，妥善照顾各方面的利益，而不应由中央职能部门行使决策权。因此，财政转移支付法必须提上议事日程。

从我国现实来看，财政转移支付运行的时间不算短，实务部门已经积累了一定的经验。立法机关制定财政转移支付法时，应该审时度势，在吸纳实践经验和借鉴外国立法的基础上，充分考虑下列问题：

1. 财政转移支付的目标。对此，目前较为一致的看法是促进公共服务均等化，但是，如何平衡对落后地区的帮助和对发达地区的激励，仍然需要创新性思维。

2. 就一般性转移支付而言，需要设计出一套指标，测算地方政府的财政能力和财政需求，并以此判断财政转移支付的规模。这些指标体系既有国际共性，也有地域特性，需要多方面综合衡量。

3. 就专项转移支付而言，需要考虑如何贯彻辅助性和补充性原则，以及专项资金的设定、审批、监督等内容，特别需要考虑的是，如何将专项资金纳入预算管理，将其透明化，如何加强财政部门对业务部门的制衡，等等。

4. 如何处理体制性上解、税收返款等历史遗留问题。如前所述，在制定财政转移支付法时不宜继续回避这些问题，必须有一个明确的解决办法。

在一些国家,不仅有纵向转移支付,也有横向转移支付,德国的《财政平衡法》就是一个例子。不过,横向转移支付的规则过于复杂,中国目前的阶段未必适用。况且,即便是横向转移支付,也必须通过一个枢纽,即中央政府,其功能与纵向转移支付有类同之处。因此,我国当务之急应是完善纵向转移支付,横向转移支付可以留待未来进一步讨论。

此外,由于转移支付涉及地方政府的利益,在具体的决策程序上,不妨考虑吸纳地方政府的代表,组成财政转移支付委员会。由于专项转移支付需要体现中央的政策意图,具体立项可以由中央直接决定。但是,在资金审批和拨付方面,只要标准已经确立,就可以交由转移支付委员会决定,或者吸纳财政转移支付委员会共同行使决定权。通过这样的设计,不仅可以让地方政府参与专项转移支付程序,平衡不同地方的利益,而且可以提高透明度,减少"寻租"行为。

当然,要建立一套完善的财政转移支付制度,必须明确政府间的财权和事权划分,这样才能知道哪些地方政府财力薄弱,需要给予什么样的帮助。因此,政府间财政收支划分法是财政转移支付法的前提。另外,还要进一步完善《预算法》,加强对财政转移支付资金的预算监督,保证上下级政府预算的有效衔接。

总之,财政转移支付的结构需要优化,强化一般性转移支付,归并和压缩专项转移支付,是当前改革必须坚持的大方向。与此同时,还有必要推动财政转移支付法的制定,同时推动地方参与决策,促进程序的公开和透明,让财政转移支付在法治的轨道运行。

第五章　预算改革的政治与法律逻辑

1. 认真对待权力:公共预算的法律要义[1]

1.1　公共财政的权力性与预算之定位

在一个国家走向现代化的进程中,公共财政、市场经济、民主政治是一系列相互嵌套的制度选择。相比家计财政、国家财政,公共财政突出了财政的"公共性"。在收入端,财政收入面向全民课赋,"聚众人之财";在支出端,财政支出用于执行公共职能,满足公共需要,"办众人之事"。[2] 从行为和操作上,公共财政借助一个公共性的财政运行机制,使公共财源得以配置、总量和结构得以有效安排,公共性目标也因此得以实现。而这种所谓"公共性"的机制,其实就是一种财政民主决定机制,也可以说是一种权力制约机制,财政收入和支出都要体现对人民主权的遵从和

[1] 本部分原载《政法论坛》2011 年第 5 期,收入本书时有所增删。

[2] 高培勇:《公共财政:概念界说与演变脉络——兼论中国财政改革三十年的基本轨迹》,载《经济研究》2008 年第 12 期。

尊重。

公共财政保障人民权利、限制政府权力的禀赋,从另一个层面展示了财政的"权力性"。[1] 在世界宪政发展的历史中,财政就起到至为重要的作用。对财政权力的控制程度和运用能力,直接决定一国的民主法治和宪政水平。英国、美国、法国的宪政经验充分印证了这一点。[2] 事实上,财政是庶政之母,是一切政权运作的物质基础。财政收入源于人民缴纳的税费,直接关乎人民的财产和自由。财政支出影响公共福利,与国家权力分配息息相关,也决定着国家存在的目的和意义。因此,公共财政所谓的"公共性",固然与财政收支的范围和结构有关,但更重要的是"谁"以"何种方式"决定财政。一个不受人民制约的政府,即便财政收入向民众有所倾斜,也不见得符合公共财政的要求。因此,与宪政相关联的"权力性"才是公共财政的本质。

中国自 1994 年确立市场经济体制以来,便开始推动与其相适应的财政体制改革。1998 年 12 月,全国财政工作会议提出构建中国公共财政基本框架。2003 年 10 月,中共十六届三中全会又决定,在建成公共财政初步框架基础上,健全和完善公共财政体制,并提出要健全公共财政体制,明确各级政府的财政支出责任。[3] 2007 年 10 月,中共十七大提出,围绕推进基本公共服务均等化和主体功能区建设,完善公共财政体系。[4] 2013 年 11 月中共十八届三中全会提出,完善立法、明确事权、改革税制、稳定税负、透明预算、提高效率,建立现代财政制度,发挥中

---

〔1〕 参见蔡茂寅:《财政作用之权力性与公共性——兼论建立财政法学之必要性》,载《国立台湾大学法学论丛》1996 年第 25 卷第 4 期。

〔2〕 熊伟:《宪政与中国财政转型》,载《法学家》2004 年第 5 期。

〔3〕 参见中共十六届三中全会通过的中共中央《关于完善社会主义市场经济体制若干问题的决定》。

〔4〕 参见中共十七大报告《高举中国特色社会主义伟大旗帜 为夺取全面建设小康社会新胜利而奋斗》。

央和地方两个积极性。[1] 通过公共财政改革的路线图可以发现，中国公共财政改革分三个方面逐步推进：在财政基本体制领域，完善中央地方分权和财政转移支付；在财政收支领域，推进税收改革，优化财政支出，推行民生财政；在财政管理领域，加强预算管理和监督。这些改革扭转了生产建设性财政少消费、广积累的缺陷，广大人民开始分享改革发展的成果，财政管理的效率及规范化程度也大大提高。

但不无遗憾的是，中国公共财政改革仅着眼于经济层面，尤其表现为优化财政支出结构、推行民生财政上，而忽视了公共财政的政治属性，淡化了其法治属性和保障，湮灭了其权力约束功能及宪政品格。迄今为止，中国财政的法治化程度仍然很低。大到财政体制法、税收基本法，小至转移支付法、国债法、规费法等，目前仍尚付阙如。此外，税法的规范性效力级次低、法治化程度严重不足，而预算法更是形同虚设，没有发挥应有的作用。政府主导下的公共财政体制改革，意在建立与市场经济相适应的财政体制，出发点和初衷当然极其美好，但是，如果缺乏法治化建设，缺乏对自身权力的约束，改革实践极易变形和走样，最终导向权力滥用和腐败。而要解决这一问题，必须借助于公共财政的运行机制，凸显其核心理念，充分发挥财政预算的权力制约职能。

从形式上看，预算只是政府的财政收入计划，是政府行为和职能的事先计划和安排。但是，由于预算和决算都需经代议制机关批准，预算执行要接受代议制机关的监督，并可追究政府违反预算收支的法律责任，代议制机关实际上决定政府的具体职能，以及行使职能的方式、范围和方向，决定政府的各项工作是否能获得相应的经费支持，同时监督经费的使用是否达到目的、有无浪费等。可见，预算不是简单的数字游戏，而是控制和约束政府的工具、方法和技术。正如学者所言，“概一国

---

〔1〕 参见《十八届三中全会决定》。

之法治，莫重于规范国家权力的运作，限权之关键，首当是对国家财权的掌控，而控财之要义，则在于支配'国家钱包'的预算"。[1]

由于我国对公共财政的定位偏差，预算的作用并没有得到足够重视。形式上，预算必须经过同级人民代表大会的审批，但是，由于人民代表大会的会期短，事务多，而人大代表事前又无法接触预算草案，特别是由于预算编制过于粗糙，人大代表缺乏财经专业能力，预算审批的过程往往就是走过场，通过预算控制政府权力的愿望也随之落空。更纠结的问题是，按照现在的党委领导体制，预算草案在提交人民代表大会之前，必须经过同级党委的批准。受党委领导的人民代表大会如何去审批经过党委批准的预算，是我们必须深入思考的问题。实践中，预算草案经党委决定后，人大在审批环节的作用甚微。此外，目前人大代表的官员比例过高，且全部实行兼职，对其有效行使审批权也会有重大影响。尽管自进入新千年以来，预算改革的步伐逐渐加快，特别是地方预算改革亮点纷呈，但是就整体而言，预算在控制和约束权力的作用远没有发挥出来，预算所蕴含的宪政品质没有得到应有的彰显，认真对待权力仍然是公共预算的第一要务。

1.2　认真对待权力：预算与政治的共同话题

从表面上看，预算是一个由项目和数据组成的表格，是一个颇为复杂的技术问题，或者是让人乏味的会计问题。但实际上，预算是各方主体博弈下的公共资源的配置机制，它决定了政府行为的范围、方向和政策。此外，通过预算的过程，可以观察一国权力的配置方式，透视国家之体制、政府之性质。因此，预算是一个国家极其重大的政治问题。认真对待权力，是预算和政治的共同话题。

在现代国家中，预算不仅是"政府管理的工具"，通过预算分配财

[1] 徐志雄：《现代宪法论》，元照出版股份有限公司2004年版，第360页。

源，安排政府的行为活动，实现调解宏观经济和社会稳定的目标，同时，预算更应是“管理政府的工具”。议会通过预算管理政府的财政收支，控制政府的“钱袋子”，控制政府的范围和边界。因此，认真对待权力，就是要认真对待预算，既要坚持预算的政治管理职能，更要注重预算管理政治的职能，彰显预算“管理政府的工具”的品质。正因为如此，预算既要保障正常的行政需要，又要尊重法律的约束、人民的意愿，由人民决定、受人民监督。

预算民主统治的着力点在于代议制。通过代议制机关的作用，人民的意志和利益被植入预算之中。然而，中国的人大似乎不堪重负。《宪法》明文规定，人民代表大会及人民代表由人民选举产生，人民代表大会是国家最高权力机关，其他一切机关由其选举产生，对其负责，受其监督。但是，人大代表在选举过程中缺乏充分有效的竞争，很大比例的人大代表是政府现任官员，在代表民意上显然大打折扣。此外，相比于西方的专职议员或代表，中国的人大代表不是专职政治家，不需要任何政绩的支持，没有积极履行代表职责的动力或压力。加之于预算过于专业和技术，人大代表往往缺乏专业性知识，又不能建立独立的工作室，或自行聘请专业人员，人大审查预算实际上容易流于形式，基本上谈不上控制政府财政权、约束和监督政府。

在现阶段，相比于人大，政府的作用显然更值得关注。实际上，中国政府一直扮演改革的倡导者和推动者的角色，预算改革也不例外，其成绩也有目共睹。无论是为了通过预算更好地实现理性管理，还是通过预算内部控权、约束权力，事实上，政府都是在自我约束。无疑，政府通过自我削权的方式改革，在前期阶段、局部地区会产生良好效果。不过，当改革进入深水区，真正触及利益集团的切身利益时，改革往往陷入被动。例如，无论民众如何怨声载道，“三公”消费规模庞大、国家机关的楼宇和设施极尽奢华、经济资源被少数国有企业所垄断、公共工程重复建设、政府官员贪污腐败等问题，总是无法得到根治。可见，政府本身的改革动力有限。要想推动预算改革走向深入，实现民主理财、法治财政，必须借助于外在的动力和压力。

在笔者看来，这种"外在的动力或压力"除来自舆论和人民代表大会之外，主要来自中国共产党。毋庸讳言，中国是一党制国家，这是中国最大的政治实际。中国共产党领导立法机关、行政机关和司法机关，这是宪法所确认的基本政治制度。为了体现自己的进步性，巩固和扩大执政基础，执政党在推动预算改革方面会有相当的积极性。事实上，政府每一项预算改革的背后，也的确都有中共中央的推动和支撑，以至于可以说，预算改革、公共财政体制的推行及力度，直接取决于执政党的意志。例如，中国公共财政体制的路线图，正是来源于执政党的两次决议，一次是 2003 年 12 月中共十六届三中全会做出的《中共中央关于完善社会主义市场经济体制若干问题的决定》，另一次是 2007 年 10 月中共第十七次全国人民代表大会做出的《高举中国特色社会主义伟大旗帜，为夺取全面建设小康社会新胜利而奋斗》。中国公共财政体制以及预算制度改革的定调、方向及力度，也是这两次决议的结果。

在公民社会发育尚不够完善、人民代表大会暂处于弱势的今天，在推进预算改革、实现财政民主方面，人们有理由对执政党寄予更多的期望。我们也相信，为了维护自身的执政合法性，为了实现自身的执政利益，执政党有足够的决心和动力推进改革。但是，当现代预算强调人民参与、强调议会主权、强调管理政府时，执政党也必须在宪法和法律的框架下活动。如何将"党治""政治""民治"融入宪政之中，实现建设社会主义法治国家的目标，这是我们不得不深入思考的问题。

在理论上，无论是执政党、政府或者议会，都会声称自己代表人民的意志和利益，客观上，这些主体都有一定机制收集和汇聚民意。可是，只有当人民的意志和利益通过恰当的方式表达出来，才有可能被政治机构及人物所倾听，最后成为制度演进的动力。如果人民只是一些原子化的个体，没有公民意识，没有权利观念，除了个人或家庭的柴米油盐之外，对社会事务漠不关心，无论官方的民意收集机制如何健全，都很难发挥推动制度进步的作用。因此，就长远和根本而言，现代预算制度除了执政党、政府及议会的努力外，更是一个全民动员和参与的过程。

以推动预算公开为例，深圳公益人士吴君亮及其"公共预算观察志愿者团队"利用《政府信息公开条例》实施之机，从 2008 年 5 月起一直以"公民申请"方式执着地推动政府部门预算公开，虽然屡屡碰壁，但是坚持不懈，终于促成广州市财政局首开全国先河地在网上公开了广州市 114 个部门预算。[1] 目前，预算公开的进程如火如荼，虽然这是多种力量综合作用的结果，但是，公民社会的参与无疑功不可没。因此，当我们宣称认真对待权力时，千万不能忽视每一个公民的存在，不能忽视公民社会的建设。

总之，认真对待权力是预算和政治的共同话题。预算固然有其技术性，体现为数字和表格，但是，预算程序充分反映了一国的权力架构，预算过程充分体现了一国的政治博弈，所以，预算其实就是数字化的政治，预算的权力性与技术性如影随形。中国预算改革应当认识这种复杂性，充分调动各种政治力量的作用，在宪政框架下实现各自的合理利益。

1.3 把权力关进笼子：法治与预算的殊途同归

财政是国家治理的基础和重要支柱，[2] 法治是治国理政的基本方

---

〔1〕 严丽梅：《吴君亮：预算公开凿冰人》，载《羊城晚报》2010 年 4 月 3 日；另见：《吴君亮预算公开凿冰人》，载 http://news.sina.com.cn/o/2010-04-03/142317319713s.shtml，访问日期：2011 年 5 月 1 日。

〔2〕 参见李炜光：《财政何以为国家治理的基础和支柱》，载《法学评论》2014 年第 2 期。

略。《十八届三中全会决定》和《十八届四中全会决定》将财政与法治都提升到国家治理层面，其影响和意义不言而喻。既然重大改革都必须在法治轨道上运行，作为财政改革核心领域的预算改革，自然不可以脱离法治的轨道。

法治追求的不是政府如何依法治民，而是人民如何依法治权。[1] 要达到这样的效果，必须遵循一定的原则，如法律保留、法律优位、不溯及既往、比例原则、正当程序等。不仅如此，宪法还基于分权原则处理国家机构之间的关系，基于特定政治理念协调中央与地方的关系，基于民主原则确认人民参与国家管理。[2] 这些都是法治的基础设施，不可偏废。

正如舶来的法治在中国容易引起误解，同样来自西方的预算也会遭遇水土不服。从形式上看，预算就是一套财务表格，记载着政府和公共部门的收支。虽然按照相关法律的规定，预算需要报送同级人大审批，但是，如果审批无法充分发挥作用，预算就可能被政府所主导，沦为政府分配和管理资金的工具。应该说，在中国的财政实践中，这种现象确实十分普遍，这种观念也十分流行，以至于在修改《预算法》时，围绕着立法宗旨的调整，都会引起巨大的争议。

立法宗旨代表法律的精神，指引法律的方向，是法律的灵魂所在。[3] 1991 年《国家预算管理条例》的宗旨是，“加强国家预算管理，强化国家预算的分配、调控和监督职能，促进经济和社会的稳定发展”。这部条例由国务院制定，在有计划商品经济时期，它强调预算的管理职能，尚能让人理解。1994 年《预算法》承袭旧例，仍属情有可原，毕竟当

---

〔1〕 参见汪习根：《论法治中国的科学含义》，载《中国法学》2014 年第 2 期。

〔2〕 参见朱福惠：《宪法价值与功能的法理学分析》，载《现代法学》2002 年第 3 期。

〔3〕 参见朱大旗：《从国家预算的特质论我国预算法的修订目的和原则》，载《中国法学》2005 年第 1 期。

时刚刚确立市场经济。但到了2012年，当《预算法修正案(草案二审稿)》向社会征求意见时，其立法宗旨仍然一字不改，就很让人匪夷所思了。

预算的确跟政府管理息息相关，没有良好的政府管理，预算审批会流于形式。改革开放以来，我国预算外资金大量膨胀，曾与预算内资金平分秋色。这些资金不仅没有纳入预算范围，政府的管理和监控也是一团糟。2000年起，随着部门预算制度改革的推进，预算外收支虽仍然无需权力机关审批，却需要纳入综合性的部门预算，资金由政府统筹调配。此后，政府对财政资金的管控能力逐步增强，才有可能最终推行全口径预算制度、取消预算外收支。

然而，这是否就是现代预算的根本？从现代预算的起源看，预算最核心的功能在于控权，即借助于预算编制、审批和执行的各种规则，督促政府严格遵守财务纪律。[1] 在这个过程中，议会的作用至关重要。一般情况下，议会拥有预算调整、否决权，政府必须谨慎小心。一旦预算草案没有被通过，政府将承受巨大政治压力；如果预算执行出问题，相关人员会被追究法律责任。正是这种外在的制度约束，迫使财政支出严格按计划进行。[2]

正因为如此，预算最核心的功能是帮助人民规范和管理政府。《十八届三中全会决定》提出建立现代财政制度，加强人大预算决算审查监督。顺此大势，新《预算法》将规范政府收支行为、强化预算约束作为立法宗旨，充分体现了现代法治理念，是此次预算法修改的最大亮点。即便具体制度尚未尽善尽美，但只要理念先进、方向正确，通过后续的补

---

〔1〕 王雍君：《预算功能、预算规范与预算授权——追寻预算法修订的法理基础》，载《社会科学论坛》2013年第8期。

〔2〕 OECD (2006), Comparative Law, Constitutions, Politics and Budget Systems, *OECD Journal on Budgeting*, Vol. 4/3. ,at http://dx. doi. org/10. 1787/budget - v4 - art14 - en.

充和修正,立法功效仍可不断扩大。

在规范权力方面,法治和预算可谓殊途同归。法治强调法律保留,要求税费法定,不允许政府擅自开征税费。在财政支出方面,法治也要求事先确定标准和程序,坚持正当程序原则,使之成为预算运行的制度平台。在此基础上,预算更多关注具体财政开支,以年度计划形式落实到项目,并由政府报送权力机关审批。尽管分工不一样,侧重点也有所不同,但是,法治和预算的共同使命在于,防范政府滥用权力,落实主权在民原则。二者的连接之处在于,预算作为一个政治过程,本身也要遵循法治原则。预算法的意义和作用即在于此。

2. 权力自我约束 vs 财政民主决定:中国预算改革的一体两面

虽然中国财政改革忽视了预算的法治属性,淡化了其宪政品格,但并不是说,财政权力完全失控,不受任何约束。实际上,中国共产党基于自己的执政理念,无论是从树立自身合法性的角度,还是从督促政府改善形象的目的考虑,对财政权力的约束客观存在,且的确发挥了积极向上的作用。其具体体现是,政府强化内部管理,加强财政的统一性建设,提升财政的规范化程度。另外,随着人民代表大会制度的完善,其代议制性质体现得更加明显,人民代表也更能代表人民的利益和意志。在这种情势下,人民代表大会对预算的控制日趋强化,财政民主主义在中国也渐渐有了实现的空间。其具体体现是,各级人民代表大会及其常务委员会逐渐强化预算控制,对预算编制、审批和执行都提出了新的要求,预算监督的力度也前所未有。在这两种因素的交互影响下,中国的预算改革正逐步向前推进,走出了一条富有中国特色的道路。

新中国在成立之初,为加强对财政资金的规范管理,政府即建立了财政预算制度。不过,在 1995 年 1 月 1 日《预算法》生效之前,并没有任何法律规范预算行为，预算规则都是由政府制定的。例如，1991 年的《国家预算管理条例》就是由国务院制定的。这本身反映出政府对预算权力的自我约束。此外，国有资本经营预算在建立之初，也完全属于政府的内部管理行为，没有法律对此提出明确要求。只是在《企业国有资产法》生效之后，上述预算才成为了法定形式。社会保障基金预算虽然没有全国性的方案，但地方政府也早就在试点和实验。[1] 此外，1996 年财政部推行政府性基金预算时，一开始并不需要报送人大审批。一直到 2010 年财政部制定《政府性基金管理暂行办法》，政府性基金预算才正式被要求报送人大审批。可见，政府在预算改革方面一直走在立法之先。

1998 年中央提出建立公共财政体制以后，预算管理改革驶入快车道，一系列改革措施纷纷亮相，如 2000 年部门预算制度改革、2001 年国库集中支付制度改革、2001 年收支两条线管理改革、2007 年政府收入分类改革、2008 年政府预算信息公开改革等。部门预算制度要求各部门将所有收支纳入到预算，体现了预算的完整性和统一性。国库集中支付制度有利于库款的统一调度，避免了单位挤占、挪用和截留财政资金。而通过收支两条线改革，实行收缴分离、收支分离，强化了对预算外资金的监管。至于政府收支分类改革，其核心是对政府收入进行统一分类、建立新的政府支出功能分类体系和支出经济分类体系。这些都属于政府权力自我约束的类型。

特别值得一提的是，自 2008 年以来，随着《政府信息公开条例》颁布实施，预算信息公开不断向纵深发展。2010 年，共有 74 家中央部门

---

〔1〕 例如，1998 年宁波市财政局制定的《宁波市社会保障基金预算管理条例暂行办法》，即是地方政府将社会保障基金纳入预算管理的自主探索。载 http://www.people.com.cn/item/flfgk/dffg/1998/C462003199802.html，访问日期：2012 年 5 月 14 日。

向社会公开了部门预算收支总表和财政拨款支出预算表，18 个省份的财政厅向社会公开了公共财政预算和政府性基金预算表，云南、重庆等 12 个省份按月度或季度公开了预算执行情况。[1] 在此基础上，财政部出台了《关于进一步做好预算信息公开工作的指导意见》，预算信息公开进入制度化阶段。2011 年 3 月 8 日，财政部公开承诺，要推动各个部门公开"三公"经费，让公众有机会监督公车消费、公开招待和因公出国。[2] 2011 年 5 月 4 日，国务院召开常务会议，要求地方政府及其有关部门要比照中央财政做法，公开经同级人大或其常委会审查批准的政府财政总预算和总决算，并做好部门预算、"三公"经费等公开工作。[3] 政府将自己的财政收支公之于众，暴露在公众的视野下，是政府强化社会监督的重大举措，也是公共权力自我约束的又一例证。

以上展现了我国公共预算的改革历程。这些改革没有立法的规定，没有人大的授权，完全是政府内部的自主创新。尽管在这个过程中，执政党的推动作用不可忽视，社会舆论的压力也客观存在，但是，政府自我约束的勇气仍然可嘉，效果也十分明显。通过这些改革，乱收费、预算外资金日益萎缩，政府浪费、腐败之风有所遏制，预算信息日益公开，财政透明度渐次提高。更为重要的是，这些成果为进一步改革奠定了基础，为实现人民通过预算对财政的控制，从制度上、观念上和技术上提供了契机。

从另一方面看，政府权力之所以能够自我约束，并非完全是出于自省，常常也是基于外在的压力，包括改善执政基础、回应舆论需求、增强

---

〔1〕 参见《政府预算信息公开：哪些信息最忌讳?》，载 http://www.rmlt.com.cn/News/201103/201103151036201984_1.html，访问日期：2011 年 4 月 29 日。

〔2〕 参见《财政部：今年公开公车、公务接待和出国经费等》，载 http://news.sohu.com/20110308/n279720991.shtml，访问日期：2011 年 5 月 11 日。

〔3〕 参见《国务院：地方要比照中央公开"三支"支出》，载 http://www.infzm.com/content/58917，访问日期：2011 年 5 月 11 日。

政治合法性等。在此过程中,立法机关的推动是一个不可忽视的因素。例如,1999年,全国人大常委会就对中央推行部门预算推出了明确的要求。2007年,《各级人民代表大会常务委员会监督法》的实施,自然会对政府预算改革产生新的触动。此外,政府每年的工作报告需经人大审批,更会在无形中对政府产生压力。所以说,政府预算改革为实施财政民主创造了条件,而财政民主又进一步推动了政府预算改革,二者相辅相成。

尽管如此,目前我国的财政民主并未得到很好的落实,人民仍然对财政的控制缺乏有效的途径和工具。由于人民代表大会制度的内在缺陷,人大缺乏控制和监督预算的能力,也缺乏控制和监督预算的动力。人民代表是否能够真正代表人民的利益,人民代表在人民代表大会中是否能够真正发挥作用,都是值得怀疑的问题。事实上,在当前的权力结构中,执政党的权威是第一位的,政府其次,人大事实上只是第三位的政治实体。一个弱势的权力机关很难催生强势的财政民主。所以,当务之急,除了加强和完善预算制度之外,更重要的方面在于完善人民代表大会制度,真正落实宪法人民主权原则。只有这样,才能让预算所蕴含的权力制约机理发挥作用,让预算成为人民管理政府的工具。

当然,与此同时,预算服务政府管理的作用也不可偏废。政府预算越精致,表明其管理能力越强。政府预算越发达,人民通过预算控制政府就越便利。例如,如果没有详尽的部门预算制度,要想深入了解每一笔财政开支就十分困难;如果没有国库集中支付制度,政府对财政资金的掌控就会十分软弱;如果没有良好的政府收支分类体系,预算项目就难以条分缕析、相互印证。从政府首长的立场出发,为充分了解自身的财政情况,让有限资金效用最大化,防止资金被隐瞒、挤占、挪用、贪污等,也必须建立强有力的政府预算。就此而言,政府逐渐压缩预算外资金,规范预算收入和支出,推行预算公开化,无疑都是值得肯定的举措,今后还应该继续加强和推广,不能一味地强调财政民主而忽视政府预算管理。

3. 依宪治国、人民民主:预算改革的基础平台[1]

预算法形式上表现为技术性规则,这些规则的优劣及完善程度,影响预算程序的作用发挥。例如,如果预算的标准不明确,就会给预算编制带来困扰;倘若预算科目分类不合理,不仅会影响预算审批,还会影响预算执行和监督;只要国库管理不到位,资金的安全就很难得到保障。正是认识到上述问题,《预算法》修改从2004年起便被列入立法规划。法律修改后的内容也证明,除开宗明义引入先进立法理念,所有增补、删减或修正的确限于这一方面。

值得反思的是,在中国目前的政治法治环境下,这些程序性、技术性规则的完善,对财政的安全、秩序和效率,是否真的可以产生决定性影响。推动预算制度高效运转的"发动机",是《预算法》还是其他更为重要的因素?笔者认为,《预算法》所确认的大多是显性规则,这些规则要想发挥应有作用,有赖于基础设施和动力系统。如果基础设施良好,动力澎湃,即便具体细节存在瑕疵,其效果也不至于太差。反之,如果一身羸弱,再精致的设计也施展不开。

要夯实《预算法》的基础平台,必须回归宪法。《宪法》第2条规定:"中华人民共和国的一切权力属于人民。"人民行使国家权力的机关是全国人民代表大会和地方各级人民代表大会。只有确保人民选出代表自己利益的代表,人民代表能够切实有效履行职责,并随时接受人民的监督,政府权力才有可能被关进制度笼子,严格按照法律规定服务于

---

〔1〕 本部分及第四部分至第六部分,参见熊伟:《预算管理制度改革的法治之轨》,载《法商研究》2015年第1期。

人民。

事实上，政府享有预算编制权，人民代表大会享有预算审批权，并非《预算法》所创设，而是《宪法》的明确规定。在理解宪法对预算权的分配时，必须结合人民主权论，[1]将预算审批权从理念上落实到人大代表的投票权，将人民意志的汇集与自由选举结合起来。如此，人民代表大会制度便成为预算法的动力系统。如果发动机不能充分发挥作用，《预算法》无论如何精致，最终只能沦为纸面的游戏规则，跟人民的意志和利益无关。

预算法追求预算民主，税法追求课税法定。这些都是人民主权原则的体现，必须通过人民代表大会制度予以落实。现实中的情况却是，人民代表的选举处处受到限制，例如，县级以上人大代表实行间接选举，代表构成中现职官员太多，候选人自由提名权难以得到保障，代表选举缺乏竞争机制，等等。更为重要的是，人大代表履职的过程中，选民很难对其进行监督。人大代表代表人民的意志，人民通过人民代表大会行使国家权力，难以落地成为现实。[2]

《十八届三中全会决定》提出，要坚持人民主体地位，充分发挥人民代表的作用，加强预算决算的审查监督。《预算法》的修改一定程度上体现了上述精神，如完善初步审查程序，明确预决算审查的重点内容，加强对预算调整的审查监督，发挥人大代表和社会公众的作用，等等。尽管预算可以反作用于法治，但总体来说，此次修改局限于技术性层面，没有触及根本性的动力来源。最为典型的例子是，《预算法》没有考虑预算被否决的情形，即便此次修改仍然不闻不问。如果审查批准的

---

〔1〕 参见陈永鸿：《人民主权理论的演进及其启示》，载《武汉大学学报》（哲学社会科学版）2007 年第 2 期。

〔2〕 参见尹中卿：《坚持和完善人民代表大会制度》，载《求是》2009 年第 9 期。

结果只能是同意，这种审批也就等同于协商，没有实质性意义。

4. 法治之轨：《预算法》修改与深化预算改革

“新一轮财税体制改革决不是体制机制的修修补补，更不是扬汤止沸，而是一场关系我国现代化事业和国家治理现代化的深刻变革。”[1]按照《十八届三中全会决定》的部署，预算改革成为财税改革三大领域之首。在全面推进依法治国的背景下，如此重要的改革必须于法有据，必须夯实法律基础，在法治原则的指导下进行。有鉴于此，《预算法》修改承载了重要使命，旨在铺就预算改革的法治之轨。

《十八届四中全会决定》指出，要实现党的领导、人民意志和依法治国统一，党必须加强对立法工作的领导，善于使党的主张通过法定程序成为国家意志。对照党的十八届三中全会对预算改革的要求，不难发现，《预算法》修改的大部分内容都是在落实全会决定，体现了将政党意志上升为国家意志的过程，下文的列举可以作为例证。

第一，全口径预算管理改革。2003 年《中共中央关于完善社会主义市场经济体制若干问题的决定》就要求“实行全口径预算”，党的十八大报告和《十八届三中全会决定》进一步提出，“加强人大对政府全口径预算决算的审查和监督”。这与 1994 年《预算法》存在不小差异，因为该法允许预算外收支存在。《预算法》修改后，要求政府全部收支都纳入预算，未列入预算的不得支出，同时，明确了复式预算的范围及内部关系，确立了全口径预算体系，为改革提供了法律依据。

第二，预算公开改革。《预算法》原未确认预算公开原则，但自 2010 年以来，回应人民的呼声，各级政府都在推进预算公开改革。党的十七届五中全会要求提高预算透明度，党的十八大报告和《十八届三中全会

---

〔1〕 楼继伟：《深化财税体制改革，建立现代财政制度》，载《求是》2014 年第 20 期。

决定》进一步提出,“让权力在阳光下运行”“实施全面规范、公开透明的预算制度”。《预算法》修改后引入全面公开原则,除了依法属于国家秘密的事项,预算信息全部都要向社会公开。不仅如此,《预算法》还设定了公开的主体、时限、责任等,为预算公开改革设定了指南。

第三,预算控制方式改革。《十八届三中全会决定》要求,审核预算的重点由平衡状态、赤字规模向支出预算和政策拓展;〔1〕建立跨年度预算平衡机制,建立权责发生制的政府综合财务报告制度。作为回应,新《预算法》不再要求各级预算收支平衡,而是转向对重点对支出的控制和监督,强调未列入预算的不得支出。新《预算法》还确认建立跨年度预算平衡机制以及政府综合财务报告制度,为后续改革奠定了良好的制度基础。

第四,地方债发行与管理制度改革。《预算法》曾规定,除法律和国务院另有规定,地方政府不得发行债券。该规定忽视地方的财政需求,早被其通过各种方式规避,并因此累积巨大的债务余额。〔2〕《十八届三中全会决定》决定指出,“允许地方政府通过发债等多种方式拓宽城市建设融资渠道”。与此相适应,新《预算法》正式允许地方政府发债,同时还要求国务院建立地方政府债务风险评估和预警机制、应急处置机制以及责任追究制度,以应对可能出现的财政风险。

第五,转移支付制度改革。分税制实施以来,政府间转移支付规模不断增大,但结构严重不合理,违规违法现象频繁发生。《十八届三中全会决定》提出,完善一般性转移支付增长机制,清理、整合、规范专项转移支付项目。这些方案有助于重塑央地财政关系,需要法律加以固

---

〔1〕 参见熊伟、王宗涛:《收入还是支出:预算法的规制重心解析》,载《安徽大学法律评论》2010 年第 2 期。

〔2〕 截至 2013 年 6 月,地方政府性债务超过 17 万亿元。参见《审计署审计结果公告 2013 年第 32 号——全国政府性债务审计结果》。

定。新《预算法》因此增列专条，确认国家实行财政转移支付制度，并根据上述改革精神设计了具体规范。例如，财政转移支付应当规范、公平、公开，以推进地区间基本公共服务均等化为主要目标，以一般性转移支付为主体，等等。

正是基于新修订的《预算法》，2014 年 10 月 8 日，国务院发布《关于深化预算管理制度改革的决定》，对预算改革做了进一步安排。后续，有关财政支出标准、预算审查监督程序、地方政府信用评级、政府综合财务报告、国库现金管理，以及转移支付标准、债务余额管理，都可以在新《预算法》的平台上运行。因此，尽管《预算法》无法作为预算改革的发动机，但是，通过具体规则和制度的增修删减，总体上强化了人民代表大会的权威，有利于将政府权力关进制度笼子，同时也为后续改革指明了方向，为其奠定合法性基础。

5. 超越《预算法》的财政法体系拓展

虽然新《预算法》奠定了预算改革的法治基础，但必须看到，《预算法》毕竟只是预算法。如果将预算法定位为财政通则，要求其承担过于广泛的职能，可能会超出其承受能力。在其他财政法尚付阙如，立法进程缓不济急，而现实又迫切需要时，《预算法》主动担纲也属情有可原，至少短期内解决了相关改革的合法性。例如，1994 年国务院推行分税制后，《预算法》随即予以确认。但实际上，政府之间如何划分收支、如何实行转移支付，这些问题远非预算法力所能及，需要进行专门立法。

新《预算法》延续该思路，继续确认中央与地方分税制。《预算法修正案（草案二次审议稿）》甚至直接将制定分税制具体办法的权力赋予国务院，其内容报全国人大备案即可。事实上，分税制关系到政府之间收支划分，基于正当程序原则的要求，应该由中立的第三方来决断。国务院自主划分财政收支的做法，不符合法治原则。[1] 因此，与《预算法》相衔接，配合事权与财政支出责任相适应的改革，财政收支划分法必须列入立法日程。

顺应《十八届三中全会决定》的要求，新《预算法》还增设专条，确认国家实行财政转移支付制度。不过，以《预算法》如此原则的要求，不足以解决转移支付标准不清、程序不细、监督不力、责任不明的问题。因此，与财政平衡的理念相适应，配合分税制改革，转移支付法也必须出台。虽然法律不可能事无巨细，最起码它可以设定基本规则，然后再授权国务院制定法规。这比任由财政部设定转移支付项目，在安全、规范和效率等方面要强得多。目前，《国务院关于深化预算管理制度改革的决定》所涉转移支付的内容，依据的主要是《十八届三中全会决定》，而不是《预算法》，进一步说明转移支付立法的必要性。

在公债方面，除国债外，新《预算法》开始对地方债开闸。不过，如果让《预算法》承担公债法的全部职能，无疑会偏离《预算法》的立法宗旨。比较现实的架构是，在《预算法》基础上另行制定专门的公债法，分别对中央债券、地方债券、国家外债进行规范，特别是要突出地方债券的内容，明确中央对地方债券、上级对下级政府债券的财政责任。在目前权责不清的政府间关系模式下，国务院要求地方对其债务独立承担责任，虽然是避免道德风险的无奈之举，但与我国单一制体制以及地方财政不独立的现实不符。

在预算执行方面，国库是公款管理的关键环节，关系到财政资金的安全和效率。此次《预算法》修改虽然明确了国库管理权，[2] 也确立国

---

〔1〕 参见熊伟：《法治财税：从理想图景到现实诉求》，载《清华法学》2014 年第 5 期。

〔2〕 参见王雍君：《法理和国情观照下的国库经理与代理》，载《中国金融》2012 年第 17 期。

库集中收付制度，但国库管理本身还有更加独特的要求，如国库的组织机构、国库的基本职责和主要权限、库款的收纳与退付、库款的拨付、国库账户管理、国库信息报告等。总结2001年以来国库制度改革的经验，配合建立现代财政制度的要求，有必要制定单独的国库管理法，借此强化预算的执行效力，防止财政违法违规行为。

除以上列举的法律，在法治财政的舞台上，与《预算法》共舞的还有很多。例如，对通用性的财政支出，如工资、办公用房、差旅费等，必须设定标准或定额；政府收支分类也需要改进，方便信息的比对、统计和分析。在预算收入方面，需要完善相关立法，明确构成要件和征收程序；在预算支出方面，需要借助财政拨款法、政府采购法、财政投融资法等，使其不仅符合预算的一般要求，更满足特定领域的特殊规范。因此，虽然《预算法》修改为预算改革奠定了法治基础，但是，预算管理制度涉及其他一系列法律，需要彼此呼应、相互配合，改革才能最大限度地发挥功效。

6. 法治不排斥行政：政府的预算能动性

法治和预算的共性所在，都是要将权力关进笼子，但这绝不意味着，政府从此成为囚徒，只能机械僵硬地履行职责。事实上，在法治和预算所设定的框架内，人民、议会与政府之间存在合作关系，政府有宽阔的施政空间。政府权力虽然存在被滥用的可能，但不可否认，它也存在积极作为、造福乡民的一面。法治和预算所要做的，就是要限制其滥权为恶的可能性，促使其遵纪守法的同时锐意进取。如果没有强有力的公共行政，法治和预算的目标会很难实现。所谓法治不排斥行政，正是从这个角度而言。[1]

---

〔1〕 参见石佑启：《论法治视野下行政管理方式的创新》，载《广东社会科学》2009年第6期。

在现行《预算法》的框架下，有些规则政府不可突破，属于强制性要求。例如，政府全部收支必须纳入预算，预算草案未经审批不得执行，地方只能以发行债券方式举债，国有资本经营预算不列赤字，等等。这些强制性规则的存在，旨在防止财政随心所欲，浪费公帑。如果不遵守这些规则，可能导致预算行为无效，或者预算文件不具有执行力，并可能会被追究法律责任。既然《预算法》设定了强制性要求，政府就必须严格遵守和执行，没有协商或退让的余地。

有些规则引入议会与行政的双重控制，一定程度上体现了政府的预算能动性。例如，除报经本级人大常委会批准外，省级政府只能在国务院批准的额度范围内发行债券。但在更多的情况下，只要不与法律相冲突，预算政策的决定权在国务院。例如，国务院可以设立专项转移支付，设立财政专户，规定基金预算的收支范围，规定财政收支划分的具体办法。国务院主管部门也在分享这种机会。例如，财政部具体负责对中央债的管理，对地方政府债务实施监督，负责制定政府收支分类科目、预算支出标准、绩效目标标准，等等。

可见，《预算法》给政府留下了巨大空间，足以令其纵横捭阖、率性挥洒。面对同样一部预算法，一个积极主动、负责任的政府，可以将法律授权用到极致，为民众谋福利。消极懈怠、故步自封的政府则会不求有功，但求无过，形成懒政。这样的政府也许循规蹈矩，遵纪守法，却会忽略政府存在的目的。因此，虽然我们强调依法治国，强调预算对政府的全方面约束，但绝不可因此走向极端，堵塞政府施政的空间。相反，无论是法治原则还是预算法，都应该高度重视政府，鼓励政府积极行政，造福于民。[1]

---

〔1〕 参见殷啸虎、朱应平：《论消极法治与积极法治的互动与平衡》，载《法学评论》2003年第1期。

事实上，在法律没有规定的情况下，基于执政党推动或政府自省，预算管理制度改革一直在进行。例如，虽然1994年《预算法》承认预算外收支，但国务院取消预算外收支的努力从未停止；虽然《预算法》修改前并未要求预算公开，但从2010年开始，公开预算已成燎原之势；虽然预算协商并未写入《预算法》，但不少地方跃跃欲试，通过试点积累了宝贵经验。这说明，只要不与强制性规定相冲突，在预算管理制度改革方面，政府享有广泛的政策空间。以目前《预算法》框架之简约，如果没有政府的配合，没有行政规则的补充，要想让法律的功效发挥到最大，也是很难办到的。

因此，在法治原则的指引下，必须发挥政府的能动性，积极施政，大胆作为，才能将预算作用发挥到极致。

7. 谨慎评估预算改革的进步空间

新千年伊始，中国就启动了大规模的预算改革。从规范预算外资金到推行部门预算，从收支两条线管理到国库集中收付，从政府收支科目改革到推行预算公开，各种预算改革措施纷纷亮相，而且确实取得了良好的规范效果，为更进一步改革奠定了制度基础。时至今日，《预算法》已经完成修改，人们欲借该法的修改一劳永逸地解决所有的预算问题的想法最终还是落空了，很多人们关切的问题仍未解决。如前文所示，预算体制与一国的政体、国体息息相关。当整体的权力结构和政治架构并无改进时，指望通过预算改革实现财政的根本转折，解决财政权力的民主性和法治性问题，无疑是一种不切实际的幻想。

预算不仅仅涉及政府管理的技术，更是一个权力问题和政治问题。谁控制了预算，谁就控制了一切。预算固然具有民主、宪政精神，也是实现民主政治的重要途径，但是，这并不意味中国《预算法》可以担当此等重任。我们已经观察到，目前立法机关对预算的控制力非常弱，不仅预算审批流于形式，预算执行也存在很大的问题，政府违反预算的行为比比皆是。而造成这个结果的原因，并不在于《预算法》不完善，主要在于人民代表大会的政治力量过于薄弱。如果人民代表大会有足够的政治权威，即便没有制定《预算法》，凭借宪法赋予的预算审批权，也足以驯服政府财政权力这匹野马。而在当前的政治体制下，通过政府的威权和执政党的运作，预算草案几乎不可能被否决，《预算法》形式上无论怎么完善，都难以产生多大的实际作用。

预算改革要想取得实质性的突破，必须要寻求政治体制改革的配合。在当前的政治背景下，要想建立一个民主式的现代预算，需要完善人民代表大会制度，重塑人大的权力中心地位，构造一个“预算议会”。而要实现这一目标，需要执政党的勇气和魄力，需要政府显示出必要的谦卑，更需要民众的参与和推动。在民主政治成为主旋律的现代社会，即使是实行一党制的政治体制，也需要寻求执政的合法性和正当性。而预算恰恰是财政民主统治的有效形式，可以在不改变政治体制的前提下汇聚民意，实现执政党意志与人民意志的统一。如果二者出现分歧，一方面，政府可以加强宣传和说服工作，充分展示预算方案的合理性，而执政党则可以启动政党组织程序，支持政府提出的预算方案；另一方面，执政党和政府也应该学会妥协和退让，对大多数民众不同意的方案或计划，及时进行修改和调整，以争取预算审批获得通过。

正如季卫东教授所言，强化最高国家权力机关的预算权，是中国建设民主宪政国家的一个良好选择。这条道路温和、渐进，不至于风雨飘摇、颠簸动荡，可以使政治改革与经济改革相衔接，缓和对人民代表大会体制以及政治体制进行根本性重构所带来的冲击和动荡，并有利于各种利益群体和政治势力在编制和审议单纯的财政预算的程序中学会妥协的技巧,学习和实践民主,培养民主文化和素养。[1] 当执政党、政府、人大代表和人民都表现出理性与合作时,当人民选出的人大代表确实能够代表人民的利益时,当人民对人大代表、政府和执政党的监督真正到位时,预算将成为中国政治力量博弈的一个法律平台。在这个平台上,有争斗也有妥协,讲力量也讲规则。人们必须学会在实现自己利益时,也努力尊重他人的合理利益,任何违反预算法规的行为都要被追究法律责任。在这个平台上,还要重视社会利益的多元化,不仅强势阶层可以实现自己的利益,弱势群体也有机会发出自己的声音。果能如此,这既维护了中国共产党的领导地位,又真正实现了人民当家做主,还有助于建设社会主义法治国家,确实是一种非常理想的治国之策。

从历史的经验看,虽然英国17世纪的预算改革成就了世界上第一个宪政国家,[2]美国20世纪初期的预算改革催生了其"进步时代"。[3]但是,政治改革的经验往往不具有可复制性,其成功或失败常与偶然性因素相连。中国的预算改革十年前就已经起步,政府预算管理的能力因此大大提升。而近期如火如荼的预算公开实践,又为政治体制改革开启了一扇大门,给人们带来更多的期待。不过,预算改革能否带给中国一个更加光明的未来,除了《预算法》作用外,更取决于执政党的智慧、胆识和勇气,取决于公民社会的发展和成熟程度,取决于各种政治力量的合作意识及妥协精神。当后面这些因素暂时无法提供确切的导引时,目前只能谨慎评估中国预算改革的进步空间,将其局限于技术规则层面进行分析和讨论。

---

〔1〕 参见季卫东:《网路社会中的宪政建设》,载《书城》2004年第7期。
〔2〕 参见刘剑文、熊伟:《财政税收法》(第6版),法律出版社2014年版,第140页。
〔3〕 王绍光:《美国进步时代的启示》,中国财政经济出版社2002年版,第1~6页。

第六章　全口径预算管理之惑：论社会保险基金的异质性[1]

1996年《预算法实施条例》将社会保障预算作为复式预算组成部分后，国务院有关部门就开始探索社会保障预算的模式。理论界在总结实践经验的同时，也开始研究域外社会保障预算的立法和学说，以期为我国提供参考和借鉴。关于社会保险基金性质，虽然

〔1〕 本章与武汉大学法学院张荣芳教授合作完成，原文发表于《法律科学》2015年第3期，收入本书时在文字上有所调整，在此特向张教授致谢。

学界已经存在“财政资金”[1]和“参保人共有财产”[2]两种观点,但直到2010年,用社会保险基金预算替代社会保障预算并未成为讨论对象,更受关注的是如何将社会保障资金全部纳入复式预算体系。随着我国社会保障制度的改革和重构,以及国家对完善复式预算制度的新要求,国务院在2010年提出先编制社会保险基金预算,待条件成熟时再编制社会保障预算,并发布了《国务院关于试行社会保险基金预算的意见》。自此之后的几年间,学术研究主要围绕社会保险基金预算的具体操作,未曾关注该基金能否纳入政府预算这一根本性问题。[3]

在全口径预算管理理念的指导下,2013年,财政部会同人力资源和社会保障部、卫生部首次正式编制全国社会保险基金预算,包括社会保险法已明确的各项基金,报经国务院同意后,提交全国人大审议。从表面上看,这意味着社会保险基金已纳入议会控制,初步实现了包含公共预算、政府性基金预算、国有资本经营预算、社会保险基金预算在内的全口径预算。然而,预算的“全口径”到底应该包含多大范围?哪些公共资金应当纳入政府预算,哪些只需要履行内部审批程序?这是目前

---

〔1〕 参见郑维桢、由明春:《建立具有中国特色的社会保障体系——财政部社会保障司司长杜俭访谈录》,载《财务与会计》1994年第9期;朱柏铭:《建立我国社会保障预算的构想》,载《财政研究》1998年第2期;林治芬、高文敏:《社会保障预算管理》,中国财政经济出版社2006年版,第190页;杨燕绥、阎中兴等:《政府与社会保障》,中国劳动社会保障出版社2007年版,第194页;邱添:《社会保障预算管理理论与实践思辨:国际经验与中国政策选择》,西南财经大学2012年博士学位论文。

〔2〕 参见郑功成:《论社会保险财政问题及其政策取向》,载《中国社会保险》1994年第4期;张景勇、杨健敏:《研究新情况,解决新问题——社保局长放言录》,载《中国社会保险》1997年第5期;俞金红:《浅析“入世”背景下我国养老基金个人账户的运营》,载《江苏统计》2002年第2期;杨一帆、张新明:《对社会保险基金性质的再认识》,载《社会保险》2004年第9期;程晓燕:《私权视角下的社会保险基金监管》,载《当代法学》2008年第3期。

〔3〕 参见杨燕绥、闫俊:《依社会保险法做好社保基金预算》,载《中国社会保障》2011年第3期;孙志筠:《为建立社会保险基金预算制度开好头起好步》,载《中国财政》2010年第5期;财政部财政科学研究所课题组:《完善社会保险预算的法律思考》,载《地方财政研究》2011年第4期;辛晓宁:《新形势下全面提高社会保险基金预算管理水平的思考》,载《现代财经信息》2014年第10期。

《预算法》需要特别关心的问题,社会保险基金预算就是其中一例。

本书主张,社会保险资金不是财政资金,其所有权归属于参保人,政府只是行使监管职责和履行扶持义务。此外,社会保险收支遵循事先制定的法律规范,政府预算无从发挥控制和规范作用,议会审批仅具形式意义。加之,养老、生育、工伤等社会保险基金相互独立,不存在统一的社会保险基金,也没有统一的预算形式。更何况,目前尚未建立全国社会保险基金,各种社会保险最多在省级统筹。因此,和财政资金相比,社会保险基金存在很大的异质性,不宜通过政府预算加以控制。下文将对此逐项展开,求教于学界同人。

1. 全口径预算管理:目的、范围与困惑

"全口径预算管理"一词最早出现于2003年10月中共十六届三中全会所通过的《中共中央关于完善社会主义市场经济体制若干问题的决定》第21条。此后,国务院在《关于2005年深化经济体制改革的意见》中进一步明确。所谓全口径预算管理,通说认为,就是要对全部政府性收支,实行统一、完整、全面、规范的预算管理,即凡是凭借政府行政权力获得的收入与为行使行政职能所管理的一切支出,都应纳入政府预算管理,从而实现预算作为行政层面内部控制与立法层面外部控制的管理工具。[1] 国务院总理李克强2014年3月5日在第十二届全国人大第二次会议上作《政府工作报告》时说,要"着力把所有政府性收入纳入预算,实行全口径预算管理",应该也是从这个立场而言的。

的确,从财政民主的角度看,所有政府性支出都应该纳入预算,接受政府的内部监管和议会的外部审批,以体现规范的财政治理和主权

---

〔1〕 李冬妍:《打造公共财政框架下全口径预算管理体系》,载《财政研究》2010年第3期。

在民原则。如果政府可以在预算之外开支,就意味着政府可以自行动用公共资金,无须接受议会的监督和控制,更无须向人民负责。在现代民主政治体制下,这种结果是人民无法接受的。我国实行社会主义公有制,《宪法》第 2 条确认,中华人民共和国的一切权力属于人民;人民行使国家权力的机关是全国人民代表大会和地方各级人民代表大会。因此,相比西方资本主义国家,我国更应该实行全口径预算管理,将所有财政支出纳入预算,并报同级权力机关审批。审批的过程不是简单的表决,而是代表着人民对财政的控制。如果不履行这个过程,不管政治宣传的调门有多高,人民权利最终都无法落实。

自改革开放以来,虽然我国经济取得了举世瞩目的成绩,但由于民主政治和法治建设的落后,预算对财政的控制远没有达到理想效果。最具体的体现是,大量资金在预算之外合法循环,不接受人民代表大会的监督,预算外收入和支出成为常态。例如,在很长的时期内,政府性基金、土地出让金等,都没有纳入预算管理,政府可以随意动用,无须经过人民代表大会审批。社会保障基金也被纳入预算外资金进行管理。[1] 在这种背景下,全口径预算管理理念的提出,的确具有非常强的针对性,其具体指向就是预算外收支。预算外收支纳入预算内的过程,也就是全口径预算逐步实现的过程。至于方法或路径,按照我们的观察,主要是借助于复式预算体系。将社会保险基金纳入预算管理,成为政府预算体系中的一部分,就是在这种思想指导下的产物。

遵照 1994 年《预算法》第 26 条的要求,1995 年 11 月 22 日生效的《预算法实施条例》第 20 条提出,各级政府预算按照复式预算编制,分为政府公共预算、国有资产经营预算、社会保障预算和其他预算。复式预算的编制办法和实施步骤,由国务院另行规定。事实上,在 2007 年

---

〔1〕 参见《国务院关于加强预算外资金管理的决定》(国发〔1996〕29 号)。

之前，国务院并未另行规定过复式预算办法，只是在清理预算外收入的过程中，将一些政府性基金纳入预算管理，并要求基金收支在预算上单独编列反映，按规定专款专用，不得挪作他用，也不能平衡预算。财政部1996年据此发布《政府性基金预算管理办法》，在政府公共预算之外创设了政府性基金预算。此后，2007年，国务院决定试行国有资本经营预算；〔1〕2010年，国务院决定试行社会保险基金预算。〔2〕至此，至少从形式上看，我国已经建立起相对完整的复式预算体系。〔3〕

与此相适应，从20世纪末期开始，国家实施以“收支两条线”管理为中心的预算外资金管理改革，将属于一般预算收入性质的行政事业性收费、罚没收入等纳入公共预算，与税收收入一起统筹安排使用；将具有以收定支、专款专用性质的政府性基金、土地出让收入、彩票公益金等纳入政府性基金预算，专项用于支持特定基础设施建设和社会事业发展。通过上述措施，预算外资金的规模得到有效控制。在此基础上，自2011年1月1日起，财政部要求将政府全部预算外收入纳入预算管理，收入全额上缴国库，支出通过公共财政预算或政府性基金预算安排，并相应修订《政府收支分类科目》，取消全部预算外收支科目。〔4〕此举意味着，预算外资金的概念从此成为历史，全口径预算管理的蓝图基本实现，后续工作似乎只是精细化运作。

然而，全口径预算的口径到底有多大，政府性收支的范围到底有多宽，这些问题仍然值得深入探究。以法人制公立大学为例，其收支都属于政府间接管理的资金，按照全口径预算管理的原则，理应纳入政府预

---

〔1〕 参见《国务院关于试行国有资本经营预算的意见》（国发〔2007〕26号）。

〔2〕 参见《国务院关于试行社会保险基金预算的意见》（国发〔2010〕2号）。

〔3〕 2014年8月31日修订的《预算法》第5条确认，预算包括一般公共预算、政府性基金预算、国有资本经营预算、社会保险基金预算，复式预算的结构正式定型。

〔4〕 参见《财政部关于将按预算外资金管理的收入纳入预算管理的通知》（财预〔2010〕88号）。

算,报送同级权力机关审批。然而,这种做法是否与大学的法人制度相冲突?是否会限制甚至剥夺大学的自主权?再以住房公积金和住宅维修基金为例,政府对这部分资金行使监管权,也需要保障资金安全和提高效率,是否有必要将其纳入全口径预算管理?此外,目前所谓预算管理既包括纳入部门预算,只需提交同级立法机关审议,也包括编入政府复式预算体系,须报送同级权力机关批准,还包括以"预算"之名编制的政府内部财务收支计划。全口径预算所称的"预算"具体是哪一种?

以上种种问题的核心,可以归结为资金性质和政府职能。全口径预算的对象是政府性资金,然而,哪些是政府性资金?是政府所有的资金、政府直接管理的资金,还是包括政府监管的公共资金?例如,《住房公积金管理条例》确认,职工个人缴存的住房公积金和职工所在单位为职工缴存的住房公积金,属于职工个人所有,是一种长期住房储金。如果在提取、管理和使用时,政府不参与其中,而只是负责制定规则、督促相关主体遵照执行,并对违法行为进行查处,那么,这部分资金就与政府预算无关。事实上,住房公积金的管理体制是,住房公积金管理委员会决策,住房公积金管理中心运作,银行专户存储,财政监督。虽然政府会参与到住房公积金管理委员会,并对住房公积金管理中心进行监管,但是,毕竟这笔资金不是政府性资金,政府也没有直接管理和运营,因此,全口径预算不应将其纳入其中。

社会保险基金是否应该纳入政府预算?基于上述分析视角,我们发现,对这部分资金的性质认识不同,对政府在其中的职能定位各异,研究者的结论就会有差异。如果认同这部分资金属于财政资金或政府性资金,并且将政府在其中的职责定位为直接管理人,那么,社会保险资金纳入预算管理自然不存疑义。[1] 然而,社会保险基金的收支属于财政行为吗?政府对社会保险基金所承担的责任,到底是直接充当社会保险人,还是间接进行资助和监管?即便将社会保险基金纳入预算,预算所能发挥的作用又是什么?权力机关的审批权在其中如何体现?本书主张,社会保险基金无须纳入政府预算。为了论证这个问题,后文首先陈述社会保险基金预算的由来,其次阐释社会保险基金的异质性,最后借鉴域外社会保险基金的管理模式,尝试勾勒我国社会保险基金的新型管理体制。

2. 动因与玄机:从社会保障预算到社会保险基金预算

作为复式预算的一部分,社会保障预算对应于政府公共预算和国有资产经营预算。这种结构安排主要源于当时人们对国家职能的认识。主流的观点是,政府公共预算的分配主体是作为政权组织者的政府,其分配目的是满足公共需要,它凭借政治权力经由非市场渠道进行分配,具有强制性和无偿性,以税收为主要收入手段,主要安排各项具有公共需要性质的支出。国有资产经营预算的分配主体是作为生产资料所有者代表的政府,它以资产所有权为分配依据,收支内容基本上围绕着对国有资产和国有资源进行价值管理和分配。社会保障预算的分配主体既不是代表国家政治权力的政府,也不是国有资产的所有者,而是作为社会管理者的政府,其分配目的是保护居民的长期利益,协调收入的时间分配和代际分配,分配对象是参与者共同出资的社会保障基

---

〔1〕 参见林治芬、高文敏:《社会保障预算管理》,中国财政经济出版社 2006 年版,第 190 页;杨燕绥、阎中兴等:《政府与社会保障——关于政府社会保障责任的思考》,中国劳动社会保障出版社 2007 年版,第 193 页。

金。[1] 这种从“双元财政论”[2]发展而来的“三元预算观”，为社会保障预算提供了理论依据。

作为呼应，编制社会保障预算的要求最早出现于《预算法管理条例》第20条。但是，对于社会保障预算的含义和范围，该条例未做任何规定。1996年《财政部关于建立社会保障预算的初步设想》提出，社会保障预算的目标是将所有的社会保障收支包含进去。当时社会保障的收支范围分为三大块：一是政府一般预算中的社会保障支出；二是政府基金预算中相关的医疗保险基金收支；三是政府预算之外的养老、失业、工伤、生育四项社会保险收支。财政部提出了两种模式，即“一揽子”和“板块式”社会保障预算模式，组织在湖北、河北有关省市进行试点。[3] 在随后的若干年中，尽管试点工作仍在继续，但社会保障改革步伐日益加大，编制社会保障预算的难度越来越大。主要原因在于，社会保障融合了太多不同类型的资金。这些资金来源不同、性质各异，彼此不能互济，如果强行将其编入统一预算，不仅预算内部难以协调，还会破坏其他预算形式的完整性。

自20世纪末起，我国社会保险的思路发生根本转变，企业为其职工提供职业风险保障的劳动保险制度，被改革为现行的社会保险制度。

---

〔1〕 丛树海：《中国预算体制重构——理论分析与制度设计》，上海财经大学出版社2000年版，第10页。

〔2〕 张馨：《公共财政论纲》，经济科学出版社1999年版，第155～202页。

〔3〕 湖北枝江市的试点方案是“一揽子”社会保障预算。枝江市政府将一般公共预算安排的社会保障经费、预算单位创收收入和各种社会保障基金（包括社会保险基金）作为收入来源，与之对应的是社会保障经费支出以及各项社会保障基金（包括社会保险基金）支出。河北省从2003年开始以省为级别编制“板块式”社会保障预算，将社会保障预算与政府公共预算平行并列，而社会保障预算则由以下几个平行的子预算组成：（1）社会保险基金收支预算，由城镇职工基本养老保险、职工基本医疗保险、失业保险、工伤保险和生育保险五个社会保险基金组成；（2）社会保障专项资金收支预算，主要包括国有企业下岗职工基本生活保障资金、再就业资金、城市低保资金等；（3）政府公共预算中安排的社会保障收支预算。参见林治芬、高文敏：《社会保障预算管理》，中国财政经济出版社2006年版，第79～82页。

国家强制单位和个人缴费、政府给予一定补贴,依风险类别建立独立的社会保险基金。国家专门设立社会保险经办机构管理运营基金,为企业职工提供年老、疾病、失业、工伤、生育保障。1998 年以前,社会保险基金的收入、支出、结余都由社会保险经办机构管理。1998 年,财政部、劳动部下发了《企业职工基本养老保险基金实行收支两条线管理暂行规定》,财政部开设单独的社会保障基金财政专户,对社会保险基金实行预算外管理。2010 年,《国务院关于试行社会保险基金预算的意见》明确,从 2010 年起,在全国范围内建立社会保险基金预算制度。该预算作为政府内部预算,由统筹地区政府首长审批,目的是规范社会保险基金的收支行为,明确政府责任。

目前,用于社会保障的资金大概包括四个方面:第一,社会保险基金。基金主要收入来源于用人单位和劳动者缴纳的社会保险费,也有部分政府财政补贴。社会保险基金由若干独立基金组成,基金之间不能共济,基金与政府财政资金之间也独立运行。第二,政府公共财政开支,属于政府公共预算中社会保障事业开支。资金来源于一般公共财政收入,支出范围包括社会保险经办管理的费用,以及政府用于社会救助、社会优抚和发展相关公共福利事业的支出。第三,相关社会保障的政府性基金。为了满足政府发展社会保障事业的需要,国家专门征收特别基金,如残疾人就业补助基金、社会福利基金。这些基金也是专款专用,在政府预算中作为特别预算单列,各基金之间不存在共济问题,基金结余部分也不与公共财政资金混同和归并。第四,国有资本经营收益,从国有资本经营预算中开支。对这些性质各异、管理模式不同的社会保障资金,现阶段无法作为整体编制统一的预算;即使从发展的角度看,也需要分为社会保险基金和非保险类社会保障资金。

正是因为这个原因,尽管全国人大加强预算管理的愿望非常强烈,但考虑到现实的困难,从 2010 年开始,它只是要求国务院试编社会保险基金预算，而不再要求建立社会保障预算。财政部也主张，“全面编制社会保障预算的条件还不成熟，提出分两步走，先编制社会保险基金预算，待条件成熟后，再将公共财政预算中用于社会保障的支出与社会保险基金预算合并，建立完整的社会保障预算”。[1] 社会保险基金预算经过三年内部运行，2014年，国务院编报全国人大审批的政府预算报告中，首次包括了全国社会保险基金预算。《预算法实施条例》所规定的复式预算体系，演变为目前包括政府公共预算、政府性基金预算、国有资本经营预算、社会保险基金预算在内的全口径预算体系。社会保险基金的管理不再是政府内部行为，基金收支行为不能由政府单方面决定，而必须报送权力机关审批。2014年8月31日修订后的《预算法》只是确认上述成果，并没有实质性的制度创新。

本书认为，全面编制社会保障预算缺乏必要性和可行性。社会保障的资金来源多样化，性质各不相同，支出标准和审批程序也有差异，无法在同一个预算中予以反映。例如，政府拨款补贴社会保险基金，或者从事社会福利、社会优抚、社会救助，其资金主要来自政府公共预算。如果强行将其从公共预算中剥离出来，转入社会保障预算，政府公共预算的口径必然残缺不全。如果这部分资金先在公共预算中做支出，进入社会保障预算后再做收入，等实际支付给社会保障对象时再计一次支出，则会导致两种预算大面积的重叠或交叉。为避免这种情况的发生，有关社会福利、社会优抚、社会救助的支出，可以交由政府公共预算处理。即便是政府对社会保险的补贴，也只需通过政府公共预算来核算。而残疾人就业保障金等专款专用的政府性基金，纳入政府性基金预算管理。来自国有资本收益的资金，则遵从国有资本经营预算。分

---

〔1〕 卜海涛：《社保基金进预算科学管理更规范——财政部社会保障司负责人就社会保险基金预算答记者问》，载《财会研究》2010年第2期。

门别类,各行其是,理所当然。

事实上,政府预算的目的不在于统计数据,而在于根据资金的性质分别核算,并接受人民和议会的控制及监督。社会保障资金相比公共财政资金好像存在特殊性,其资金来源和用途较为特定,但是,从社会公众知情权的角度看,只要预算信息足够细致和充分透明,不管资金进入哪个渠道进行核算,从哪个渠道进行开支,借助于不太复杂的数据统计,一般人都可能掌握资金的来龙去脉。以政府采购资金、债务资金为例,没有必要因为它们较为特殊,也去建立独立预算并报立法机关审批。这是因为,无论是政府采购还是债务资金开支,都分散在公共预算、政府性基金预算、国有资本经营预算之中。在此前提下,再去编制政府采购预算或者公债预算,对政府和公众而言,就只有数据汇总和统计的意义。同理,即便将来条件成熟了,也没有必要独立设置社会保障预算。

即便如此,是否能如全国人大和国务院所要求,退而求其次,建立独立的社会保险基金预算呢?尽管从形式上看,建立社会保险基金预算可以满足公众知情权,使其可以了解社会保险基金的年度收支情况,但是,这种效果更多的只是限于数据统计层面,对财政法治并无任何提升和促进的效果。不仅如此,其中还会存在很严重的内在逻辑冲突,违背社会保险制度的初衷,也会让政府的身份错位,不必要地承担过多的责任或风险。因此,虽然2014年国务院“成功”编制和报审了社会保险基金预算,我们仍然主张,社会保险基金具有异质性。将社会保险基金预算纳入政府预算的做法,不仅无益反而有害,必须调整思路,在制度设计方面做重大改革,协调好社会保险基金与政府财政预算的关系。

3. 社会保险基金预算的内在冲突与实施障碍

从法治财政和民主财政的角度看,社会保险基金纳入政府财政预算的意义,体现在权力机构对社会保险基金支出的控制。然而,受社会保险资金异质性的影响,就现行规范而言,社会保险基金预算的意义并不突出,实际运行效果也不尽如人意。

社会保险资金的异质性是相对于其他预算资金而言的。不论是公共预算资金、政府性基金还是国有资本经营预算资金,都有一个共同的特点,即政府对该项资金拥有所有权,所有基于预算的开支都属于财政开支,因此应该接受权力机关的控制和监督。[1] 社会保险资金不同,其所有权并不归属于政府,而是以共有或个人所有的方式,归属于全体参保人。和商业保险一样,社会保险也是一种风险分散机制。参保人在风险尚未发生时以缴费或纳税的形式预存资金,这些资金汇集起来形成社会保险基金,当参保人发生法定社会风险时向其支付保险待遇。个人及企业的缴费汇集成保险基金后,不管是统筹账户还是个人账户的资金,都不宜认定为政府的财政资金。

按照我国目前的体制,社会保险基金分统筹基金和个人账户两个部分。个人账户资金由被保险人个人缴纳、专户储存,待参保人符合条件时领取,投资收益归参保人个人所有,余额依法可以由被保险对象的法定继承人继承。[2] 这部分资金的权属非常清楚,金额上也已经量化,定性方面不会引起任何争议。至于统筹基金,其资金来源既有个人缴费,也有用人单位的缴费,还有政府提供的补贴。个人缴费归全体参保人共有比较好理解。用人单位实际上是在代劳动者缴费,属于劳动者提供劳动的对价,这部分资金属于全体参保人共有,也是不难理解的。现任财政部长楼继伟也公开承认,社会保险基金的收入主要来自不是

[1] 政府性基金虽有具有专款专用的特点,资金的使用有特定的方向或用途,权力机关的预算决定权受到了一定限制,但是,只要不违背专款专用原则,权力机关还是有很大的裁量空间,决定同意还是不同意政府的开支。

[2] 张荣芳:《社会保险法学》,武汉大学出版社 2012 年版,第 48、49 页。

财政资金的社会保险缴费。[1] 最容易引起混淆的是政府对社会保险基金的补贴。这部分资金虽然来源于政府,原本属于财政资金,但是,正如政府对企业的补贴一样,从进入社会保险基金之日起,资金的性质和归属会发生改变。

世界各国政府对社会保险基金均给予不同程度的财政补贴,我国也不例外。但这种补贴主要是国家通过保险团体实现非保险目标的对价。保费具有社会重分配的效果,且其用途受保险目的之限定,仅用于该项社会保险制度承保之社会风险时所为之支出,如果社会保险人受国家委托,通过保险给付实现其他社会政策,这种支出与其承保的风险无关,对该项社会保险而言即属于"外部负担"。该项负担如以保费加以支应,将违反平等原则,应当由国家以租税补助保险人来支应。[2] 例如,我国在 1998 年刚刚建立职工养老保险制度时,国有企业职工的退休费成建制转由社会保险基金承担,但实际上,这部分职工并没有缴纳过保险金,不符合支付养老保险待遇的条件,其保险金开支本应由政府承担。[3] 又如,从 2005 年起,国务院连续十一年要求职工养老保险待遇提高 10%,在养老缴费标准不变的前提下,这会破坏社会保险的收支平衡,其开支也只能由政府负担。再如,为扩大参保范围,做实个人账户,分摊保险风险,国务院规定将城镇个体经营者和灵活就业人员纳入职工养老保险体系,并给予其缴费优惠,[4]同样不符合社会保险原理。

---

〔1〕 参见 2014 年 8 月 31 日《预算法》修正案通过当天财政部长楼继伟在新闻发布会上的发言,载 http://www.npc.gov.cn/npc/zhibo/zzzb30/node_9655.htm,访问日期:2014 年 10 月 1 日。

〔2〕 W. Leisner, Sozialversicherung und Privatersicherung, 1974, SS. 102, 108; P. Klause, Fremdlasten der Sozialversicherung, Vss8(1980), S. 15,转引自孫迺翊:《论社会保险制度之财务运作原则》,载《政大法学评论》2008 年第 2 期。

〔3〕 参见《国务院关于建立统一的企业职工基本养老保险制度的决定》(国发〔1997〕26 号)。

〔4〕 参见《国务院关于完善企业职工基本养老保险制度的决定》(国发〔2005〕第 38 号)。

以上三种情况下，养老保险基金替政府履行职能后，如果其在法律上独立于政府，基金对政府应该产生求偿权。此时，政府对养老保险基金的补贴，只不过是在清偿负债，而不构成投资。在此前提下，政府所提供的补贴也就成为社会保险基金的一部分，从财政资金改变为全体参保人共有。可以作为例证的是，最高人民法院曾经确认，社会保险基金是由社会保险机构代参保人员管理，并最终由参保人员享用的公共基金，不属于社会保险机构所有。社会保险机构对该项基金设立专户管理，专款专用，专项用于保障企业退休职工、失业人员的基本生活需要，属专项资金，不得挪作他用。〔1〕特殊情况是，政府偿清所有"政策性负债"，厘清其与社会保险基金的关系后，如果社会保险基金出现支付不足，按照《社会保险法》第 65 条，政府仍有义务提供补贴。这种补贴不是基于"负债"，而是基于政府的宪法责任，〔2〕类似于对公用事业的"困难性补助"。同样，从资金进入社会保险基金账户起，其性质就会发生改变，不再成为财政资金的组成部分。

现代国家介入社会群体之间的互助协作团体，将参保人自助解决风险的机制纳入国家的社会保障体系，通过立法强制参保人缴纳保费，由国家管理或者建立特定的组织管理风险，为社会成员提供安全保障，以实现现代国家的社会经济目的。与此相适应，《社会保险法》第 2 条规定，国家建立基本养老保险、基本医疗保险、工伤保险、失业保险、生

〔1〕 参见《最高人民法院关于在审理和执行民事、经济纠纷案件时不得查封、冻结和扣划社会保险基金的通知》(法〔2000〕19 号)。

〔2〕 我国台湾地区学者在论述政府补助"全民健康保险"的理由时指出：首先从国家对个人之生存照顾义务出发；其次，"全民健康保险"的保险费是依据薪资高低或者职业类别计算的，可能在制度设计上对保险对象的财产处分自由造成一定的影响。国家通过保费补助制度在一定程度上缓和该制度对保险对象自由的侵害。最后，从实现政府政策目的的角度看：由国家承担部分保费，作为吸引人民加入保险制度或者作为其强制纳保的回报，并显示其较商业保险有利，以换取人民对社会保险的支持。参见陆敏清：《全民健康保险保费补助制度之探讨》，载《月旦法学》2005 年第 1 期。

育保险等社会保险制度,保障公民在年老、疾病、工伤、失业、生育等情况下依法从国家和社会获得物质帮助的权利。国家建立社会保险制度,不一定由政府充当社会保险人。它可以设立独立的社会保险经办机构,使其在政府监督下为参保对象提供服务。用保险法律关系的视角来衡量,社会保险经办机构是保险人,缴费人是参保人,而有资格领取社会保险待遇的人则是受益人。政府在财产关系上与社会保险基金隔离。即便政府有权决定保险缴费或保险支付的标准,也不是基于其对社会保险基金所享有的财产权,而是基于政府的公共权力。

由于认识及体制方面的原因,目前,我国社会保险经办机构并未独立于政府,而是类似于政府的内设机构,社会保险收支和管理均听命于政府,在很大程度上,政府好像直接充当了社会保险人的角色,让社会保险基金的性质变得模糊不清。从 1995 年《预算法实施条例》要求建立社会保障预算开始,决策者对这个问题就缺乏清醒认识。即便从 2010 年开始改行社会保险基金预算,这种状况也没有得到改变。正因为大多数人习惯性地将社会保险收入定性为财政收入,将社会保险支出定性为财政支出,才会要求建立社会保障预算或者社会保险基金预算。而如果按照本书的思路,将社会保险经办机构改造为独立的社会保险人,将社会保险基金在财产属性上独立于国库,即便如《社会保险法》所要求的那样编制预算,也只是基金内部的资金收支计划,与政府预算无关,更与权力机关的审查和批准无关。

一旦将政府混同于社会保险人,将社会保险资金归入财政资金,政府对社会保险基金将不得不承担无限责任,资金支付方面的任何短缺将由政府兜底。《社会保险法》第 65 条首先要求,社会保险基金通过预算实现收支平衡,同时又说,县级以上人民政府在社会保险基金出现支付不足时,给予补贴。按照我们的理解,“补贴”一词蕴藏玄机。政府给社会保险人提供补贴时,是有求必应、来者不拒,还是相机行事、量力而行? 如果基金本身是一个独立的主体,需要通过预算实现收支平衡,那么,政府对补贴就享有相机决定权。一旦将社会保险基金混同于财政资金,将政府作为扶持者和监管者的职能混同于直接经办保险的社会保险人职能,参保人对政府的期望值就会无限放大。从另外一个角度看,如果政府承担无限付款人责任,社会保险基金也就失去了自求平衡的动力。

从实际效果上看,国务院编报全国社会保险基金预算,作为2014年全口径政府预算的组成部分,仅仅具有象征性意义,没有多大的实际效果。这首先是因为,我国社会保险基金未实现全国统筹,不存在全国统一的社会保险基金。[1]《社会保险法》第64条规定,基本养老保险基金逐步实现全国统筹,其他社会保险基金逐步实现省级统筹,具体时间和步骤由国务院规定。在现实中,社会保险基金统筹层次基本上仍是县市一级政府。即便是职工养老保险,直到2011年年底,全国尚有17个省未完全达到省级统筹的"六个统一"标准。[2] 社会保险基金均由地方政府统筹,中央对各地社会保险基金的盈亏不能进行调剂,也不能依据各地社会保险基金的收入情况确定其支出范围和标准。中央政府编报的全国社会保险基金预算只是全国各地社会保险基金预算的汇总。该汇总信息反映的有关收支计划,仅是分散在全国各统筹地区的各个基金收支计划的累积。

现实的管理体制是,统筹地区政府管理该地区的社会保险基金,负责社会保险基金的收支行为,并承担基金平衡的责任。统筹地区的社

---

〔1〕《社会保险法》第71条规定,国家设立全国社会保障基金,由中央财政预算拨款以及国务院批准的其他方式筹集的资金构成,用于社会保障支出的补充、调剂。这种"全国社会保障基金"不同于本文讨论的社会保险基金,它是国务院设立的社会保险储备基金,资金主要来源于财政拨款,而非保险缴费。

〔2〕审计署《2012年第34号公告:全国社会保障资金审计结果》。

会保险基金依据参保主体的身份和风险类别分为若干种类,职工基本社会保险基金是其主体,2010 年国务院试编的社会保险基金预算的范围也限于职工基本社会保险基金。统筹地区的职工社会保险基金分为基本养老保险基金、失业保险基金、医疗保险基金、工伤保险基金和生育保险基金。各个基金的给付对象和范围均依法明确规定,不得互济。这就意味着,即便基本养老保险基金存在短缺,而工伤保险基金存在结余,统筹地区的政府不能通过预算安排,将资金从工伤保险基金调剂到养老保险基金。每一种社会保险基金都专款专用,彼此独立核算和运营。

综上所述,整体而言,社会保险基金不同于政府财政资金,其管理和运营应该独立于政府之外。虽然政府可以行使监管权,也有义务扶持社会保险事业,甚至可以通过立法决定社会保险基金的收支标准,但是,政府本身不宜充当社会保险人。不管是基于偿还历史欠账,还是基于政府委托或指令事务,或是履行宪法所要求的扶持义务,政府的财政补贴进入社会保险基金后,就成为社会保险基金的财产,不再是财政资金。就单项的社会保险基金而言,不同的基金有不同的目的,资金的来源和用途都不相同,彼此之间不能互济。因此,以政府的名义编报统一的社会保险基金预算缺乏逻辑基础,其实际效果也令人担忧。事实上,社会保险收支不宜通过一年一度的预算决定,而应该由具有稳定性的法律、法规来规定。这也从另外一个角度说明了社会保险基金的异质性。

4. 社会保险基金的收支依据是法律而不是预算

如前所述,将一项公共资金纳入预算的目的,主要是通过预算审批的过程,实现人民对政府支出的控制。未经预算的项目不得开支,这是现代国家的基本财政准则。至于收入标准和程序,另有法律或法规加以规定,如征税需要制定税法,收费需要制定政府收费法,预算对此无能为力。同样的道理,要论证社会保险基金预算的必要性,也应该考察预算对社会保险基金的开支是否具有规范及控制作用。

事实上,现行社会保险的支付条件和标准基本上都由相关法律规范加以规定,而不是通过政府预算一年一定。[1] 例如,职工基本养老保险待遇的支付条件和标准由《社会保险法》和国务院的相关文件规定;职工失业保险待遇支出的条件由《社会保险法》和《失业保险条例》规定,具体标准授权省、自治区、直辖市人民政府确定。生育保险福利待遇标准同样如此。职工的医疗保险待遇、工伤保险待遇绝大部分福利标准也是依法确定的,只有部分待遇是由法律授权统筹地区政府决定。[2] 即使法律授权统筹地区决定的社会保险待遇项目,决定开支的主体也是地方政府,而不是预算审批机关。[3]

财政部似乎也认同政府无法按照年度控制方式执行社会保险基金预算目标,所以其在2014年预算报告中确立,“加强社会保险基金预算管理”的目标是,“做好基金结余的保值增值,在精算平衡的基础上研究

---

〔1〕 中欧社会保障合作项目欧方专家 Grayson Clarke 在其报告中提及,缴费者与政府社保管理机构之间存在默示合同,社会保险待遇和缴费标准都事先由法律或法规加以明确,通常不会发生改变。虽然社会保险基金收支情况也需要编预算,甚至需要报相关机构批准,但是,除非保险待遇或缴费率有所变化,这个过程只是为了便于公众知情,与通常的政府预算审批有很大不同。在英国和其他英国法系国家,这叫做“无须投票的拨款”。参见 Policy Brief on Budget Management for Social Insurance Funds,载 http://www.zgsbxh.org/contents/46/2188.html,访问日期:2014年10月1日。

〔2〕 例如,《工伤保险条例》第30条规定,职工住院期间的伙食补贴,工伤职工到统筹地区以外就医所需的交通、食宿费用等标准由统筹地区政府规定。再如,《国务院关于建立城镇职工基本医疗保险制度的决定》(国发1999〔44〕号)第三部分规定,城镇职工基本医疗统筹基金支出的范围,由统筹地区政府根据以收定支、收支平衡的原则确定。

〔3〕 《武汉市城镇基本医疗保险办法》(武汉市人民政府2005年第164号令)第28条规定,统筹基金的自负标准和最高支付限额的具体数额以及统筹基金和个人负责数额的调整,由市劳动与社会保障行政部门会同市财政部门提出意见,报人民政府批准后,向社会公示。

社会保险基金预算的可持续性问题”。[1] 确实，从社会保险基金的性质和社会保险待遇的属性看，其支出应当依法规范，而不是委由政府预算一年一定。

4.1 社会保险基金的性质决定其开支应该事先由法律规定

社会保险是被保险对象通过缴费集聚资金共同分摊风险的方式。保险基金的产权归属于参保人共同所有，参保人通过自我管理或者共同委托特定团体管理该基金，体现参保人自治解决风险的机制。和商业保险不同，无论是由国家经办或者国家授权的主体经办，缴费者与社会保险经办机构之间并不存在通过合同明确双方权利义务的情形。国家通过法律规定缴费人的义务，也应当通过法律事先明确其保险待遇权利。只有这样，才能保证参保人自身集聚的那部分财产的本来性质，保留保险团体成员之间互助协助的保险本质；也只有这样，参保人才能明确国家加入保险团体的方式和国家对参保人的承诺。

社会保险不仅是参保人分摊风险的方式，更是社会成员利益连带的表现。它与商业保险风险分摊机制不同，参保人按照量能原则缴纳保费，个人的保费与其保险给付之间无严格对应关系，以体现保险团体成员之间的互助和依存关系。社会保险的“社会性”在于团体成员间并不真正计较经济交换关系的公平性，而是依其能力提出贡献，在风险事故发生需要他人协助时，互相帮忙渡过难关。[2] 社会保险的社会性可以提升国民自我负责和团结互助的集体意识；保险待遇与保险缴费之间的对应关系，使得这一制度更容易被国民理解和接受。国家干预的目的必须合理，干预的范围和方式必须明确。这些均有待立法机关通

---

〔1〕 参见财政部：《关于 2013 年中央和地方预算执行情况与 2014 年中央和地方预算草案报告》，载 http://www. gov. cn/2013lh/content_2357871. htm，访问日期：2014 年 5 月 20 日。

〔2〕 参见孙迺翊：《宪法解释与社会保险制度之建构——以社会保险“相互性”关系为中心》，载《台大法学论丛》2006 年第 11 期。

过法律确认,否则,社会保险的社会性属性将难以维持。

预算审批程序虽然和立法程序类似,但它有一个最大的特点,就是实行年度预算原则。而社会保险是一个长期计划,对于参保的个体来说,其跨度可能长达五六十年。无论是缴费标准还是保险待遇,只有通过法律加以确定,才能给参保人稳定的预期和信心。如果套用政府预算的程序,一年一审、一年一批,参保人无从预见发生保险事故之后,自己能够从社会保险基金得到多少赔付,参加社会保险的积极性会受到很大影响。如果缴费期限和标准不事先通过法律确定,参保人也无法衡量保费与风险是否均衡。因此,社会保险基金和一般的公共资金不同,年度预算在其中能起的作用非常有限。必须借助立法建章立制,给参保人足够的信心,社会保险基金才有可能稳健运行。

4.2　社会保险待遇的属性决定其标准应由法律规定

社会保险基金的支出具有唯一性,即社会保险待遇。被保险人的社会保险待遇请求权或者期待权属于宪法规定的社会基本权。社会基本权是一种积极权利,是个人有向国家或者他人索取财富、安全或者其他利益的正面能力。[1] 第二次世界大战结束后,西方社会进入了后工业化的福利时代,第二代权利——主要以经济福利为主的积极权利——开始兴起。社会基本权利在各国宪法上的实现方式,主要包括宪法方针条款、宪法委托条款、宪法制度保障,以及视为人民的公法权利。[2] 不论通过其他哪种方式实现社会基本权利,都意味着宪法中有关社会权利的规定只能约束立法机关。日本最高法院关于生存权的一

〔1〕 参见张千帆:《宪法学导论》,法律出版社2008年版,第482页。

〔2〕 参见陈新民:《德国公法学基础理论》(下卷),法律出版社2010年版,第442~444页。

系列判决中,也明确社会保障立法权在立法机关。[1] 社会基本权利法定原则的基本要求是,公民社会权的具体内容和限制应当由立法机关在遵守宪法规定的前提下明确。国家从社会经济发展的需要和资源再分配的角度,可以适当对社会保险关系予以调整,但其调整程序必须遵循法律确定的原则,其内容还应当遵守比例原则和、其他基本权利乃至法治国、社会国原则的要求。[2]

我国《宪法》第 45 条明确规定,中华人民共和国公民在年老、疾病或者丧失劳动能力的情况下,有从国家和社会获得物质帮助的权利。该条款只能视为一种方针条款,要求立法机关制定相关法律实现宪法规定的公民社会保险权。在现实中,我国政府在社会保险管理方面享受广泛的权力和职能。国务院及其社会保险行政主管部门、省级政府社会保险主管部门,甚至统筹地区政府均享受一定范围的社会保险收支决策权。[3] 国务院享有的有关社会保险收支标准的制定权不是预算权的组成部分,而是其依据社会保险法律和立法法享有的立法权,相关标准的确定也不是依据预算规则,而是综合所有因素的结果。省级政府以及其他统筹级别的政府在社会保险资金收支方面的权力,则来源于国务院有关条例或者决定。政府在社会保险收支方面的广泛决定权,可以理解为我国社会保险规范还未健全,是发展中的阶段性现象。它并不代表理所当然,也不意味着一成不变。和法治先进国家一样,社会保险法定原则同样值得追求。

在理想的状况下,社会保险基金在什么条件下支出,支出标准如何,相关资金从哪里来,均应该通过立法事先确定,而不是依据每年批

---

〔1〕 参见凌维慈:《历史视角下的社会权——以日本生存权理论的发展变更为视角》,载《当代法学》2010 年第 5 期。

〔2〕 参见钟秉正:《社会法与基本权利保障》,元照出版股份有限公司 2010 年版,第 156 页。

〔3〕 参见张荣芳:《社会保险法学》,武汉大学出版社 2012 年版,第 55、56 页。

准的预算计划。基于这个前提,可以得出的结论是,即便不编报社会保险基金预算,即便社会保险基金预算被否决,也不影响社会保险的缴费和支出。从这个角度可以再次看出社会保障基金的异质性。这是社会保险基金不宜列入政府预算的另一个原因。

5. 此预算非彼预算——社会保险基金管理的域外对比

社会保险通常可区分为两种形态:一种为"福利型"社会保险。这种社会保险承载社会救助的目的,重视所得重分配功效,在各种财源中,政府税收占有相当的比例。另一种为"保险型"社会保险。该类型的保险资金主要来源于被保险人与雇主缴纳的保费,强调风险分摊原则,政府只负责行政费用或者若干赤字之弥补。[1]

在"福利型"社会保险制度中,社会保险事务基本上由政府负责,社会保险资金通过税收方式征集,社会保险待遇支付也由政府有关部门负责,这些国家包括北欧国家、一些英语国家以及部分中东欧国家,如瑞典、美国、英国。[2] 在政府管理社会保险资金、经办社会保险事务的情形下,社会保险预算相对独立,其资金来源和支出事先确定,即使预算年度未使用,也不归入国库收入,而是作为独立的资金进行管理,用于事先特定的目的支出。例如,美国于 1935 年颁布社会保障法案,建立老年、遗属保险信托基金,是为了促进社会保障财政的独立性,将社会保障项目开支与财政常规控制过程隔离开来,防止当时不断膨胀的联邦预算赤字影响社会保险基金的长期收支平衡。[3] 时至今日,美国的两大养老保险信托,联邦老年、遗属保险信托基金和联邦残疾保险信

---

〔1〕 孙迺翊:《论社会保险制度之财务运作原则》,载《政大法学评论》2008 年第 2 期。

〔2〕 参见郑秉文、房连泉:《社会保障供款征缴体制国际比较与中国的抉择》,载《公共管理学报》2007 年第 10 期。

〔3〕 林治芬、高文敏:《社会保障预算管理》,中国财政经济出版社 2006 年版,第 12 页。

托基金,其收支一直独立于政府预算,无须提交国会审批,无论其赤字或盈余,均与联邦政府预算无关。[1] 在大多数国家,尽管政府在社会保险中起主导性作用,但社会保险并不因此成为政府预算的一部分,政府预算也仅记录政府向社会保险基金的拨款。[2]

在"保险型"社会保险模式下,社会保险资金通过社会保险费的方式征集,由雇主和雇员供款。这些国家一般设置专门的非政府组织经办社会保险事务,或者由私人保险公司经办。如法国、德国的社会保险由独立的公益法人组织管理。这些机构享有自治权,每一个社会保险机构都拥有自己独立财产和预算体系。预算计划由医疗保险机构、工伤保险机构和养老金保险机构的社会保险业代表大会或者由联邦劳动代表处的管理参议会制定,并由此获得法律上的约束力。[3] 社会保险财政与国家财政相区分。尽管国家通过税收补助社会保险基金的情况存在,但政府补贴进入社会保险基金之后,即归属于社会保险基金,该基金具有独立的预算。独立的预算保证了保险金收入与财政收入相分离,保证了保险收支责任的统一,并保护社会保险资金不受国家财政的干涉。[4] 新加坡的社会保障公积金,不论其收支、投资运营,均不纳入政府预算,政府对其不负担费用,社会保障公积金完全在政府预算之外运行。

我国现行社会保险基金实际上是一个基金集合体,不同的群体、不

---

〔1〕 Exclusion of Social Security from All Budgets, Pub. L. 101 - 508, title XIII, Sec. 13301 (a), Nov. 5, 1990, 104 Stat. 1388 - 1623.

〔2〕 Grayson Clarke, Policy Brief on Budget Management for Social Insurance Funds, 载 http://www.zgsbxh.org/contents/46/2188.html,访问日期:2014 年 10 月 1 日。

〔3〕 Vgl. nur Gleitze in: GK—SGB IV, 2. Aufl. 1992, §70, Rdnr. 3, 转引自[德]乌里奇·贝克尔:《德国社会保险的自治权——理念、组织安排和改革》,载《社会保障研究》2005 年第 1 期。

〔4〕 [德]乌里奇·贝克尔:《德国社会保险的自治权——理念、组织安排和改革》,载《社会保障研究》2005 年第 1 期。

同的保险类别分别组成各自独立的社会保险基金,每一基金只能依法提供法定范围和标准的保险待遇,不得用于其他保险支出,基金之间也不得互济。社会保险基金不仅总支出水平是法定的,每一基金的支付范围也是如此。社会保险待遇的给付条件、给付标准、给付时间等要素,基本上由社会保险法律明确规定;即使需要调整,也必须事先按照法定的程序,由相关主体决定,不是通过政府预算行为确定的。所以,即便政府作为社会保险人,社会保险基金预算只是基金内部的管理行为,与权力机关对政府的控制和管理无关,不是现代意义上政府预算的组成部分。正因为如此,许多国家尽管以课税征集社会保险资金、并由政府直接管理社会保险资金,也未将社会保险的收支纳入政府预算。

作为社会保险基金收入重要来源的政府补贴,则需要通过政府预算确定。我国政府不仅创立社会保险制度、直接经办社会保险事务,还赋予社会保险相应的社会、经济功能,与此相适应,政府也承担社会保险的部分财政责任。但是,法律并未规定政府补贴的具体数额、范围以及补贴的具体项目,只是规定“在社会保险基金出现支付不足时,给付补贴”。政府补贴社会保险基金的资金,如果从政府公共预算中开支,则是政府公共预算支出的组成部分,需要通过公共预算程序确定;如果从政府性基金中开支,则归政府性基金预算规范;如果从国有资本经营预算中开支,则由国有资本经营预算规范。而且,我国社会保险基金依据参保者的身份和保险风险的类别分割为若干独立基金,政府补贴总额在不同基金中的分配,意味着政府对不同主体的补贴程度,这也应当由权力机关决定。但是,政府补贴进入社会保险基金之后,就成为社会保险基金的一部分,只需遵守社会保险基金的预算规则。

美国的社会保险制度相对特别,它不是由投保人直接向保险人缴费,并借此建立社会保险基金,而是由政府通过收税筹集社会保险资金,继而设立社会保险信托,由社会保险局负责管理和运营。政府向社会保险信托所拨的款项，除了常规性的社会保障税，还包括相关税收减免的补偿、社会保险改革补助、保险结余购买国债的利息，等等。[1] 社会保障税类似于我国的社会保险缴费，其他项目则相当于政府对社会保险的补贴，是为了弥补社会保险承担政府职责的成本，或者作为政府占用社会保险资金的代价。尽管采用社会保障税的形式，美国经验仍可以支持笔者的立场。[2] 站在政府预算的角度看，当社会保障税进入国库时，当然是政府财政收入的一部分。尽管其专用于社会保险信托基金，但必须履行政府财政拨款程序，通过政府公共预算进行核算。站在社会保险信托基金的角度看，信托财产独立于信托人的财产，政府对信托的拨款完成后，资金就不再是归属于财政。也正是因为这个原因，社会保险信托基金的预算独立于政府预算。

当然，作为一个公用机构，社会保险基金也必须有预算，需要履行内部的审批程序，而且应该积极向社会披露信息。正如现任财政部长楼继伟所言，社会保险缴费虽然不是财政资金，但是公共资金，同样需要接受政府监管，向社会公众公示其信息。[3] 只不过，从性质和功能上看，这种预算跟国有企业财务计划无异，是社会保险基金内部的一种管理手段，理论上无须报送政府审批，更无须纳入政府预算报送权力机关审批。由于社会保险基金的收入和支出都需要遵守法律规定，也包括遵守政府依照法律授权而制定的法规、规章和规范性文件，可以想象，

---

〔1〕 美国社会保障局对 2015 财政年度申请联邦政府对社会保险信托基金拨款的说明，载 http://www.ssa.gov/budget/fy15files/2015ptf.pdf，访问日期：2014 年 10 月 4 日。

〔2〕 前任财政部长谢旭人曾撰文提出，我国将适时研究开征社会保障税。参见谢旭人：《加快财税体制改革 促进又好又快发展》，载《求是》2010 年第 22 期。从规范和强化社会保险收入的角度看，社会保险税也许比社会保险缴费更有优势。但是，如果不采纳类似于美国的信托制度，政府将承担社会保险人的全部职责，也包括与此相关的一切风险，导致社会保险预算与财政预算混同，不利于保证社会保险资金的独立和安全。

〔3〕 卜海涛：《社保基金进预算科学管理更规范——财政部社会保障司负责人就社会保险基金预算答记者问》，载《财会研究》2010 年第 2 期。

社会保险基金预算的自决空间并不大,可能主要停留在内部管理费用、对外投资收益以及资金开支的优先顺位等方面。即便如此,社会保险基金预算的价值仍然不能被否认,因为它彰显了社会保险基金独立的法律主体地位。

在实务中,我们可以设计这样一种操作模式,即政府仍然要求社会保险基金向其报送预算,政府也将社会保险基金预算作为政府预算的附件提交权力机关审议。不过,这种设计不是为了满足权力机关对社会保险基金的控制和决定权,而只是为了论证政府预算中涉及对社会保险基金补贴的合理性。毕竟,当社会保险基金申请政府补贴时,社会保险基金应该说明理由。当政府决定补贴社会保险基金而报请权力机关审批时,政府也需要说明理由。基于这种需求,如果社会保险基金能够向政府提供其预算,政府在报送公共预算时能够将社会保险基金预算作为附件,则可以给决策者提供充分有效的信息,帮助其做出正确合理的决定,以判断政府是否有必要对社会保险基金提供补贴。简要来说,社会保险基金预算介入政府预算体系之后,并不是作为复式的政府预算的组成部分,而只是作为支撑政府预算合理性的论证材料。权力机关可以审议社会保险基金预算,但不能行使批准或否决权,也不能对预算方案进行修正。

6. 社会保险基金不宜纳入政府全口径预算

全口径预算管理的目的,在于统一管理政府性资金,尊重权力机关的财政决定权,满足财政民主原则和法治原则的要求。我国虽然形式上取消了预算外资金,建立了包括政府公共预算、政府性基金预算、国有资本经营预算和社会保险基金预算在内的复式预算体系,全口径预算的框架慨然形成,但是,由于缺乏对政府性资金的完整定义,现行全口径预算的"口径"仍然存在可辨之处。本章所讨论的社会保险基金就是其中一例。

我国从1995年开始提出建立社会保障预算，并在一些地方按不同模式进行试点。但是，由于社会保险与社会福利、社会救济、社会优抚的资金来源、管理方式有很大的区别，很难将这四种不同的社会保障方式纳入统一的预算。因此，从2010年开始，社会保障预算被社会保险基金预算所替代。笔者认为，这不是权宜之计，而是代表着一种方向。试图将原本归于公共预算、政府性基金预算和国有资本经营预算的社会保障资金，统一归于社会保障预算的做法，会导致社会保障预算内部的冲突，也会破坏其他预算的完整性。

不过，相比政府财政资金，社会保险基金具有异质性，政府对其不应享有所有权，也不宜直接行使管理和控制权。引入社会保险人的概念之后，政府职能区别于保险人职能，社会保险资金区别于国库资金，因此，社会保险基金不能纳入预算管理。事实上，我国目前也没有全国统一的社会保险基金，各种基金分散于不同的统筹地方，养老、医疗、生育、工伤等基金之间也不能调剂余缺。当政府编报社会保险基金预算时，最多只能统计各项基金的收支收据，无法实质性整合资金。

社会保险基金具有收支法定的特点，无论是收入还是支出，都需要事先制定法律，给参保人一个合理的预期。作为社会保险人，经办机构虽然拥有一定的管理权，但对缴费标准、支出对象和范围并无决定权。这些方面涉及公民的社会保险权，对应于国家举办社会保险的宪法义务，因此，必须树立社会保险法定的原则。有鉴于此，即便将社会保险基金预算纳入广义的政府预算范畴，它也不可能像其他预算形式一样，通过一年一审的方式由权力机关行使批准权。

基于以上理由，社会保险应该返璞归真，回归其“保险”的本质。社会保险基金应该拥有独立的法律地位，区别于财政资金，独立于政府预算。当然，由于政府有义务对社会保险基金提供补贴，为了论证补贴资金支出的合理性,政府可以要求社会保险基金向其报告预算,政府也可以将社会保险预算作为附件提供给权力机关审议。这种报告只是一种信息申报,这种审议也不同于审批。如此,既照顾了社会保险基金的独特性,避免了议会审批与社会保险法定的冲突,又可满足政府和议会对社会保险基金的知情权。

第七章　环境财政、法制创新与生态文明建设[1]

1. 财政收支：作为环境政策工具的经济手段

环境政策工具是国家为了实现环境目标而采取的方法、手段或措施，它是社会经济发展到一定阶段的产物，且因时因势而变。在20世纪中叶，当全球各地环境公害事件频发时，环境政策的命令控制色彩非常浓厚。随着环境经济理论的发展，人们发现，有选择的制度比没有选择的制度好，于是，各种环境经济手段纷纷登场。而随着环境社会学的发展，人们进一步认识到，环境保护仅靠政府的努力远远不够，需要发动公众参与。与此相适应，自20世纪70年代以来，环境治理经历了从以行政命令为主导的一元结构，到行政手段与市场手段相结合的二元结构，再到

〔1〕 本部分原载《法学论坛》2014年第4期。

政府、市场、公民社会互动的三元结构，[1]参与环境治理的主体呈现多样化，环境治理手段也越来越多元。在这种环境治理结构下，每一种政策工具既有优势也有劣势，如果利用得当，扬长避短，都可以发挥自己独特的作用。

环境行政手段的特点是，政府根据相关的法律和法规，通过命令、指示等形式，强制要求当事人遵守；如果违反，则对其进行处罚，或令其承担不利的后果。目前，我国已经建立了环境标准制度、"三同时"制度、[2]环境影响评价制度、排污许可证制度、污染源限期治理制度、污染集中控制制度、主要污染物排放总量控制制度、区域或流域限批制度，对环境保护起到了一定作用。行政模式的优点在于，只要当事人奉公守法，政府严格执法，其"防""治"效果立竿见影，尤其适合于解决紧急公害问题。然而，从目前的情况下，这些外在强制容易受到当事人的抵制，地方政府因为担心影响经济发展，也不愿意认真对待，有法不依、有案不查的现象非常严重。加之，受认识能力限制和利益集团游说的影响，环境标准本身存在不科学和不及时，行政手段之间的衔接和配套也存在问题，导致政府的执法成本高，随意性较大。特别是，行政手段比较僵硬，很难考虑企业之间的技术差异、企业之间成本和收益的差异，一旦标准确定，所有企业统一适用，不利于鼓励企业主动节能减排，降低污染。

环境社会手段以公众参与为主要内容。《环境保护法》第五章直接以"信息公开和公众参与"为题，确认公众依法享有获取环境信息、参与和监督环境保护的权利。政府应当依法公开环境信息、完善公众参与

---

〔1〕 参见高萍：《中国环境税制研究》，中国税务出版社2010年版，第63、64页。

〔2〕 所谓"三同时"，是指建设项目中防治污染的设施，应当与主体工程同时设计、同时施工、同时投产使用。

程序，为公众参与和监督环境保护提供便利。公民、法人和其他组织有权举报环境违法行为。对污染环境、破坏生态，损害社会公共利益的行为，符合条件的社会组织还可以提起公益诉讼。近几年来，各地较大规模的公共事件大都跟环境污染有关，如厦门 PX 事件、[1]广州垃圾焚烧场事件等。[2] 这一方面反映了公众高度的参与热情，另一方面也说明环境信息公开做得不够。通过信息公开，公众和媒体可以知悉本地区环境情况，这既是一种有效的环境保护教育，也会对主管部门及排污主体构成压力，促使政府积极履行职能，排污单位严格遵纪守法。通过反馈意见、举报、曝光、诉讼等公众参与，环境保护的执法主体得以扩展到私人，执法效率也可以大大提高。社会手段的局限性在于缺乏强制性，只能借助宣传、教育、批评、鼓励等柔性措施，目的在于提高社会的环保意识。即便是举报、诉讼，其成本也十分高昂，短期内难以抑制污染，对突发性环境公害更难以适用。

环境经济手段是从影响成本效益入手，引导当事人进行理性选择。按照 OECD 的调查，目前各国普遍采用的环境经济手段主要有七类，即，明晰产权、建立市场，税收手段，收费制度，财政和金融手段，责任制度，债券制度，以及押金—退款制度。[3] 环境经济手段的实质是内化经济主体的环境外部性，确保环境资源的合理使用代价，建立有效的激励和约束机制。从财税法的视角来观察，环境经济手段主要是财政手段。税费或补贴自不用说。资源定价看起来是一个纯市场问题，由于自然资源的所有权人是国家，其权利由政府代表它行驶，其交易价格并非完

---

〔1〕 载 http://news.sina.com.cn/c/2007-09-27/165713986641.shtml，访问日期：2014 年 6 月 1 日。

〔2〕 载 http://news.sina.com.cn/c/2009-12-21/041019301630.shtml，访问日期：2014 年 6 月 1 日。

〔3〕 OECD：《环境经济手段运用指南》，中国环境科学出版社 1995 年版，第 9～12 页。

全由市场决定，而是受到政府财政政策和程序的影响，因此，这种价格机制与财政决策也是息息相关。即便是排污权交易、生态补偿，由于其所依赖的市场是政府创造的，因此跟财政仍然紧密关联。特别是生态补偿，交易双方都是地方政府，虽然形式上采用了协商和契约，但本质上仍然是政府公行为。

环境经济手段通过价格、税收、收费、补贴等，间接影响人们的环境行为模式。它不直接干预经济主体的微观活动，而是为其创造一定的政策选择空间，通过利益机制激励排污主体保护环境。排污主体可以自己决定采用何种最合适的方法来达标，以减少缴纳税费或者争取更多的补贴；也可以通过多缴税费或放弃补贴，或者购买排污权的方式，让自己获得更多的排污容量。从另外一个角度看，由于税费或补贴与排污量密切相关，排污者会愿意引进污染控制技术，或者投入更多的资金研发无污染产品。这种利益刺激在很大程度上比政府的管制更有效，因为它可以令排污者将外在的税费或价格内化为成本，并基于成本收益最大化做出理性选择。不仅如此，经济手段还可以给政府带来财政收入，使其得以掌握主动权，在环境治理方面获得更多的资金。经济手段的缺陷在于，它对市场成熟度要求很高，其发挥作用也会存在时滞。特别是，当某种有毒污染物必须禁止排放，或当有害产品必须禁止使用时，只能采用立竿见影的行政手段。

尽管行政管制、经济调节和社会动员分别代表着环境治理的不同阶段，它们相互之间仍然发挥着互补的作用，一种手段不可能完全替代另一种手段。单独运用某一类手段很难达到综合治理的目的，环境政策工具的运用应将三者结合起来，形成相互支撑、相互配合的多元体系。在这个体系中，笔者重点关注作为经济调节手段的财政收支，试图探索不同财政工具在环境治理和生态文明建设中的特殊作用，发掘环境财政与一般性财政的理念差异和制度特色，并对目前正在研议中的环境“费改税”方案从法理和实效两方面进行评析，还试图在整体税制绿化与开征独立环境税之间设计互动机制，使其相互帮衬、彼此配合。最后，作为结论，本书提出“环境财政法”的概念，主张对其进行价值整合和制度协调，以最大程度发挥环境治理功效。

2. 环境财政工具：税费、债券、补贴及其他

环境财政工具是指能够影响环境治理的财政手段。环境财政工具的类型呈现多元化，有的非常典型，是地道的政府公法行为，如环境税费；有的则混合了市场机制，属于公法、私法的交叉，如生态补偿、环境押金。不同财政工具影响环境的着力点也有差别，有的表现为直接的财政行为，无须借助中间主体作为媒介，如环境投资；有的则需要企业和个人的配合才能发挥作用，如环境补贴。只有发挥每一种财政工具的特长，并试图采用最优的搭配和组合，才能使其整体功效得以最大程度发挥。以笔者的观察，最典型的环境财政工具主要有环境税费、环境债券、环境投资、环境补贴、生态补偿。从广义上看，环境奖励、资源定价、环境押金、排污权交易、公私合作伙伴关系（PPP）也属于环境财政的范畴，只不过其发挥作用的方式有所不同。

2.1　环境税费

环境税费主要是针对环境污染行为和可能带来污染的产品而征收。我国现行税法体系中虽然没有独立的环境税，但有不少体现环境目的的制度或规则。例如，消费税的课税对象包括石油类产品、实木地板和木质一次性筷子，就体现了环境保护目的。环境行政收费的种类则相对较多，其中主要是专款专用的政府性基金。例如，直接向环境排放污染物的单位及个体工商户，需要缴纳排污费；直接从江河湖泊或地下取水的单位和个人，需要缴纳水资源费。环境税费都属于公课，具有强制征收的特点，可以针对任何产品或主体，不受所有权关系的约束。

环境税费贯彻“污染者付费”或“使用者付费”原则,税费标准等于或略高于污染的治理成本,本质上都属于因污染环境需要付出的代价。如果排污单位能够自己投资,引进环境治理设备和技术,排污量会相应减少,需要缴纳的环境税费自然也会降低。这种形式一方面帮助政府筹集环境保护资金,另一方面也激励相关单位减少排污,一举两得。

2.2 环境债券

环境债券是以治理环境为目的的债券,它本身并不针对环境损害行为,而是面向社会公众发行。作为一种财政工具,它并不具有直接影响环境的效果,但是,由于其所筹集的资金专项用于环境治理或生态恢复,可以为政府提供一定稳定的环境资金,因此,环境债券当然可以列为环境财政工具。由于1994年《预算法》规定,未经国务院特批,禁止地方政府发行债券,鉴于当时的情况,地方环境债券很难付诸实施。目前见诸报端都不是政府债券,而是融资平台企业的债券。[1] 不过,面对污染治理和生态恢复资金短缺,环境债券作为一种财政创新,无论是中央政府还是地方政府都没有必要拒绝考虑。对于跨流域的河流治理,单靠地方政府无济于事,如果要通过发行债券筹资,就只能由中央政府出面。至于地方环境债券的破冰,2014年《预算法》修改后,可以根据其第35条的规定,经国务院批准,在限额内,报本级人大批准,投向环境领域的建设。

2.3 环境投资

政府通过税费、债券等方式筹集资金后,可以根据生态保护和污染

---

〔1〕 据报道,自2013年6月发行湘江流域重金属污染治理专项债券以来,截至2014年2月,湖南已成功发行环境专项债券67亿元,有效弥补了湘江流域重金属污染治理资金缺口。这些债券分别由衡阳弘湘国有资产经营有限责任公司、湘潭振湘国有资产经营投资有限公司、郴州市新天投资有限公司、郴州高科投资控股有限公司发行,因此,不属于政府债券的类型。载http://www.hn.chinanews.com/news/cjxx/2014/0304/203123.html,访问日期:2014年5月30日。

治理的需要，直接投资各种环境工程，如污水处理、大气污染防治、固体废弃物处理、垃圾填埋或焚烧，等等。虽然我国环境法贯彻“谁污染、谁治理”的原则，排污单位或破坏生态的单位本身就是环境保护的第一责任人，理应从技术、设备、资金方面加大投入，但是，对于无法具体落实到责任人的污染源，如生活垃圾、城市废水、汽车尾气，只能通过强制性财政手段募集资金，再由政府直接投资，兴建各种污染治理设备。至于改善生态方面的投资，如城市绿化，湿地和湖泊的保护，山体修复，则更只能由政府出面投资。由于环境基础设施建设需要大量资金，近年来，政府开始考虑引入公私合作伙伴（PPP）关系，引入民营资本服务公共建设。这样一来，环境投资的法律形式逐渐多样化，可以不再表现为政府直接投资，但仍然体现政府的主导。

2.4　环境补贴

和环境税费要求损害环境或破坏生态的人支付代价不同，环境补贴主要是政府对企业的支付。其形式多种多样，既可以表现为直接的拨款或贴息，[1]也包括间接性的税收优惠，如减免税、设备抵免、加速折旧，等等。政府通过这些环境补贴措施，可以弥补企业在环保方面的投资，鼓励其研发更先进的环保技术，也可以鼓励消费者更多地使用环境友好型产品，降低对环境的不利影响。特别是税收优惠，它以企业实际产生应纳税额和实际发生环保投资为基础，且无须经过财政开支的繁琐程序，直接从应纳税款中扣除，这不仅可以准确地测定企业的实际开支，而且有利于提高财政补贴的效率，避免权力“寻租”和程序低效。因此，相比政府直接投资环境保护和生态修护，环境补贴可以起到四两拨

---

〔1〕《排污费使用征收管理条例》第18条规定，排污费主要用于下列项目的拨款补助或者贷款贴息：(1)重点污染源防治；(2)区域性污染防治；(3)污染防治新技术、新工艺的开发、示范和应用；(4)国务院规定的其他污染防治项目。

千斤的作用，以有限资金调动众多企业及个人的积极性，避免政府投资信息迟滞和不全的缺点，有利于提高资金使用效率，最大限度地发挥资金的作用。

2.5 生态补偿

生态补偿是以生态维护和环境保护为目的，由生态环境的受益者向受损者支付的补偿金或其他经济支持，旨在平衡不同主体因保护或破坏生态环境而产生的环境利益及经济利益关系。1998 年长江特大洪灾之后，国家做出退耕还林、还草和天然林保护的决定，从此启动了迄今为止中国规模最大的生态补偿实践。[1] 地方的生态补偿也在不断探索中。2003 年，福建率先启动了流域上下游生态补偿工作，到 2009 年闽江、九龙江、敖江三个流域都实施了生态补偿。2006 年，浙江等省也陆续跟进。[2] 2014 年，山东省还制定了《环境控制质量补偿办法》（鲁政办字〔2014〕27 号）。其实，生态补偿的形式多样，除了借助上级政府的转移支付外，还可以考虑对口支援、排污许可证交易、协商谈判和区域共同发展机制等。尽管实践中存在补偿不规范、补偿形式单一、补偿主体对象不明确等问题，但不可否认，这种机制照顾了地区之间的利益平衡，有利于鼓励生态资源丰富的地区多做贡献，从而更好地保护生态环境。

环境财政工具除了以上典型类型外，还包括资源定价制度、环境押金制度、环境奖励制度等。例如，对于国有资源而言，定价属于政府的权限，其标准之高低不仅影响政府财政收入，也会影响企业和个人的消费心理和行为模式。国务院副总理马凯指出，要加大资源环境税费改

---

〔1〕 参见《国务院关于进一步做好退耕还林还草试点工作的若干意见》（国发〔2000〕24 号）。

〔2〕 载 http://news.xinhuanet.com/politics/2010-07/09/c_12315830_3.htm，访问日期：2014 年 5 月 30 日。

革,实行价、税、费、租联动机制,[1]其中的“价”“租”,就是指国有资源或资源类产品的定价。目前,我国正在推广对水、电、燃气实行阶梯定价,旨在刺激节能减排,就是基于这种理念的结果。环境押金制度主要是指对潜在环境污染行为或生态破坏行为所收的押金,只有如约完成环境治理或生态恢复,押金才能被退回;否则,押金可用作代为履行的费用,不予退还。土地复垦保证金就是这种类型。[2] 至于环境奖励,除了授予奖金或奖品之外,它同样也表现为一种荣誉,可以满足人们寻求尊重的心理需要,在保护生态环境方面也能起到激励作用。

可以肯定,为了促进生态环境保护,在财政创新的观念指导下,今后还会有更多形式的环境财政工具产生。对此,我们可以秉持开放的心态,没有必要故步自封。虽然财政需要贯彻法定原则,当事人之间协商谈判的空间不大,但是也不能否定,政府之间、政企之间存在财政合作的空间。例如,在生态补偿和公私合作伙伴关系(PPP)中,相关主体的财政自主性仍然较大。即便遭遇到现行法律的阻碍,只要有利于环境保护,也不应该扼杀财政创新,而应该引入法制创新的思维,为环境财政提供合法性保障。另外,我们也应该考虑如何在现行法律体系下协调不同的环境财政工具。毕竟,不同的工具有不同的法律性质,有不同的功能定位,如果搭配不当,不仅容易引发内部冲突,也会导致法律体系的不协调。

---

[1] 参见马凯:《坚定不移推进生态文明建设》,载《求是》2013 年第 9 期。

[2] 《浙江省土地复垦办法》(浙江省政府令第 33 号)第 11 条规定,土地管理部门在审查建设用地时,可以按照复垦要求向有复垦任务的单位和个人,收取每平方米三元以下的复垦保证金。有土地复垦任务的单位和个人如未按规定的标准和期限复垦,土地管理部门和行业主管部门应责令其按规定的标准和限期进行复垦,拒不履行复垦义务的,其缴纳的复垦保证金抵冲复垦费用,由土地管理部门另行组织复垦。复垦保证金不足以抵冲复垦费用时,不足部分由破坏土地者支付。

3. 从排污费到环境税:我国环境税费改革方案评估

2010 年年初,时任财政部长谢旭人即在全国财政工作会议上提出,要开征环境保护税。次年 10 月国务院发布《关于加强环境保护重点工作的意见》,提出研究开征环境保护税,发展排污权交易市场。之后,环境税开始成为坊间热议,官方、企业和学界都给予了高度关注。然而,环境税的方案到底如何设计,这却是一个莫衷一是的问题。在国外,环境税并不是单指一个税种,而是一系列以环保为目的的税类。例如,丹麦通过 1994 年的"绿色税制改革",建立了包括能源税、二氧化碳税、垃圾税、自来水税、氯化溶剂税、生长促进剂税、杀虫剂税、特定零售包装品税、一次性使用餐具税、镍镉电池税等多种环境税在内的绿色税制体系。[1] 另外,环境税除了特指具体的税种外,还包括对税制进行"绿化",如取消原有税制中不符合环保要求、不利于可持续发展的规定,在原有税种中增加有利于环保的税收措施。既然我国提出要研究开征环境保护税,到底准备选择哪种设计理念、覆盖多宽的范围? 环境保护税与现有税收又该如何协调? 这都是人们最初比较困惑的问题。

事实上,我国增值税、企业所得税都已经渗入环境保护理念,在制度设计方面做了"绿化"。例如,增值税法对资源综合利用和循环经济提供了大量的减免税待遇。[2] 企业从事符合条件的环境保护、节能节水项目的所得,可以免征、减征企业所得税。[3] 在加重课税方面,现行法律已经对石油类产品,如汽油、柴油等,课征了较重的消费税,特别是

---

〔1〕 高萍:《丹麦绿色税收探析》,载《税务研究》2005 年第 4 期。

〔2〕 参见财税〔1995〕44 号,财税〔1996〕20 号文,财税〔2008〕156 号,财税〔2011〕115 号,财税〔2013〕23 号。

〔3〕 《企业所得税法》第 27 条第 3 款。

2008 年成品油税费改革之后。[1] 虽然这次改革和对实木地板、木质一次性筷子征税不同，它不是纯粹出于环境保护的目的，而是为了配合公路收费和养护制度改革，但是，通过加重石油类产品的税负，客观上达到了节能减排的环保效果。特别值得提及的是，消费税的课税范围并非一成不变，可以适应生态环境保护的需要不断扩大。财政部部长楼继伟 2013 年 8 月 28 日向全国人大常委会报告预算执行情况时就提出，要完善消费税制度，扩大消费税征税范围，将部分严重污染环境、过度消耗资源的产品及部分高档消费品等纳入征税范围。[2] 经国务院批准，从 2015 年 2 月 1 日起，财政部、国家税务总局决定对电池、涂料征收消费税。[3] 这些至少说明，现行税收体系已经发挥环境保护的作用，体现了"税制绿化"。如果要继续考虑开征独立的环境保护税，则需要从税种结构和财政体制方面进行动态平衡，包括跟现有的环境专项收费项目协调，如排污费。

作为排污费收费依据的法律文件包括两类，一类是《排污费征收使用管理条例》《排污费征收标准管理办法》等直接针对排污收费的文件；另一类是《环境保护法》和环境保护和污染防治的单行法律，如《大气污染防治法》《水污染防治法》《放射性污染防治法》《噪声污染防治法》《固体废物污染防治法》《海洋环境保护法》等。《排污费征收使用管理条例》第 12 条将缴纳排污费的行为分类四类，即我们通常所说的排放污水、废气、固体废弃物、噪声。与此相适应，《排污费征收标准管理办法》则将排污费分为四类，即污水排污费、废气排污费、固体废物及危险废物排污费、噪声超标排污费，并分别界定了"污水"、"废气"、"废物"

---

〔1〕 参见《国务院关于实施成品油价格和税费改革的通知》(国发〔2008〕37 号)。

〔2〕 载 http://news. xinhuanet. com/fortune/2013 - 08/29/c_125270495. htm? prolongation = 1，访问日期：2014 年 6 月 1 日。

〔3〕 参见财税〔2015〕16 号文。

和“噪声”,有针对性地设计了征收方法和征收标准。仅从环境税费的结构看,如果资源综合利用类产品或劳务可以享受增值税、所得税减免,对环境或生态有损害的产品出口退税率因此降低,并且还需要额外缴纳消费税,再对向环境排污的行为征收排污费,这似乎已经是一个比较完美的结构了。另外单独课征环境保护税的设想,在规划课税对象时应从哪里入手呢?

不能说现行环境税费在内容上没有改进余地,前文提到,要扩大消费税的征税范围,将更多污染性产品或高能耗产品列为课税对象,本身就说明消费税的红利还有很大释放空间。此外,这类产品的消费税税率也可以考虑调整,以真正体现污染者付费或受益者付费原则,让消费者感觉到“税痛”,借以影响其消费习惯,改用环保节能型产品。至于所得税和增值税的减免税措施,如果能够设计更加精准的优惠目录,并简化行政程序,防止权力“寻租”,就能更多地惠及节能环保产业,给纳税人更多的激励。排污费制度同样有很多需要完善的地方。最典型的例子是,虽然排污费的征收标准是确定的,但是污染物的种类和数量如何确定,对征收机关和排污者都是不小的难题。《排污费征收使用管理条例》规定了两种方法,即具备监测条件的,按照监测方法进行核定;不具备监测条件的,按照物料衡算方法进行核定。不管是基于监测还是物料衡算,都存在很大的机动空间,非常容易引发征纳双方的争议。此外,污染物的范围是否过于狭窄,也是一个有待进一步研究的问题。

尽管以上问题都有需要研究和改进之处,但它们并不影响环境税费的整体结构。环境税无论从宏观上如何设计,都必然会跟现行税费交叉或重叠。《十八届三中全会决定》提出,“推动环境保护费改税”,应该就是对这个问题的回应。而所谓环境保护费改税,主要是指排污费改为环境保护税。国务院法制办2015年6月10日公布的《环境保护税法(征求意见稿)》(以下简称《征求意见稿》),总体上就是基于费改税的思路。[1]

费改税在我国不是一个新名词，它是指将某些具有税收特征的政府收费，包括政府性基金，改用课税的形式征收。1998 年我国在农村实行税费改革，其中一项主要内容就是涉农收费并入农业税。2001 年我国将车辆购置费改为车辆购置税，2008 年国务院推行成品油价格和税费改革，将六项公路收费并入消费税税基，也都属于典型的费改税。费改税带来的好处是，政府收费项目变少了，财政收入的规范性增强了，企业或个人的财政负担可能因此减轻。不过，这项改革蕴藏的另一个潜台词就是，我国政府收费缺乏法律约束，规范性不够，违法收费、随意减免的现象十分突出。一旦将收费改为税收，规范的税收立法和征管程序将自动适用，这对保障政府和财政相对人的利益都有好处。从最后的效果上看，这个结论也许能够成立，但是，其逻辑前提却与法理有

---

〔1〕 载 http://www.gov.cn/xinwen/2015－06/11/content_2877863.htm，访问日期：2015 年 7 月 25 日。事实上，在现行税费体系中，我国从来没有“环境保护费”，在进行“费改税”时，自然也不存在一定要开征“环境保护税”。三中全会决定的本意应该是指，推动环境保护方面的费改税。至于哪些费用可以改为税收，应遵循税费的法律界分标准，使其各归其位。为了体现费改税的要求，原来的费叫什么名字，改过来的税应该大体维持相同口径，便于公众理解和接受。车辆购置费改为车辆购置税，就是一个成功的范例。不容否定，现行税种多数都纳入了环保题材，特别值得一提的有资源税、消费税、车船税等，其税基构建已经考虑环保目的，呈现“绿化”的特点，出入只在于税法调整的广度和深度。比如，2014 年连续三次上调的燃油消费税，对煤炭资源税改从量计征到从价计征，这些在客观上会带来税额的大幅上涨，对燃油煤炭的消费起到抑制作用。车船税的计税依据更直接考虑到了排量。从各国的实践来看，这种分散立法的形式相当普遍，环境保护税通常指称一类税收，一个与环境保护相关的税收体系，而不是单独的一个税种。从《征求意见稿》的内容看，这部法律所要确立开征的环境保护税，其范围只涉及破坏环境的一个特定环节，即排污行为。自然资源及生态保护、污染产品的消费抑制，同样与环境保护息息相关，却不在课税范围之内。即便是针对排污行为，《征求意见稿》也没有将二氧化碳排放纳入征税范围，只是将排污费的课征对象整体平移。从这个角度而言，将这部法律命名为“环境保护税法”，的确存在名实严重不符的问题，不足以体现费改税的特点，且很容易引发公众误解。要想做到名副其实，要么将环境保护税做实，使其扩展到生态保护税和污染产品税，要么以现行内容为依归，将税种的名称改为“排污税”。相比而言，由于生态保护税目前在我国大多表现为资源税，污染产品税大多表现为消费税，二者都已经有相应的立法，因此，第一种方案困难很大。既然如此，不妨采纳第二种方案。等条件成熟时，与环境保护相关的税种可以陆续开征，与排污税、资源税、消费税一起，共同组成环境保护税体系。

不符之处。

事实上,无论是行政事业性收费,还是政府性基金或是税收,每一种财政工具都有自己的存在理由,可以说各有自己的优势。例如,政府对高速公路通行者收费,这体现了使用者付费的原则;政府对司法考试的考生收费,体现了受益者付费原则。如果这些开支都通过收税,分摊到社会的每一个人身上,对其他不享受这种服务的人反而不公平。确实,目前我国政府收费(包括政府性基金)的法治化程度比较低,规范性不够,导致征收的随意性比较大,这是一个客观事实。但是,解决问题必须对症下药。不管在哪个国家,无论其法治程度有多高,费税并立都是一种常态,二者各司其职,各得其所。所以,当我们考虑将一种"费"改为"税"时,除了衡量征管方面的功利因素外,更主要还是要考虑二者的相通性。只有符合税收特征的费,才能将其改造为税,否则于理不通。

如果严格遵循传统的税费区分标准,排污费并不具有税收的特征。税的特征是面向所有不特定的主体征收,税款可以用于任何不特定的用途,是政府公共预算最重要的收入来源。而排污费的特点是专款专用,纳税人十分特定,资金用途也受到限制。不过,随着税收实践的发展,这个界限已经被逐渐突破,特别目的税开始出现。例如,在我国现行税收体系中,城市维护建设税、车辆购置税、燃油消费税等,都属于专款专用的税收。另外,随着政府性基金的诞生,政府收费跟缴费人的利益关联也变得越来越淡。例如,民航发展基金跟乘坐飞机的人并无太直接的利益关系,重大水利工程建设基金跟用电人也没有直接关联。在这个交叉的领域里,税和费的界限变得越来越模糊,由费改税在法理上的障碍逐渐消失。在此前提下,讨论排污费改为环境保护税的合理性,无须花费太多精力论证排污费与环境税的相通,只需要关注征管方面的便利或困难。

2001年我国将车辆购置费改为车辆购置税时,征管权全部从交通部门移交到税务部门,工作人员也进行分流,费改税十分彻底。但是,这种模式很难移植到环境费改税。主要原因在于,税务机关缺乏足够的专业能力、设备和数据,核定作为收费基础的污染物种类及数量。企业到底有没有排污,排放了哪些种类的污染物,每种污染物的数量有多少,这不是凭肉眼就能判断的问题,需要经过专业机构的监测或测算。而这方面的职责长期由环保部门履行。这不完全是为了征收排污费,也包括行使日常的监管职能。这种职能即便环境费改税后,也不能移交给税务机关。税务机关要获取这方面的数据,要么另建一套系统用于监测污染物,要么继续使用环保部门的数据。很明显,另建一套系统不仅成本高,而且属于重复投入,跟环保局的职能重叠,因此不可取。比较可行的办法还是让税务机关跟环保部门合作,税务机关采信环保部门核定的事实和数据,用于向纳税人征收环境保护税。

不过,如果采用这种模式运作,排污费在征管方面所具有的一切弊端,环境保护税恐怕都难以避免。因此,我们不能寄希望环境费改税一劳永逸解决问题,还是应该从提升政府行为的整体法治化水平入手。不能因为税法和税务机关的规范化程度较高,就动辄启动费改税,而不是去想办法加强收费的法治化水平。从理论看,无论是费还是税,无论是一般的行政收费还是政府性基金,只要是履行了立法程序,行政机关都有义务尽职尽责予以征收,不应该出现厚此薄彼的情况。所有的政府部门都是执法机关,其职责就是严格执行法律,而不是以权谋私、敷衍塞责。如果这两点能够实现,只要满足合法性要求,不管是税还是费,不管是税务机关征收还是其他部门负责,都可以做到应收尽收。基于这种理解,笔者认为,环境费改税思路显得有些功利,略有“头痛医头、脚痛医脚”的嫌疑。

4. 环境财政法:价值整合与制度协调

环境财政法是介于环境法和财政法之间的交叉领域,其核心内容仍涉及财政收入、财政管理和财政支出,但是服务于环境保护的目的,与一般的财政法规则存在差异,需要进行价值整合和制度协调。特别是在税收领域,当“绿化”观念渗透进来后,量能课税原则不得不做出妥协,转而容纳部分“污染者付费”因素。如果我国将来开征独立的环境保护税,这个现象会非常明显。环境保护税将直接根据治污成本来确定税收标准,不考虑纳税人的税收负担能力。即便是在传统的消费税、财产税中,一旦掺入环境保护因素,其立场也会呈现异化。车船税就是一个非常好的例子。

《车船税法》自 2012 年 1 月 1 日起施行。在《车船税法(草案)》的审议过程中,最为核心的问题便是车辆的计税依据。依《车船税法》之前的《车船税暂行条例》,客车按照车辆的数量计税,货车根据自重吨位来计税。这种方法不仅不利于发挥车船税的组织收入功能,而且由于完全没有顾及车辆的价值,具有明显的累退性,因而在很大程度上违背了税收的公平原则。现行《车船税法》对车辆改用排量计税,排气量大则税负高,排气量小则税负低。时任财政部部长谢旭人在作草案说明时解释说,车船税计税依据理论上应是车船的评估价值,但车船的数量庞大且分散于千家万户,价值评估难以操作。为了方便征管,草案采取按排气量征税。财政部税务司有关负责人分析说,汽车排气量和价值之间有着正相关关系,相关性高达 97%。[1] 如果这个相关性数据属实,《车船税暂行条例》的缺陷似乎得到弥补。

---

〔1〕 参见崔清新、周婷玉:《透视车船税改背后的立法激辩》,载《人民日报》2010 年 11 月 1 日。

假如车船税是一种纯粹的财产税，当然应基于车船的价值来征收，价值越高，征税越多，以体现量能课税原则。当车船因为使用而磨损时，计税基础应当扣除相应的折旧，需要被课税的只是财产净值。因为车船数量庞大，价值评估难以操作，就放弃这个课税立场，理由明显不充分。实际上，车船购入价在发票上列得很清楚，车船的折旧也有成熟规则。即便要按照净值课税，也不需要每年都进行价值评估。虽然排气量和汽车价值之间存在一定关联，但这种关联未必有财政部门评估的那么高。例如，同样是3.0的排气量，奔驰宝马的价值不可能和长城哈弗一样。除了排气量本身，汽车定价的依据还有技术和品牌。在很大程度上，这两者对定价影响远远超过排气量。因此，一味继续坚持车船税为纯粹的财产税，无助于澄清我们认识上的模糊之处。

倘若按照环境税的思路来设计，车船税也许需要遵循另一种模式。众所周知，汽车的动力目前绝大部分都是燃油，而排气量和汽车的排污量基本一致。排气量越大，单位里程需要耗费的燃油越多，所排放的汽车尾气也就越多。因此，排气量越大税率越高的做法，很大程度上体现了环境税思维，而不完全是财产税的模式。令人吊诡的是，按纯粹的环境税思维，则应该更进一步，对车辆按照行驶里程分档计税，而不是只按照排气量一次定终身。其原因在于，一般情况下，汽车行驶里程越长，发动机的性能越差，排污量越大。据此，在排气量一定的前提下，新车可以少缴税，旧车就得多缴税。但事实上，现行车船税法并没有采用这个做法，而是按照排气量核定应纳税款，永久不变。

可见，在车船税这个具体的税种里，共存着两种课税思路，它们交织缠绕，相依相存。第一种是基于量能课税原则的财产税思路，要求按照车辆的价值课税，并且随着价值存量的递减而递减。第二种是基于污染者付费的环境税思路，要求按照实际的排污量课税，并且随着排污量的递增而递增。最后的实际结果是，两种思路都做了妥协，车船税对汽车按排气量课税,但不随价值递减而递减,也不随排污量递增而递增,而是一直维持不变。按照这种思路理解车船税,可以观察到一个动态的场景,避免固执一端可能带来的偏见。

以上是税制绿化对传统税种带来的冲击。就整个税制体系而言,独立课征的环境税不仅带来了税种数量增长,对传统的税法理论也会带来影响,让税法因此而变得更加丰富多彩。例如,以往我们都强调,税收必须以财政收入为主要目的或至少是附随目的,不以财政收入为目的的税,不是真正的税,而只是借用税形式的管制工具。[1] 照此标准,环境税还是税吗?毫无疑问,获取收入不是环境税的主要目的,甚至连附随目的都谈不上。在严格执法的前提下,环境税收入越少,环境保护的效果越好,因此,环境税不可能以收入为目的。与此相关联,一般税法领域所适用的原则,在环境税中也就没有适用空间。例如,量能课税作为税法结构性原则,仅仅适用于以收入为目的的税种,如所得税、增值税等,其核心在于强调按照纳税人的负担能力公平分配税收。既然环境税不以收入为目的,而是以保护生态环境为目的,其原则就不可能是量能课税,而只能是污染者付费或者使用者付费。这样,税法在量能课税的本体之外,除了因为经济政策、社会政策、文化政策而出现偏离,又出现了因为环境政策的偏离。

除了环境税之外,我们还已经看到,环境财政工具的种类多样,彼此之间需要搭配和协调,才能最大程度发挥功效。例如,到底是通过奖励或补贴尽可能调动企业的环保积极性更好,还是通过环境税费筹集资金,由政府直接从事环保投资更好,这需要衡量。实务中,两种方式还可以结合起来用,例如,通过环境税费筹集资金,再用于补贴或奖励。除了环境财政工具内部的搭配,财政工具跟市场工具之间也可以互动。

---

〔1〕 参见刘剑文、熊伟:《税法基础理论》,北京大学出版社 2004 年版,第 5 页。

例如,除了考虑强制性的环境税费,还可以充分利用国有资源的定价机制,影响资源性产品的消费习惯。在环境押金方面,除了对潜在环境污染行为或生态破坏行为所收的押金外,还可以针对潜在污染产品(如电池、啤酒罐等)收取押金。尽管收押金的人一般都是销售者,但是可以建立一种规则,让政府在其中发挥主导作用。[1] 同样的道理,虽然生态补偿是一种典型的财政行为,但是,也不妨碍在其中引入市场机制,将生态资源权利化,给企业提供排污权交易的机会。

最后需要强调的是,每种环境财政工具都有其内在逻辑。不管政府决定采纳何种财政工具,都不应该脱离法治的轨道。例如,环境税费具有强制性特点,法律保留是必然的要求。即便如环境损害赔偿、环境押金,看起来好像可以遵循私法规则,其中还是存在一定的强制性,对利益平衡的影响远溢出私法,因此也需要法律做出明示为佳。至于环境生态补偿,虽然可以借助于地方政府之间的协商谈判,但事实证明,如果不对生态补偿的责任主体、监测程序、补偿标准、执行机制做出规定,这种谈判很难达到预想效果。特别是,生态补偿如果采用上级政府主持的转移支付形式,由当事人之间的环境合作变成了强制行政,其中的利益冲突会更加明显。正因为如此,当我们讨论环境财政的创新时,不仅仅要考虑如何引入新的财政工具,以及实现财政工具之间的搭配和协调,更要考虑每一种财政工具的合法性,从其法律特性方面厘定彼此界限,让其在保护生态环境和平衡当事人利益方面发挥最大功效。

---

〔1〕 例如,先由政府在出厂环节对潜在污染产品征收押金,然后要求厂家将押金根据销售数量层层转嫁,一直转嫁到最终的消费者。消费者负责将包装物或废弃物集中到政府设立的回收中心,由政府退回押金。这样一来,押金经过层层转嫁,仍可以保持其财政属性。

第八章　地方债与国家治理[1]

1. 地方政府性债务概况及其制度背景

1994 年《预算法》第 28 条规定："地方各级预算按照量入为出、收支平衡的原则编制，不列赤字。除法律和国务院另有规定外，地方政府不得发行地方政府债券。"也就是说，地方各级预算既然不列赤字，除了法律和国务院特许发行的地方政府债券，地方政府似乎不应该再有其他的负债。2014 年新《预算法》第 35 条[2]原则上仍然

---

〔1〕 本部分源自《地方债与国家治理：基于法治财政的视角》，载《法学评论》2014 年第 2 期；以及本人承担的司法部课题报告《地方政府债务问题及对策研究》（编号：12SFB2046）。

〔2〕 《预算法》第 35 条规定："地方各级预算按照量入为出、收支平衡的原则编制，除本法另有规定外，不列赤字。经国务院批准的省、自治区、直辖市的预算中必需的建设投资的部分资金，可以在国务院确定的限额内，通过发行地方政府债券举借债务的方式筹措。举借债务的规模，由国务院报全国人民代表大会或者全国人民代表大会常务委员会批准。省、自治区、直辖市依照国务院下达的限额举借的债务，列入本级预算调整方案，报本级人民代表大会常务委员会批准。举借的债务应当有偿还计划和稳定的偿还资金来源，只能用于公益性资本支出，不得用于经常性支出。除前款规定外，地方政府及其所属部门不得以任何方式举借债务。除法律另有规定外，地方政府及其所属部门不得为任何单位和个人的债务以任何方式提供担保。国务院建立地方政府债务风险评估和预警机制、应急处置机制以及责任追究制度。国务院财政部门对地方政府债务实施监督。"

否定地方各级预算列赤字,《预算法》另有规定除外;有限放开地方政府债券。除此之外,地方政府也似乎不应该再有其他的负债。而自改革开放以来,直接以地方政府的名义发行债券从2009年才开始,2009年至2011年的发行规模每年2000亿元,2012年升至2500亿元,2013年升至3500亿元。即便按照2013年的发行规模,分摊到30个省级单位,每个单位也不过百亿元左右,相对于当地数千亿元、上万亿元的国民生产总值,根本不构成财政风险。

然而,国家审计署披露的情况并非如此。截至2010年年底,全国地方政府性债务余额107,174.91亿元,其中,政府负有偿还责任的债务占62.62%;政府负有担保责任的或有债务占21.80%;政府可能承担一定救助责任的其他相关债务占15.58%。截至2010年年底,全国只有54个县央转贷地方债务、外国政府或金融机构转贷债务之级政府没有举借政府性债务。[1] 在这些政府性债务中,除少量地方政府债券,大都是地方融资平台债务,或者是工程建设欠款。国务院虽然开始在2010年清理地方融资平台,但地方债务的规模并未缩小,反而还有继续扩大的趋势。最新数据表明,截至2013年6月底,省市县三级政府负有偿还责任的债务余额105,789.05亿元,比2010年年底增加38,679.54亿元,年均增长19.97%。虽然审计署认为政府性债务风险总体可控,但同时也承认,地方政府负有偿还责任的债务增长较快,部分地方和行业债务负担较重,地方政府性债务对土地出让收入的依赖程度较高,部分地方和单位违规融资、违规使用政府性债务资金。[2] 因此,地方政府性债务的问题不容小觑。

---

〔1〕 参见审计署2011年第35号《审计结果公告》,载 http://news.xinhuanet.com/fortune/2011-06/27/c_121590210.htm,访问日期:2013年12月20日。

〔2〕 参见审计署2013年第32号《审计结果公告》,载 http://www.audit.gov.cn/n1992130/n1992150/n1992500/3432077.html,访问日期:2014年1月2日。

地方政府年度预算形式上平衡,不列赤字,实际上大量的政府性债务在体外循环。《预算法》因此被架空,形同虚设,这对法治是一个严峻挑战!从文义上看,1994 年《预算法》原则上禁止地方政府发行债券,2014 年《预算法》限定了只有经国务院批准的省、自治区、直辖市的预算中必需的建设投资的部分资金,才能在国务院确定的限额内,发行地方政府债券。即使在 1994 年《预算法》适用的时期,实践中,地方政府为了达到举债目的,有足够手段可以规避这一限制。从审计署 2013 年年底披露的信息看,政府性债务的类型包括银行贷款、BT(建设—移交)工程、到期债券,应付未付款项、信托融资、其他单位或个人未付款,垫资施工、延期付款,证券、保险业和其他金融机构融资,财政转贷、融资租赁、集资。在政府负有偿还责任的超过 10 万亿元的债务中,政府债券和财政转贷所占比例不到 8%,其余都属于地方政府的变相举债。如果再将或有债务计算进来,情况会更加严重。[1] 这也就是为什么 2010 年国务院要集中清理地方融资平台,《十八届三中全会决定》要求建立地方债风险防控机制,以及中共中央要求将治理地方债务作为 2014 年六项重点工作之一的原因。

然而,“地方债”并非地方政府的独立作品,它的存在和发展既有体制本身的原因,也是中央政府默许甚至纵容的结果。就财政体制而言,1994 年实施分税制之后,政府间收入分配界限虽然较为明确,但是支出责任划分并不清晰。进入 21 世纪之后,日益增长的城市建设、社会保障、公共基础设施建设让地方政府不堪重负,入不敷出。特别是 2008 年之后,为应对危机,刺激经济发展,地方政府更是不断增加投资。数据显示,从 2000 年开始,中央财政支出占全国财政支出的比例持续下

---

〔1〕 参见审计署 2013 年第 32 号《审计结果公告》,载 http://www.audit.gov.cn/n1992130/n1992150/n1992500/3432077.html,访问日期:2014 年 1 月 2 日。

滑，地方财政支出的比重逐年增加。到2011年，中央与地方支出的比例为15.1∶84.9，中央与地方收入的比例则为49.4∶50.6，地方政府的财政压力可见一斑。[1] 其实，举债不仅符合地方政府的利益，也是为完成全国经济指标做贡献，因此，中央对此不仅没有严厉禁止，反而长期予以默许甚至纵容。在人事制度方面，地方高官大都由中央空降，而且每个人都有任期。只要没有制度风险，稍具理性的官员都会倾向于举债建设，以便在创造经济总量后顺利升迁。至于债务风险问题，通常不在其考虑范围内。

无论是政府直接负有偿还责任的债务，还是政府负有担保责任的或有债务，或是需要政府承担救助责任的其他债务，对政府来说都是财政风险或负担。审计署披露的数据显示，截至2012年年底，有3个省级、99个市级、195个县级、3465个乡镇政府负有偿还责任债务的债务率高于100%；其中，有2个省级、31个市级、29个县级、148个乡镇2012年政府负有偿还责任债务的借新还旧率超过20%。11个省级、316个市级、1396个县级政府承诺以土地出让收入偿还的债务余额34,865.24亿元，占地方政府负有偿还责任债务余额的37.23%。[2] 鉴于目前地方土地财政难以为继的事实，债务违约风险很快就会凸显出来。对于融资平台公司举借的债务，即便政府在法律上可以推卸责任，一旦陷入违约纠纷，执政党和政府的政治信誉仍然会受损。因此，无论地方还是

---

〔1〕 从2000年到2011年，中央财政支出占全国财政支出的比例分别为34.7%，30.5%，30.7%，30.1%，27.7%，25.9%，24.7%，23.0%，21.3%，20.0%，17.8%，15.1%。这一时期中央财政收入占全国财政收入的比例虽然有所变化，但基本维持在50%左右，分别是52.2%，52.4%，55.0%，54.6%，54.9%，52.3%，52.8%，54.1%，53.3%，52.4%，51.1%，49.4%。数据来源：国家统计局“国家数据”网，载 http://data.stats.gov.cn/index; jsessionid = F30FC1C362401BD9175E25739B6C2331，访问日期：2014年1月3日。

〔2〕 参见审计署2013年第32号《审计结果公告》，载 http://www.audit.gov.cn/n1992130/n1992150/n1992500/3432077.html，访问日期：2014年1月2日。

中央都必须高度重视地方债,不仅要采取有效措施破解眼前困局,而且必须楔入战略思维,将地方债纳入法治的轨道,防止未来再发生类似情形。人们甚至还可以期望,利用此次化解地方债危局的契机,发挥债权人的主体作用,督促地方政府改善公共治理,实现国家治理能力的提升。

2. 开源节流:破解地方债困局的财与政

地方政府性债务的危局如何破解,这是摆在各级政府面前的大难题,不仅地方政府心急如焚,中央政府也是忧心忡忡。从表象上看,处理债务问题的关键无非是"财",即想方设法筹集偿债资金,确保地方政府不至于违约,维护政府财政信誉,维护中国共产党的执政形象。然而,政府本身不是财富的生产者,所有财政收入都是取之于民,来自于社会大众的贡献。它不仅需要明确的政策法律依据,而且必须有充分的正当性。否则,政府行为就与盗匪无异。从这个意义上说,解决地方债危机不仅仅涉及"财",更关乎"政",需要考虑如何整顿政府行为、实现财政目的。

中国经济目前正处于升级转型的阵痛期,不可能持续过去的增长速度,财政收入增速下降也是必然趋势。特别是,近年来,为了理顺政府与市场的关系,中央采纳了结构性减税政策,正在稳步推进"营业税改增值税"试点,不仅整体财政收入会因此下降,地方的税收利益会受到更大影响。另外,随着农村集体建设性用地进入市场,土地出让金收入以及与房产市场相关的税收收入都会因此下降,这对急需资金应对偿债高峰的地方政府无异于雪上加霜。虽然《中共中央关于全面深化改革若干重大问题的决定》提出,要深化税收制度改革,完善地方税体系,例如,扩大消费税范围并将其改为地方税,加快推进房地产税改革并使之成为地方主体税种等;但是,姑且不论新增税收是否合理,是否能顺利完成立法程序,仅就时间点而言,缓不济急。面对来势汹汹的偿债高峰,指望这些还停留在纸上的新增收入明显不现实。非常时期需用非常之道,即转让国有企业,包括变卖国有经营性财产。

《中共中央关于全面深化改革若干重大问题的决定》指出,国有资本投资运营要服务于国家战略目标,更多投向关系国家安全、国民经济命脉的重要行业和关键领域,重点提供公共服务、发展重要前瞻性战略性产业、保护生态环境、支持科技进步、保障国家安全。然而在不少地方,国有资本参与竞争性领域非常普遍,地方政府通过商业化经营积累了大量财产。例如,武汉市国有资产经营公司管理和培育了武商集团、中商集团、中百集团、马应龙药业、武汉健民、武汉长印股份、武汉塑料、武汉石油、武汉电缆、双虎涂料十家上市公司,目前公司资产主要分布在金融业、风险投资、商业零售、房产投资及工业园等行业领域。2012年,公司整体营业收入 349 亿元,净利润超过 10 亿元,资产总额达到 295 亿元。[1] 这些领域都属于竞争性领域,政府没有必要参与其中。将这些财产转让给私营企业或者个人,可以在短期内筹集大量资金,应对即将到来的偿债高峰,也符合中央关于国有资本投资运营的总体要求。

国有企业是跟社会主义公有制相关联的符号。假如国有企业股份能量化到全体国民,让每个人都能有机会参与利润分配,这也许可以真正体现财产公有的宪法意义。但现实的情况是,公有变成了国家所有,国家所有又变成了政府所有,政府所有再转换成各级政府分级所有,资产的主体看起来越来越明确,却离真正的主人越来越远。当国有企业

---

〔1〕 载 http://www.wsamc.com/news_detail/newsId = 4fdf50a7 - feaf - 48c1 - 9012 - 238c274ca082&comp_stats = comp - FrontNews_list01 - 1331878684830.html,访问日期:2013 年 12 月 26 日。

创造的巨额利润无须或者很少上缴财政时，国有企业的全民所有性质已经开始变质。当国有资本经营预算设立后，国有资本收益不能惠及全体国民，只能用于国有产业自身时，国有企业更俨然成为独立王国。最为重要的是，如果人民无法有效监督政府，如果国有企业缺乏良好的治理机制，国有资产就可能被贪腐分子侵吞，或者被国企高管所挥霍，或者被错误决策所亏空。这无疑也有悖企业国有的初衷。[1]

国有企业参与竞争性领域的经营，与其他非国有企业及个人平等竞争，为政府贡献利润、创造财政收入，降低税费方面的强制性负担，这看起来是一幅非常理想的财政图景。但是，这几种可能性仅仅只是假设。事实是，相比私营企业，政府投资企业经常可以享受便利甚至特权。比如，国有企业可以进入特定的垄断行业，私营企业通常不可以；国有企业容易申请贷款，私营企业难上加难；国有企业有机会申请政府补助，私营企业一般只能自力更生；国有企业可以廉价从政府获得土地，私营企业必须走竞标程序；等等。在创造利润方面，相比庞大的资产规模，国有企业的收益率并不高。更何况，即便有赢利，国有企业也基本上不用上缴，其给政府创造的收入极为有限。

《中国共产党第十八届中央委员会第三次全体会议公报》指出，经济体制改革是全面深化改革的重点，核心问题是处理好政府和市场的关系，使市场在资源配置中起决定性作用和更好发挥政府作用。国有企业参与竞争性领域的经营，意味着政府直接参与市场竞争，其作为监管者和裁判者的立场必然受到挑战。因此笔者主张，结合《十八届三中全会决定》的精神，利用地方债的压力，促使地方政府全面退出经营性领域，一方面重塑政府与市场的关系，另一方面解决还债的资金来源问题，两全其美。受社会主义公有制的宪法约束，政府的确还有必要对关

---

〔1〕 参见熊伟：《财政法基本问题》，北京大学出版社 2012 年版，第 288 ~293 页。

系国计民生的经济领域保持控制力，但是，这种职能交由中央政府行使就够了，地方政府只需保留自然垄断行业，竞争性领域应实施“国退民进”战略。

在应对地方债危机方面，除了开源，更要节流。所谓节流，是指政府在用度方面的控制和紧缩。这方面体现的不仅是“财”，更是“政”，需要执政党和各级政府拿出政治魄力，面对财政吃紧、债台高企的形势，倒逼政府财政支出制度改革，限制一般公务性经费的增长，缩减行政经费，严控“公款出国、公车消费、公款接待”。中共中央、国务院新近制定的《党政机关厉行节约反对浪费条例》，中共中央、国务院办公厅新修订《党政机关国内公务接待管理规定》，是财政节流方面最直接的法律标准，如果能够得到切实有效的执行，不仅可以节省大量的财政资金，而且有利于改善执政党和政府的形象，凝聚社会共识。当然，制定规则容易，落实规则艰难。就厉行节约发对浪费的问题，中共中央和国务院早已三令五申，不仅地方政府置之不理，中央层面的情况照样糟糕。如果执政党没有能力控制财政支出，面对人民有限的财政承受能力，其执政地位必然堪忧。

3. 府际财政平衡与地方财政自主

地方债本来是一个地方性问题，地方政府借钱，地方政府用钱，地方政府还钱，形式上与中央政府没有任何关联。特别是 2009 年以来直接以地方政府名义发行的债券，法律关系似乎更加清楚，中央并不是直接债务人。不过，鉴于目前政府之间的财政关系不清晰，导致地方政府的法律地位不明确，中央对地方债务到底是否应该负责；如果是，负有何种责任，这个问题并不是很容易回答，简单地主张“谁举债，谁负责”不切实际。从另外一个角度看，近年来地方债问题之所以如此严重，跟政府间财政关系失衡息息相关。当地方政府财政收入有限，却需要承担过宽的支出责任时，举债是自然而然的选择。如果一般不能发行地方政府债券，其他政府性债务就会取而代之。因此，从长远来看，要解决好地方债问题，必须理顺中央与地方的财政关系，明确地方政府的财政权限和职责，塑造相对独立的地方财政主体。

《预算法》虽然规定一级政府一级预算，并要求各级预算收支平衡，但地方政府并没有独立的收入权，而是受制于中央政府的单方决策。例如，我国目前财政收支划分的依据仍然是《国务院关于实行分税制财政管理体制的决定》（国发〔1993〕85号）。这份文件既不是行政法规，更不是法律，只是国务院的规范性文件。这种形式本身已经预示了它的非稳定性，一旦有需要，国务院可以随时调整，无须经过地方政府的同意。2002年，国务院推行所得税收入分享改革，将税收进一步集中到中央，就是例证。[1] 国务院可以单方决定中央和地方的财政关系，相当于否定了地方政府在财政上的独立性。因此，对于地方政府无力偿还债务的情况，中央政府理所应当承担责任，无论中央是否在法律上直接参与举债。而中央之所以能够单方面修改规则，恰恰也是因为地方政府并不独立，在财政上只相当于中央的派出机构。

众所周知，1994年的分税制改革带有应急成分，目的是尽可能快速地提高两个比重，即财政收入占国民生产总值的比重、中央财政收入占全国财政收入的比重。合理划分事权，规范政府间财政支出责任，基本上不在当时决策者们考虑范围之内。因此，财政收入的划分标准非常具体，但财政支出的划分却十分抽象；中央的财政支出范围相对狭窄，倾向于列举，地方的财政支出范围呈现概括式，类似于兜底条款。不仅如此，按照上述划分，中央政府的财政支出相对固化，地方财政支出的增长空间却非常广阔，开支类型会不断增加，开支标准会不断提升。例

〔1〕 参见《国务院关于印发所得税收入分享改革的通知》（国发〔2001〕37号）。

如,城市基本建设、社会保障、教育文化等,就属于地方政府需要不断增加开支的领域。而就收入而言,税源稳定、收入丰厚的税种,基本上都被确定为中央的收入来源,如增值税、消费税、关税等。而收入零星、征管困难的税种,基本上都分配给了地方,如印花税、房产税、城镇土地使用税等。特别是2002年所得税分享改革之后,中央集中财力的趋势更加明显。

收入向中央倾斜,支出向地方倾斜,这样的财政收支划分制度一旦确立,必然导致中央和地方的财政关系失衡。在这种背景下,如果建立规范稳定的转移制度标准和程序,让地方获得其履行公共职能所必需的资金,地方政府也不至于需要大规模举借债务。事实上,我国的财政转移支付虽然规模庞大,[1]但是缺乏明确权威的法律规则,到目前为止,规范财政转移支付的依据既没有法律也没有行政法规,甚至连财政部的规章都没有,只有财政部制定的规范性文件,如《2012年中央对地方均衡性转移支付办法》等。不仅如此,在现有的财政转移支付资金中,建立在因素法基础上的均衡性转移支付太少,而以项目建设作为前提的专项转移支付过多,且数目繁多,管理和决定权分散在不同的中央部委。这意味着,要想争取到更多的转移支付资金,光靠强调本地的财政困难作用不大,更为有效的办法是,千方百计与资金管理部门协调关系,争取它们的支持和关照,近年来备受诟病的"跑部钱进",就是这种现象的极端。

要想纠正这种失衡,消除地方财政的压力,从根本上抑制其举债的冲动,必须调整财政收支划分,改善政府间财政关系。调整的思路有两

---

〔1〕 2012年,中央对地方的转移支付及税收返还资金达到45,361.68亿元。参见财政部网站:http://yss.mof.gov.cn/2012qhczjs/201307/t20130715_966184.html,访问日期:2013年12月25日。

种,一种是增加地方的财政收入,另一种是加重中央的财政支出责任。按照目前正在全国推行的"营业税改增值税"试点,地方政府将面临失去主体税种的结果,财政收入正在并且还将进一步下滑。尽管试点方案申明,试点期间保持现行财政体制基本稳定,[1]但这只是试点期间的过渡办法,并不意味着改革全面推行后还能保持。事实上,《中共中央关于全面深化改革若干重大问题的决定》已经有了新思路。它提出,要适度加强中央事权和支出责任,保持现有中央和地方财力格局总体稳定,结合税制改革,考虑税种属性,进一步理顺中央和地方收入划分。这意味着,在解决中央和地方财政失衡的问题时,税收向中央倾斜的局面不会改变,但中央的财政支出责任会加大。原先委托地方承办的中央事务,将改由中央直接承担支出责任,与此相关的专项转移支付将大幅度减少,一般性转移支付比重则会相应增加。

这种改革思路对改善央地财政关系无疑会产生效果,但是,改革实践必须建立在法治轨道上,否则,如前文所提到的,无论方案如何优化,地方政府作为中央财政派出机构的地位难以改变,地方的财政自主权必将陷入空洞。而一旦将法治纳入考虑范围,就应该改变国务院划分政府间财政收支的做法,将该事项的立法权回归最高权力机关,并充分尊重地方政府的利益。在我国现有的宪政体制下,只有全国人大能超越政府间利益冲突,对国务院的行为起到制衡作用。毕竟,全国人大代表大部分来自地方,对地方政府的利益会更加关注。只有通过这种设计,才有可能平衡政府间财政关系,并维持其权威稳定。至少从财政法的角度而言,这样的地方政府才会具有"法人"资格:能拥有独立的财产,能独立行使决策权,能够独立承担责任。如果国务院希望调整财政收支划分,其自身再也无权单方做出决定,必须提请全国人大修改

---

〔1〕 参见财税〔2011〕110 号文,财税〔2013〕37 号文,财税〔2013〕106 号文。

法律。

就政府间财政关系而言,需要制定的法律主要是两部:《财政收支划分法》和《财政转移支付法》。如果政府间收入和支出的范围不确定,就不能为财政转移支付奠定合理基础。从这个意义而言,必须先制定《财政收支划分法》,再据此制定《财政转移支付法》。如果这两部法律能够制定出来,而且确实赋予了地方明确的财政权利,地方政府应该可以自主决定举债问题,没有必要再经过中央政府的特别批准。这主要是因为,既然地方享有财政自主权,能够自主举债,能够独立对外承担责任,中央就无需承担最后付款人的角色。如果发生偿付不能的情形,地方政府可以启动债务重整程序,而债权人则必须自担风险。当然,按照这种设计,地方举债本身也可能产生系统性风险。为了防范这种风险,在《财政收支划分法》和《财政转移支付法》之外,立法机关的确还有必要对地方举债做出一些限制,加强对政府性债务的管理,同时规范举债程序。为了实现这个目的,地方债务法就有必要被提上议事日程。

4. 疏堵结合:地方债务法的政策核心

从现有的情况看,禁止地方政府举债不仅没有必要,事实上也没有可能。在强大的财政和政绩压力下,即便没有机会发行政府债券,地方政府仍会创造机会变相举债,目前累计的巨额地方政府性债务就是明证。这些政府性债务虽然绝大部分不是以地方政府名义直接举借,但是,既然地方政府直接或间接负有偿还责任,就无异于地方政府自身的债务。全国人大在修改《预算法》的过程中,原本拟将该法第 28 条做大幅度修改,对地方政府发行债券从原则上禁止、例外特许的模式,改为原则性准许、例外禁止的模式。审计署 2011 年公布 10 万亿元地方政府性债务余额后,鉴于当时欧洲债务危机正在恶化阶段,立法者越发担心地方债务泛滥,影响中国财政安全和政治稳定。因此,在 2012 年 7 月 6 日公开的《预算法修正案（征求意见稿）》中，第28条又被恢复原状，只有在法律或国务院另有规定时，地方政府才能发行地方政府债券。2014年8月31日通过的《预算法》第35条则有限地放开了地方政府债券。

立法者对地方政府性债务保持警惕是应该的，特别是对地方融资平台债务更应如此。这些隐蔽的、间接的债务通常不在政府统计范围，地方权力机关和社会大众都无从知晓。中央如果不进行专项检查，同样无法掌握。这些债务绝大部分来自银行贷款，一旦政府履约不能，不仅银行等金融机构难以承受，还会波及千千万万的存款人。因此，无论是政府负有直接偿还责任的债务，还是其他各种或然性政府债务，对过分依赖土地财政的地方政府而言都是定时炸弹。随着集体建设性土地入市政策的落实，加之地方政府已经缺乏足够可供出让土地，土地财政模式势必难以为继，地方债务违约的可能性不得不防。但是，仅仅因为无法管控变相举债，就彻底否定地方政府发行债券的可能性，此举也不足取。面对危机，仅仅立足于“堵”不能解决问题，必须疏堵结合，标本兼治。

所谓“堵”，是指明确对地方政府融资平台的态度，严格禁止地方政府用财政性资金偿还融资平台债务，严格禁止地方政府为融资平台提供直接或间接的担保。融资平台公司依法成立，拥有独立的财产权，自主经营，独立对外承担责任。如果出现无力偿债的情形，债权人必须自担风险。地方政府违反《担保法》提供担保的，借款合同按照无效处理。而一旦被确认为无效，债权人的损失不可小视，决策前必然会更加小心谨慎。按照这种设计，只有那些能够产生稳定收入流的项目，才有可能成立融资公司对外融资。在其他情形下，即便地方政府成立了融资平台，也很难对外借到钱。除了禁止地方政府利用融资平台借债，地方债务法还可以进一步规定，除了法律特许发行的地方债券，地方政府不得以任何形式举债。

所谓“疏”，就是允许地方政府发行债券，满足其合理的财政需求。不得不承认，随着城镇化和工业化的推进，随着社会保障和文化教育投入的增加，政府对资金的需求有其合理性。当税收不足以保障地方支出时，合理举债并非不可取。相比隐蔽混乱的融资平台举债，地方政府债券更为规范透明，既可以受到债权人的制约，也容易被纳入财政监管，风险相对较小。特别是，借助于信用评级和财政公开制度，受地方政府之间的竞争所致，地方公共治理水平可以得到提升。如果既不允许地方通过融资平台举债，也不允许其发行地方政府债券，完全压制地方政府发展经济、保障民生的合理需求，将极大地压制其工作积极性，这对当地和全国的发展都是弊大于利。

前文已经提到，如果中央和地方之间财政收支划分科学合理，政府之间的财政关系相对平衡，并且已经借助稳定权威的立法程序予以确定，就意味着地方政府拥有了相对独立的财政自主权。在这种情形下，笔者主张，地方政府可以独立决定债券发行事宜，包括发债规模、债券类型、偿债期限，等等。中央政府可以从宏观市场的角度行使监管之责，包括防止地方政府之间的不正当竞争，但无须为地方政府债券背书，债权人只能向发行债券的地方政府求偿，不能要求中央政府承担任何偿还责任。在这些条件尚未具备时，鉴于中央对地方债券尚需承担最后付款人责任，国务院对地方债券发行施加限制也属情理之中。

《预算法》被修改前，其第 28 条对地方政府债券的限制是一种模式，即，原则上禁止地方政府发行债券，法律和国务院另有规定除外。这种模式并没有绝对禁止地方政府发行债券，而只是采用特许的方式。只要国务院立场出现松动，即便不修改现行《预算法》，地方政府债券市场也可以启动。从 2009 年开始，地方政府每年发行的债券，不管是财政部代理发行还是地方自主发行，就是在国务院控制总规模的前提下特许地方发行的。另一种模式虽然差别不大，但是侧重点有所倾斜。

《预算法修正案(征求意见稿)》公布之前,全国人大曾试图将第28条修改为“地方各级政府预算按照量入为出、收支平衡的原则编制。经国务院批准,地方政府可以举借一定额度用于特定用途的债务,列入本级政府预算,报本级人民代表大会或本级人民代表大会常务委员会批准。除前款规定外,地方政府不得以任何形式举借债务”。这种模式原则上允许地方举债,只是需要经过国务院和本级立法机关的批准,相比现有的模式而言,地方政府的自主空间更大。而2014年8月31日通过的《预算法》第35条采取了比较折中的方式,只是有限地放开了地方政府债券,且对发债主体、用途、规模、程序、监督和问责等方面作了严格规定。

就用途而言,地方债券收入不宜用于经常性项目,如办公经费、行政开支等,只能用于资本性项目,如公路、街道、学校等项目的建设。新《预算法》第35条也肯定了这一点,即举借的债务只能用于公益性资本支出,不得用于经常性支出。正因为如此,这类地方政府债券大都可以归为市政债券,偿债资金来自政府税收及其他财政收入,无须以项目本身的收益作为保障。对于确实能产生收入的项目,可以引入市场经营机制,由地方政府成立项目公司,以项目公司的名义对外融资,如发行债券、向银行贷款,或者引入信托等。这种项目公司虽然服务于公共目的,但是在法律上独立于政府,也必须独立对外承担法律责任。正是因为其在法律责任上与政府切割,而且能有效地服务于公共基础建设,地方债务法没有必要禁止这种融资,只需对其加以规范,防止其转化为政府债务。

5. 地方债危局蕴藏国家治理契机

地方债的话题不仅蕴含着政府间财政关系,要求建设相对独立的地方财政主体,而且清晰地揭示了地方政府的另一种身份,即债务人。

为避免财政风险，体现财政民主，地方债必须要接受法律的约束，遵循特定的法律程序。另外，既然是政府向私人借债，地方债又必须遵循市场规律，坚持自愿有偿原则，营造公开透明的竞争环境，充分维护债权人的利益。从这个角度出发，地方债务陷入危局之后，既是一种需要处理的紧急状态，考验执政党和政府的智慧，也是一个推进制度创新的机遇，可以提升国家治理能力，完善国家治理体系。这些制度创新有些能被地方债务法所涵盖，有些则超出其范围，进入地方公共治理的领域。

地方债虽然是一种自愿有偿的关系，与基于强制的税收及行政收费不一样，但其实质仍然是一种财政负担，最终需要通过税款保障其偿还。一旦发生债务偿付不能的危机，政府要么削减民众的社会福利，要么大幅度提高税收负担，羊毛出在羊身上。有鉴于此，不能因为政府债务形式上还本付息，不属于强制性负担，就将其视为政府内部事务，完全排除财政民主原则的管辖。2009 年之前，地方政府会通过中央转贷获取债务收入，但这部分资金既没有进入地方政府预算管理，更没有经过地方权力机关审批同意，其正当性和合法性十分欠缺。2009 年之后，按照国务院特许额度发行的债券，地方政府成为了名义上的债务人，无论是中央财政代为发行还是地方自主发行，这部分收入都要纳入地方预算管理，而且必须经过本级人民代表大会审批。新《预算法》对此进行了确认，体现了人民对财政的决定权。

正常情况下，地方政府在债券到期之前，就应该在预算中安排资金偿还债务。一旦出现逾期债务，债权人可以通过何种渠道维护自身权益，例如，债权人是否可以向法院起诉地方政府？如果可以，能够被执行的财产如何确定？这是地方债务法必须慎重考虑的问题。这个问题不仅仅涉及政府债券，地方政府直接负有偿还责任的其他债务同样如此。笔者认为，地方政府债券不同于国库券，没有必要为其提供司法豁免。尽管为公务所必需的资产不宜被强制执行，但是，如前所述，地方政府拥有大量的经营性资产,除国有企业或股份外,还包括收储的土地,以及机关事业单位的宾馆、招待所、出租房产等。这些资产与公共服务无关,完全可以变卖,用于偿付逾期的政府债券。

在审计署公布的审计公告中,地方政府性债务被严格限制在本级政府的范围内,没有考虑政府之间的财政责任,特别是没有考虑上级对下级可能需要承担的救助责任。然而,正如本章第三部分所言,鉴于目前政府间财政收支划分的非法治化,地方政府并不是独立的财政主体,只是类似于分支机构,因此,笔者主张,只要财政收支划分方式不变,政府应该作为整体对外承担债务清偿责任。要求一个无力独立承担责任的地方政府独立对外承担责任,对债权人是一种不负责任的做法。不过,为了明晰法律关系,可以将上级政府的责任定位为补充责任,而不是连带责任。只有当本级地方政府确实没有适格资产用于偿债,且债权人已经穷尽所有的救济方式时,才能要求其上级政府承担偿还责任。

一旦地方政府成为独立的财政主体,无须上级政府为其承担偿债责任,当其陷入支付不能的境地时,是否可以和美国底特律一样破产还债?[1] 对大部分人而言,只要联想到企业破产的后果,以为地方政府会因此陷入停顿,丧失提供公共服务的功能,就会本能地予以反对。其实这是一种误解,政府破产是一种债务重整制度,并不会导致地方政府解散或消灭。对债权人而言,破产可以逼迫政府采取紧急措施,如加税、裁减公务开支、调整支出结构,使之努力重回正常财政;对地方政府而言,破产意味着重生,可以要求债权人做出合理让步,让政府有机会轻装上阵。尽管这种机制对债权人意味着更大的风险,但也可以督促债券投资者更加谨慎小心,让政府债券市场更加理性,因此在政策上应该

---

〔1〕 载 http://www.theguardian.com/world/2013/dec/03/detroit-bankruptcy-protection-judge-rules,访问日期:2014年1月2日。

是可以接受的。只不过,目前地方财政不独立,破产免责对债权人不公平。所以,中国要推行地方政府破产制度,尚需假以时日。

除了以上这些具体的制度性措施,考虑到债券发行是一个市场行为,必须充分满足债券投资者的知情权,地方债务法还必须建立两项基础制度,即政府资产负债表和政府信用评级制度。《十八届三中全会决定》已经从健全宏观调控体系的角度要求编制全国和地方资产负债表,其实,资产负债表所提供的信息对债券投资者也很重要。只有首先了解地方政府拥有多少及什么类型的资产,尚欠多少债务,投资者才能准确衡量风险,做出正确的判断和选择。倘若能在此基础上引入地方政府信用评级制度,对债权人利益将是更为有效的保障。地方政府信用等级越高,债券利息率越低,这不仅有利于债券投资者,对地方政府也是一个福音。正因为这样,地方政府必须时刻关注自身行为,防止不当的财政决策影响信用评级,导致融资成本升高。目前政府信用评级之所以难以推行,就是因为政府资产负债信息不明,评估机构无法评定其信用等级。

最后值得一提的是债券市场的竞争。为在高度竞争的债券市场中争取投资者,地方政府不仅需要沟通技巧,更需要完善的治理机制。形成竞争关系的,除地方政府之间发行的债券外,还包括地方政府债券与中央政府债券,甚至包括地方政府债券与企业债券。地方政府所要面对和负责的,不仅仅是地方选民以及上级政府,还包括政府债券投资者。如果没有良好的治理机制,不能给投资者及时提供有效的资产信息,不能被评得优秀的信用等级,即便地方政府已经履行了正当程序,也未必能够成功发行债券;或者虽然能够发行,却必须提供更高利率。正因为如此,债券对地方政府是一种压力,可以促使其追求良法之治,最大限度地争取投资者的青睐。有学者专门研究公债对民主的促进作用,认为通过债权人对政府的监督和制约,国家权力会逐步学会谦卑,也是从这个角度而言的。

综上所述,地方债和国家治理息息相关。鉴于土地财政已经难以为继,要破解目前的地方债危局,不妨考虑变卖竞争性领域的国有企业,同时紧缩消费性财政支出。另外,为了防止地方债务危机重演,禁止地方政府非法举债的同时,有必要允许其发行债券。目前,地方政府不是独立的财政主体,中央对地方所欠债务仍负有义务。只有将政府间财政关系法治化,合理分配事权与财权,才有可能建设独立的地方财政主体。在此前提下,地方债券发行经过立法机关审批,债权人有权起诉地方政府,上级或中央政府负有补充责任,地方政府可以申请破产保护,地方政府资产负债表和信用评级等,这些制度的引入才有现实意义。无论如何,由于债券发行必须面对投资者,其所承受的竞争压力可以督促地方政府改善治理,争取低成本融资。就此而言,地方债有助于催生现代地方政府。

第九章　税收法定主义的中国进路

1. 中国为什么需要税收法定主义?[1]

《十八届三中全会决定》专门论及“落实税收法定原则”,且特意安排在人民代表大会制度改革部分,置于建设社会主义民主政治的大前提下,凸显了该原则对议会制度、民主法治的重要意义,昭示着税收法治化的光明前景。

“税收法定主义作为税法至为重要的原则,同样具有宪法原则的位阶,必须严格坚持,才能更好地解决诸如立法权的分配、授予及法律解释、适用等许多相关问题。”[2]就税收立法权的分配而言,究竟是仅仅立法机关有权课征税收,还是行政机关也有权课征税收,这是税收法定主义的核心问题。在法治发达国家,“无法律,不纳税”,早已成为公认的法律原则。它

---

〔1〕 本章第一部分和第二部分内容源自熊伟:《重申税收法定主义》,载《法学杂志》2014 年第 2 期,收入本书时有所增删。

〔2〕 张守文:《论税收法定主义》,载《法学研究》1996 年第 6 期。

不仅存在于宪法或法律文本,也根植于人们的观念之中,任何违反或背弃都有可能激起严重的政治后果。如英国光荣革命、法国大革命、美国独立战争,虽然都有各自的历史背景,但是,不合法的征税就是其中很重要的导火索。

税收法定主义之所以排除政府的税收立法权,而将课税的权力保留在议会,不仅仅在于形式上的职能分工,更与其中的财政民主、代议制度息息相关。虽然在权力来源这个终极问题上,现代宪法理论都强调人民是国家的主人,人民通过各种形式和途径管理国家,但是,民主制国家建立的代议制议会,体现的只是一种间接民主。无论如何,由于议员是由人民选举产生的,人民也可以通过一定程序罢免,从理论上说,议会所汇集的意志已经具有人民性。当议会通过制定法律决定课征税收时,至少已经有多数议员表示同意,代表着多数选民行使了同意权。在现代社会中,人民、选民、纳税人的范围基本相当。税收法定主义强调财政民主,其所追求的其实就是纳税人的同意权,在间接民主模式下,就是确保纳税人所选举的代表对课税的同意权。正因为如此,“无代表不课税”才成为税收法定主义的另一种表达。

中国是一个社会主义公有制国家。尽管在经济发展上我国还处于初级阶段,但在政治合法性的建构方面并不低级。《宪法》第 2 条明确规定:“中华人民共和国的一切权力属于人民。人民行使国家权力的机关是全国人民代表大会和地方各级人民代表大会。”课税权属于极为重要的国家权力,自然也只能由人民通过其代表组成议会才能行使,政府不足以代表全体人民的意志,不能行使课税权。如果政府希望课税,以满足其财政开支的需要,必须经过议会的审批和同意。这种审批和同意的过程,就是税法制定的过程;审批和同意的结果就是其所制定的税法。制定税法的过程本身就汇集了纳税人的意志,可以有效规范和制约政府的征税意愿,防止政府过度侵犯公民的财产权及自由。税法的正当性、合法性根植于此。只有从这个意义上才能说，税法不仅仅是财富分割的利器，更是纳税人财产权的守护神。

虽然改革开放已经实施了三十多年，但截至 2014 年年底，我国现行税法体系中经由全国人大或其常委会制定的法律只有四部，即《个人所得税法》《企业所得税法》《车船税法》《税收征收管理法》。现行 18 个税种仍有 15 个将其合法性建立在行政法规之上，如《增值税暂行条例》《营业税暂行条例》《消费税暂行条例》等。和三十年前高度集中的国有制经济不同，现在的中国早已进入多元经济状态，公有制、私有制、混合所有制经济形态并存，私有财产权的观念深入人心。当个人所得和财产也进入课税范围时，更需要协调不同人群的利益诉求，通过正当程序找到各方都能接受的结果。否则，很容易激发纳税人的抵制心理，致使其想方设法逃避缴纳税收，或者实施形式多样的避税活动。在这种背景之下，必须从源头解决税法本身的合法性问题，改变政府有权课税的落后观念，高调宣扬税收法定主义，让税收立法权回归全国人民代表大会。

税收法定主义的意义不仅仅在于要求落实纳税人的同意权，实现课税要素法定，还要求税务机关严格在法律限定的权力范围内行政，不得要求纳税人多缴纳税款，也不得擅自决定减免税。税收的开征、停征、减征、免征，税款的延期缴纳、税款的退还，都必须有明确的法律依据，税务机关无权擅自决定。如果不在这方面严格要求，可能的结果就是，对于立法机关制定的税法，税务机关借由执法解释之名，可能让其完全偏离其立法宗旨，让纳税人背负法定义务之外的负担。另一种可能的局面是，税务机关工作人员贪图私利，为纳税人违法提供方便，致使国家税收利益受损。税收法定主义承认税务机关解释税法的权力，但仅仅限于解释税法，不能借解释税法之名行税收立法之实。即便赋予税务机关反避税的权力，权力行使仍然需要受到法律的限制。毫无指向的空白授权,对纳税人来说意味着灾难。至于税收减免,表面上看起来是一种有利于纳税人的优惠举措,但是,任何针对个体的减免税,都可能会引发横向不公平,破坏税收中性,因此只宜由立法机关综合权衡,妥为安排,不应允许税务机关擅自决定。

相比税收立法权在政府和议会之间的分配,税法的执行似乎只是一个细节问题,远不应成为税收法定主义的关注重点。但是,如前所述,中国目前的现实是,税收行政立法大行其道,立法技术十分简陋,许多原本可以通过立法加以解决的问题,都被税务机关通过解释另行解决。所谓的"税法",往往只是规定一些原则性的框架。即便是全国人大及其常委会制定的法律,这个问题同样存在,而且相当严重。例如,《个人所得税法》自 1980 年制定迄今,经历了六次修正,目前仍然只有 15 条,不超过 3000 字。立法如此粗糙导致的结果就是,税务机关不得不发布大量的规范性文件,对法律中的名词概念进行解释,或者干脆自己创制规则,进行补充性立法。《企业所得税法》制定时间较晚,立法技术相对成熟许多。即便如此,其中仍有众多的授权性规则,允许税务机关决定实施标准或者制定不同于法律的规则。不管是基于授权还是自作主张,不管出于滥权还是形势所迫,越权解释、违法解释都会侵蚀法律的权威,对纳税人的财产权构成严重的威胁。

落实税收法定主义不仅仅是维护纳税人财产权的需要,更是改善国家权力配置的重要途径。《十八届三中全会决定》强调"推进国家治理体系和治理能力现代化",要求"紧紧围绕坚持党的领导、人民当家作主、依法治国有机统一深化政治体制改革,加快推进社会主义民主政治制度化、规范化、程序化,建设社会主义法治国家,发展更加广泛、更加充分、更加健全的人民民主",主张提高中国共产党"科学执政、民主执政、依法执政水平",具体到税法领域,就必须要"落实税收法定原则"。当前的中国已经进入矛盾多发期,通过践行税收法定主义,改善最高权力机关和最高行政机关的关系，改善国家和纳税人之间的关系，这本身就是国家治理能力提升的体现，是国家践行民主和法治的重要举措，更是执政党民主执政、依法执政的有效路径。有鉴于此，践行税收法定主义意义非凡。

2. 落实还是创设：中国的税收法定主义

《中共中央关于全面深化改革若干重大问题的决定》提出“落实税收法定原则”，从执政党的角度出发，“落实”既可以理解为将已有的原则和要求付诸实施，也可以理解为通过立法的形式，将政党意志转化为国家意志，创设税收法定原则，使之成为议会、政府和纳税人普遍遵从的行为准则。根据笔者的观察和研究，中国现行宪法和法律已经确立税收法定主义，目前需要解决的问题确实主要在于如何“落实”，而不在于如何去“创设”。

从各国宪法的内容看，税收法定主义被确认的方式并不一样，有的从规范权力的角度直接规定税收法定主义，有的则只规定了公民依法纳税的义务。例如，我国现行《宪法》涉税的条款只有第56条，规定“中华人民共和国公民有依照法律纳税的义务”，并没有从正面直接肯定税收法定主义，导致人们在理解上的严重分歧。代表性的观点有两种，其一，从文义解释的角度出发，认为既然宪法明文规定公民依照“法律”纳税，排除了其他法律文件创设纳税义务的可能性，这就是典型的税收法定主义。其二，从体系解释的角度主张，《宪法》第56条只是规定公民的纳税义务，没有解决税收构成要件由谁创设的问题。因此，该条不足以成为税收法定主义的宪法依据。

的确，“法律”一词存在广义和狭义两种理解。狭义的法律仅指最高立法机关制定的法律，而广义的法律除此之外，至少还包括行政法规。就文义而言，“法律”或“法”在《宪法》条文中多次出现，如第32

条、第33条、第34条、第39条、第40条等,但并不见得都是狭义上的法律。从体系的角度看,《宪法》第56条置于“公民的基本权利和义务”一章,不是规定在“总纲”中,也不是规定在“国家机构”一章中,很难说这是对税收立法权的限制,更多的是对公民纳税义务的确认。所以,这两种解释都难以为税收法定主义正名,必须求助于宪法目的解释。

宪法的根本目的在于保护公民基本权利。无论是公民义务的设定,还是国家机构的安排,或是国家职能的定位,都是以人民主权为基础,服务于保护公民基本权利的目的。既然如此,税收的开征也必须受制于人民主权原则和公民的基本权利,不能任由政府通过行政程序单方面决定。《宪法》第2条明确规定,中华人民共和国的一切权力属于人民。人民行使国家权力的机关是全国人民代表大会和地方各级人民代表大会。第13条又规定:“公民的合法的私有财产不受侵犯。”税收是对公民财产权的一种“侵害”,它直接导致财产的损失和减少,必须基于公民的“同意”,立法的过程就是在行使同意权。在这个过程中,公民选举代表组成议会,议会决定税收,税收的合法性才能在宪法上建立起来。如果剥夺公民的参与权,或者剥夺公民代表在税收问题上的决定权,而直接由政府或其他机构向公民征税,这与宪法保护公民财产权的宗旨相悖,也与主权在民的原则冲突。

正因为如此,《宪法》第56条既是对公民纳税义务的确认,也是对国家课税权的一种限制。此处所谓的“法律”,应该仅指全国人大及其常委会制定的法律。基于此,1992年制定的《税收征收管理法》第3条规定:“税收的开征、停征以及减税、免税、退税、补税,依照法律的规定执行;法律授权国务院规定的,依照国务院制定的行政法规的规定执行。”2000年制定的《立法法》第8条和第9条也明确要求,财政、税收的基本制度只能制定法律;尚未制定法律的,只有得到全国人大及其常委会的授权,国务院才可以制定税收行政法规。这些无疑都是税收法定主义的具体体现,说明税收法定在中国有现实的法律依据。

换言之,现有的法律可以得出税收法定主义的结论。况且,“从我国《宪法》的立法、实施及数次修订的历史及将来相当一段时间的发展趋势来看,通过修订将有关明确表述税收法定主义的条文增补进《宪法》当中,其难度非常大。所以,在立法上暂时的不可能和实践的迫切需要以及研究的渐趋成熟等情形并存的条件下,选择一条中间路线、从法解释学的角度为税收法定主义寻求到一个间接的宪法条文依据,或许是迫不得已的折中方案”。[1]

不过,从尽善尽美、消除分歧的角度看,如果有机会修改宪法和法律,尤其是对宪法的修改,当然更好。若然如此,应特别注意税收法定主义的确认立场和角度,从设定政府义务的角度考虑税收法定主义,而不是从公民义务的角度出发。具体来说,需着重考虑以下三个方面:“(1)从立法技术的角度,应用怎样的立法语言在《宪法》条文中将税收法定主义明白无误地准确表述;(2)如何选择适当时机,以宪法修正案的形式将规定税收法定主义的条文补进现行《宪法》中;(3)在目前一时难以对《宪法》加以修正的情况下,可以采取由全国人大对《宪法》第56条进行立法解释,或在将来制定《税收基本法》时加以规定等方式来确定税收法定主义。”[2]最为理想的是,从宪法到立法法,再到税收基本法,确立一套完整的税收法定主义体系。[3]

---

〔1〕 李刚、周俊琪:《从法解释的角度看我国〈宪法〉第五十六条与税收法定主义——与刘剑文、熊伟二学者商榷》,载《税务研究》2006年第9期。

〔2〕 同上。

〔3〕 参见翟继光:《税收法定原则比较研究——税收立宪的角度》,载《杭州师范学院学报》(社会科学版)2005年第2期。

3. 我国税收授权立法制度[1]

改革开放以来，税收领域的授权立法在我国十分流行，绝大部分税都由国务院直接开征。虽然学界一直在质疑该现象的合法性，但是，这个问题并未引起公众的关注和重视。不少人甚至习以为常，把它视为当然的存在，认为它具有机动灵活的优点，可以适应改革时期的特殊需要。2013 年全国人民代表大会期间，32 位代表联名提交议案，要求全国人大收回对国务院制定税收行政法规的授权，[2]激起新闻媒体和社会公众的广泛关注。税收授权立法一时成为热点话题，专业人士有必要积极回应，让更多人从源头上关注税法。

3.1 1985 年立法授权与《立法法》的关系

我国实行改革开放以来，全国人大对国务院做过两次税收立法授权。1984 年 9 月 18 日，第六届全国人大常委会根据国务院的建议，决定授权国务院在实施国营企业利改税和改革工商税制的过程中，拟定有关税收条例，以草案形式发布试行，再根据试行的经验加以修订，提请全国人民代表大会常务委员会审议[3]（以下简称"1984 年授权决定"）。1985 年 4 月 10 日，第六届全国人大第三次会议决定，授权国务院对于有关经济体制改革和对外开放方面的问题，必要时可以根据宪法，在同有关法律和全国人大及其常委会的有关决定的基本原则不相抵触的前提下，制定暂行的规定或者条例，颁布实施，并报全国人大常委会备案（以下简称"1985 年授权决定"）。

---

〔1〕 本部分源自熊伟：《论我国的税收授权立法制度》，载《税务研究》2013 年第 6 期。

〔2〕 载 http://politics.caijing.com.cn/2013-03-08/112574279.html，访问日期：2013 年 4 月 5 日。

〔3〕 《全国人大常委会关于授权国务院改革工商税制发布有关税收条例草案试行的决定》（人大发〔1984〕第 15 号），载 http://www.npc.gov.cn/wxzl/gongbao/2000-12/06/content_5004450.htm，访问日期：2013 年 4 月 5 日。

“1984 年授权决定”由全国人大常委会做出，内容仅限于工商税制改革和国企的利改税。决定通过后，国务院据此发布了六个税收条例草案试行，内容涉及产品税、增值税、盐税、营业税、资源税、国营企业所得税。[1] “1985 年授权决定”由全国人大做出，内容覆盖经济体制改革和对外开放的各个方面。决定通过后，国务院制定了一系列税收暂行条例，未再以草案形式发布税收条例（草案）试行。1993 年，随着增值税等税收暂行条例的实施，上述六个税收暂行条例（草案）同时被废止。

鉴于以上事实，2009 年 6 月 22 日，十一届全国人大常委会通过了《关于废止部分法律的决定》，“1984 年授权决定”被废止。不过，“1985 年授权决定”目前仍然有效，现行税收暂行条例，如《增值税暂行条例》《营业税暂行条例》《消费税暂行条例》等，都是以它作为法律依据的。在 2013 年全国人大会议上，赵冬苓等 32 名代表提交的议案，针对的也是“1985 年授权决定”。

从内容上看，“1985 年授权决定”十分广泛，覆盖经济体制改革和对外开放的各个方面。对于全国人大及其常委会尚未制定法律的事项，包括税收，只要国务院认为有必要，就可以制定暂行的规定或条例，颁布实施，无须经过全国人大或其常委会批准，报全国人大常委会备案即可。就常识而言，立法机关不分事情的重要性程度，概括地对政府进行立法授权，其妥适性确实值得质疑。从法治的视角看，此次授权的事项，有些会涉及公民财产的牺牲，应该列为法律保留事项，不宜授权给政府。毫无保留地概括授权，不符合法理。

《立法法》尽管强调，有关财政税收方面的基本制度，全国人大及其常委会有专属立法权，但同时又肯定了授权立法的存在。该法第 9 条

---

〔1〕《国务院关于发布产品税等六个税收条例（草案）和调节税征收办法的通知》（国发〔1984〕125 号）。

规定:“本法第八条规定的事项尚未制定法律的,全国人民代表大会及其常务委员会有权作出决定,授权国务院可以根据实际需要,对其中的部分事项先制定行政法规。”《立法法》对授权立法的限制在于,首先,有关犯罪和刑罚、对公民政治权利的剥夺和限制人身自由的强制措施和处罚、司法制度等事项,被排除在授权立法的范围外。其次,要求即授权决定不仅应当明确授权的目的、范围,还必须明确授权的事项、期限、被授权机关实施授权决定的方式和应当遵循的原则等,而且还规定了授权的期限不得超过 5 年,但是授权决定另有规定的除外。并进一步要求,被授权机关应当在授权期限届满的 6 个月以前,向授权机关报告授权决定实施的情况,并提出是否需要制定、修改或者废止法律的意见;需要继续授权的,可以提出相关意见,由全国人民代表大会及其常务委员会决定。[1]

基于现行《立法法》的规定,财税基本制度不在禁止授权立法之列。因此,即便在《立法法》生效之后,只要满足授权的明确性原则和不得转授权及其他要求,全国人大及其常委会仍然可以授权国务院制定税收行政法规。更何况,“1985 年授权决定”发布时,国内尚无任何有关授权立法的规则,《立法法》生效于 15 年之后。我们既不能因为《立法法》允许授权立法,就认为“1985 年授权决定”当然有效,也不能因为《立法法》有更严格的要求,而主张“1985 年授权决定”违法。将《立法法》适用于“1985 年授权决定”,用来评估改革开放初期全国人大是否有权进行立法授权,审查“1985 年授权决定”和据此制定的税收行政法规的效力,明显是逻辑错乱。

《立法法》第 93 条本身要求,法律不得溯及既往。这也是法治原则的一般性要求。只有这样,才能使法律具有可预测性,成为人们自觉遵

---

〔1〕 参见《立法法》第 10 条。

循的规范。不过,《立法法》毕竟对授权立法提出了新的要求,2015 年新修订的《立法法》第 10 条更是提出了授权的期限不得超过 5 年的限制,但该法生效之后,虽然不影响"1985 年授权决定"的效力,但是,对于该决定在内容方面的瑕疵以及实施方面的问题,《立法法》应该还有一定的适用空间。这种适用,既包括精神方面的贯彻,也包括规范方面的落实。

《立法法》第 10 条要求,授权决定应当明确授权的目的、事项、范围、期限以及被授权机关实施授权决定应当遵循的原则等。被授权机关应当严格按照目的、事项、范围、期限以及被授权机关实施授权决定应当遵循的原则等行使该项权力。而"1985 年授权决定"对授权的、事项、范围、期限以及被授权机关实施授权决定应当遵循的原则等方面的限定近乎空白。对于经济体制改革和对外开放方面的事项,只要不与现行法律的原则和要求冲突,国务院就可以制定行政法规施行。这样的授权决定虽然不能根据《立法法》判定违法,但是,在《立法法》生效之后,继续允许国务院依据"1985 年授权决定"行使立法权,无疑是一件极不合适的事情。从实际效果来看,《立法法》第 9 条加上"1985 年授权决定",除了明确法律保留的项目之外,国务院几乎可以为所欲为,一直到全国人大及其常委会就相同事项制定法律为止。

倘若如此,《立法法》第 10 条要求的限制(除期限的限制外)将完全落空。面对"1985 年授权决定"的概括性授权,所谓"被授权机关应当按照授权的目的、事项、范围、期限以及被授权机关实施授权决定应当遵循的原则行使该项权力",纯粹是镜花水月,不可企及。这是因为,"1985 年授权决定"本身就没有明确授权的目的、事项、范围、期限以及被授权机关实施授权决定应当遵循的原则,而只是为了解决当时法律供应短缺的问题。有鉴于此,《立法法》生效之后,对专属全国人大或其常委会立法的事项,即便授权立法仍然有必要存在,也应该根据《立法法》的要求,由全国人大或其常委会重新颁布授权决定,明确授权的目的和范围,杜绝空白授权。国务院不宜继续依据"1985 年授权决定"行使立法权。

《立法法》第 12 条还明确,被授权机关不得将该项权力转授给其他机关。这从规范方面对国务院的授权立法提出了更为具体的要求。就税收立法而言,有关税收构成要件方面的内容,既然国务院的税收立法权来自全国人大的授权,就必须亲自履行职责,不能将这种权力转授其职能部门或地方政府。财政部、国家税务总局直接发文修改《消费税暂行条例》的行为,国务院授权重庆、上海进行房产税改革试点的行为,都违反了被授权机关不得转授权的规定,与《立法法》的要求直接相悖,应该得到纠正和制止。

3.2 税收立法授权及税收授权立法的走向

不管现在人们如何评价,在改革开放初期的 1984 年和 1985 年,面对缓不济急的立法形势,最高立法机关对国务院授权,允许其制定行政法规并施行,有值得肯定的一面。如前文所述,立法授权本身就回答了立法权归属的问题,是法治原则的一种体现。特别是,当这种授权是应国务院的建议而为时,更加说明在最高行政机关心目中,对《宪法》第 89 条有非常准确的理解:国务院规定行政措施,制定行政法规,发布决定和命令,必须以宪法和法律为依据。如果没有立法机关的授权,国务院制定的行政法规,无论是税收还是其他方面的,都会面临违宪的指责。从这个意义上说,无论是"1984 年授权决定"还是"1985 年授权决定",其积极意义在当时都不容否定。

2000 年的《立法法》进一步厘清了全国人大和国务院的立法权限,第 8 条规定了若干只能制定法律的事项,其中就包括财税基本制度。遗憾的是,绝对禁止授权的事项不包括财税基本制度,从形式上看,《立法法》生效后,只要有合法的授权,国务院可以决定开征新税。不过,在法治的视野中,罪刑法定和税收法定同等重要。前者关乎人身自由以及生命权,后者涉及公民的财产权。我国《刑法》早在1979年就确立了罪刑法定主义,给犯罪嫌疑人提供基本的法治保障,为司法机关设定基本的法治要求。在税法方面,"1984年授权决定"就是对税收法定主义的确认,正面回应了《宪法》第54条关于"公民依照法律纳税"的要求。不过,税收法定与授权立法蕴含内在矛盾。坚持税收法定主义,就意味着反对授权立法;允许授权立法,就等于放弃了税收法定主义。1992年《税收征收管理法》和2000年《立法法》正是这种矛盾的综合体。它们一方面肯定税收法定,另一方面又承认授权立法,让税收法定主义无所依存。按照税收法定主义的要求,税收的构成要件只能由法律规定,不能委由其他国家机构代行。这个要求既是对政府的约束,也是对立法机关的限制,意味着它只能自己行使课税权,不能将这项权力转授给其他人。

虽然在税法上也有授权立法之说,但是,这种授权不能涉及税收构成要件,只能针对一些具体的技术性事项。例如,《企业所得税法》第二章提出对收入、扣除的基本要求后,鉴于该问题的复杂性和技术性,第20条规定"本章规定的收入、扣除的具体范围、标准和资产的税务处理的具体办法,由国务院财政、税务主管部门规定"就属于这种情况。至少,企业所得税的纳税人、税基、税率等,法律已经设定了基本要求,政府无权变动。国务院财税主管部门能够做的,只是在这个框架下根据立法精神进行细化。虽然这样做也会涉及纳税人的利益,可能构成规则的创制,但是,这种授权比起完全委由国务院自由发挥,对纳税人的利益影响要小得多。而之所以需要容忍这种现象的存在,主要是因为这些规则过于技术化,或需要根据情况作频繁调整。否则,税法的稳定性将难以保证,其张力及弹性也难以体现。

从这个意义上说,我们不仅要关注"1985年授权决定"的收回,更要关注税收授权立法的法律依据，从源头上根治违背税收法定主义的行为。鉴于我国已经建立比较健全的税收体系，而目前税收立法的重点是将暂行条例上升为法律，我主张利用本次修改《税收征收管理法》的机会，重申税收法定主义，废止税收授权立法的内容。例如，《税收征收管理法》第3条第1款可以修改为："税收的开征、停征以及减税、免税、退税、补税，依照法律的规定执行。"第2款可以修改为："任何机关、单位和个人不得违反法律的规定，擅自作出税收开征、停征以及减税、免税、退税、补税和其他同税收法律相抵触的决定。"在未来《立法法》再次修订时，将财税基本制度列为绝对禁止授权立法事项。而所谓财税基本制度，理所当然包括税收的开征、停征以及减税、免税、退税、补税。

对于"1985年授权决定"，如果全国人大能够将其废止，其积极意义也非同寻常。《立法法》生效之后，国务院于2006年制定了《烟叶税暂行条例》和《车船税暂行条例》，说明"1985年授权决定"确实在发挥作用。未来确定开征遗产税、环境税时，如果授权令仍未被废止，国务院还可以继续行使立法权。一旦"1985年授权决定"被废止，又不能取得新的授权令，国务院将无法继续行使税收立法权，这对回归税收法定主义无疑是一个非常重要的举措。不过，要全面废止"1985年授权决定"可能难度比较大。毕竟，其范围并不限于税收立法。经济体制改革和对外开放方面的其他事项，并不一定都要列为法律保留事项。有鉴于此，在保留"1985年授权决定"的前提下，全国人大可以就税收立法做出专门限制，收回国务院制定税收行政法规的权力。

税收立法授权被收回后，根据授权而制定的税收行政法规并非当然失效。虽然"1985年授权决定"本身存在很严重的瑕疵，但是，其合法性无论在当时还是现在都不容否定。因此，即便该授权决定被废止，或者税收立法授权被收回，根据该决定而制定的税收暂行条例仍然有效，可以成为政府征税的法律依据。让其丧失法律效力最直接的方式是由国务院明令废止。2006 年,国务院发布第 459 号令,废止《屠宰税暂行条例》,就属于这种情况。税收立法授权被收回后,如果相应的税收立法被认为违反宪法和法律,而国务院又没有予以废止,根据《立法法》第 97 条,全国人大常委会有权将其撤销。对于确有必要存在的税种,全国人大应尽快制定相应的法律,取代税收行政法规。《立法法》第 11 条规定,"授授权立法事项,经过实践检验,制定法律的条件成熟时,由全国人民代表大会及其常务委员会及时制定法律。法律制定后,相应立法事项的授权终止"。《车船税法》生效后,《车船税暂行条例》自然失效,就是一个例证。

授权决定被废止后或者立法授权被收回后,还要防止国务院借修改现行条例之名,事实上课征新税,加重纳税人的负担。例如,目前在重庆、上海施行的房产税试点方案,实际上与《房产税暂行条例》大相径庭,已经是另一种全新的税收;成品油消费税改革,其实也是在推行变相的燃油税。在目前立法授权仍然有效的情况下,国务院本来没有必要这么做。不过,当前全国上下都开始关注税收问题,税收行政立法实际上面临不小的压力。如果仅仅修改现有行政法规,就能实现开征新税的目的,何乐而不为?未来可以预见的情况是,国务院一旦失去立法授权,借修改之名课征新税的愿望会更加强烈。从坚持税收法定主义的角度看,届时,有必要对行政权力施加进一步限制。例如,可以考虑,允许国务院修改现行税收条例,但是,征税范围不能扩大,税率也不能加重。确有必要如此的,国务院只能跟立法机关协商,通过推动税收立法达到目的。

3.3 关注全国人大的税收立法能力

在坚持税收法定主义的前提下,虽然授权立法在各国普遍存在,但是,中国立法机关将税收立法权如此广泛地授予政府,让政府可以任意决定开征何种税收,同时确定税收构成要件的内容,这在法治国家中应属非常奇特的现象。导致这个现象的原因,一方面跟改革开放初期的中国缺乏法治意识有关,另一方面可能是,立法机关缺乏足够的能力应对纷繁复杂的税法问题。到2000年制定《立法法》时,虽然立法机关已经意识到课税法定,但是,鉴于自身立法能力不足,还是将课税从绝对禁止授权立法项目中排除,允许在尚未制定法律时授权国务院立法。从2000年到现在又已经过去15个年头,如果按照我们的设想,将财税基本制度列为严格法定对象,绝对禁止授权立法,立法机关准备好了吗?

税法直面经济实践,每一种交易形式都必须有相应的课税规则。由于市场经济尊重交易自由,当事人创造出的交易形式层出不穷,税法不得不频繁变动以为因应。出于便利方面的考虑,税法中常常引入相对统一的标准,牺牲对具体细节的真实性追求,也会让税法变得技术性和程式化。另外,税法中还融入了经济、文化、社会政策因素,不论是课税范围还是税率、税目,需要将税法之外的因素考虑在内,这更会增加税法的复杂性。特别值得注意的是,为了应对纳税人避税,税法不得不增加很多反避税措施,一般性规则也有可能嵌入反避税视角,赋予税务机关相对灵活的权限。上述因素的存在,让税法成为一个非常专业的领域,无论是立法、行政还是司法,都需要专门的人才和知识积累。

目前,全国税务行政人员数量庞大,分工也较为精细,税务专业能力相对较强。但最高立法机关在这方面的准备明显不足,无论是制度、人力还是知识储备,都可能难以胜任税收严格法定后的重担。如果立法机关不加强立法能力,最有可能的结果就是,形式上坚持了税收法定,由全国人大或其常委会制定税法,实际上仍然广泛授权政府,使政府拥有充分的税收决策权。《个人所得税法》虽然早在1980年就已经制定,并且历经六次修正,迄今为止仍然只有15个条文,国务院制定的《个人所得税法实施条例》却有48条之多,财政部、税务总局发布的规范性文件更是多如牛毛。《企业所得税法》虽然制定于2007年,全国人大的立法能力已经有所改进,仍然面临同样的问题。因此,我们一方面呼吁落实税收法定原则,尊重纳税人的同意权,另一方面必须关注立法机关的能力建设。

好在迄今为止,我国已经建立比较健全的税收体系,无论是流通环节、所得环节还是财产环节,都有相应的税法在发挥作用。全国人大收回对国务院的税收立法授权后,国务院制定的税收暂行条例仍然有效。这给全国人大留下了一个缓冲空间,让其可以在相对长的一段时期内,根据能力和需要,逐步将税收条例上升为税法。

4. 税收法定主义与其他税法原则的协调

税收法治的实现并不仅仅是确立一个税收法定原则那么简单,单纯的税收法定原则最多能为我们带来"税收法制"而不是"税收法治"。"税收法治"是个美好且值得追求的目标,然而这一目标的实现却远不是确立一个"税收法定原则",或仅仅是倡导该原则"入宪"就能一劳永逸地得到解决的。[1] 税收法治的达成,除开仰仗税收法定主义外,还需其他法律原则的支持,特别要注意各项原则之间的互动、组合配置,以发挥最大功效。具体至税收法定主义,当下要格外注意与量能课税、实质课税、禁止溯及既往、契约自由等原则的衔接。税收法定主义虽然是广泛适用于税收立法、执法和司法的基本原则,但这并不意味着税法上的其他原则都是源自税收法定主义。应该说,税法上的原则各有其不同的适用范围,各自起到不同的规范和指引作用。

第一,税收法定主义与量能课税原则。税收法定主义、量能课税原

---

〔1〕 王冬:《现实语境中的"税收法定原则"效力的再反思》,载《经济法论坛》(第10卷),群众出版社2013年版,第277页。

则与稽征经济原则并列为税法建制的三大基本原则。税收法定主义着眼于形式正义,量能课税原则关注实质正义,而稽征经济原则则属于技术正义的要求。它们分别代表不同层次的理性考虑。量能课税原则为依法课税的伦理基础,税收法定主义为量能课税的制度基础。课税权不是单纯以国家的统治权力为基础,还需要一定的伦理基础来正当化。[1] 简单地说,税收法定主义与量能课税原则分别代表税法的两种思维理念和价值,税收法定主义是形式法治的体现,突出对国家征税权的控制和纳税人权利保障;量能课税原则体现了实质法治的要求,突出国家征税权对纳税人交易自由的规制。[2]

税收法定主义与量能课税原则在不同的领域均需灵活配置。比如,在立法领域,税收法定主义原则与量能课税原则没有效力隶属关系。税收立法既要贯彻税收法定主义,也要尊重纳税人的税收负担能力,保证税收平等。如果只重视形式的法定,而不关注税法内容的公平,一旦代议制机构成为利益集团的代言人,税法就会蜕变成一种合法的暴政,成为侵犯普通纳税人权益的合法工具。这种内容与形式相分离的现象是宪政国家的公敌,宪法必须从内容和形式两个方面同时予以保障,才可能收到良好的社会效果。因此,在立法领域,量能课税原则与税收法定主义原则是同等重要的,二者之间不存在效力隶属或交叉的关系。但是在行政执法和法院司法的领域,量能课税原则的效力才会因为税收法定主义的要求而受到较强的限制。因此,税务机关和司法机关即便可以保留一些自由裁量权,以体现量能课税的要求,但其仍然必须受到税收法定主义的约束。只不过,这种自由裁量权的限制

〔1〕 参见黄茂荣:《法学方法与现代税法》,北京大学出版社 2011 年版,第 128 ~ 129 页。

〔2〕 参见[日]金子宏:《日本税法》,战宪斌、郑林根等译,法律出版社 2004 年版,第 57 页。

不仅仅来自量能课税原则，比例原则、平等原则也在事实上起着规范的作用。

第二，税收法定主义与实质课税原则。实质课税原则有经济的实质主义和法律的实质主义之分。两种实质主义强调，在适用税法时，必须认定课税要件事实，如果课税要件事实的“形式”与“实质”不一致，则不能依照形式，而只能依照其实质加以判断。当依据形式并没有符合课税要件的事实存在时，如果其经济或法律实质符合课税要件，也必须认为课税要件已经满足。同理，如果形式符合课税要件，但实质上却并无该项事实存在，则必须认定课税要件未能满足。[1] 税收法定主义凸显其“法定性”，其与实质课税原则既有明显的一致性，又存在难以避免的冲突。两者的一致性更多地体现在其追求的宏观目标——社会正义、经济公平；两者的冲突更多体现在，税收法定主义侧重对征税方公权滥用的约束，而实质课税原则侧重对纳税方规避纳税义务方法途径的限制。当征纳双方利益矛盾凸显时，冲突随时可能发生。[2]

实质课税原则作为一种非常重要的反避税思路，在税收执法过程中有大量的应用，也经常引起纳税人广泛的质疑。其最主要的问题是，如何判断一项交易的实质？谁来判断？当税法所要求的形式均已满足，但交易的实质被断定相背时，如果税务机关径行调整，否定当事人的交易形式，是否违反税收法定主义？确实，不能否认在实务中存在大

---

〔1〕 二者的区别在于，法律实质主义强调，当形式与实质不一致时，必须依据与实质相对应的法律关系，判断其是否符合课税要件。不能脱离真实存在的法律关系而直接按照其经济上的效果或目的，来判断课税要件的存在与否。而经济实质主义则强调，税收负担有必要维持实质的公平，即便法律形式或名义相同，只要其经济的实质有差异，就应作不同的处理。税法所把握的不是法律形式，而是法律形式背后的经济实质。只要存在经济实质，不管其法律形式或外观如何，都必须等同课税。详细的论述参见[日]金子宏：《日本税法》，战宪斌、郑林根等译，法律出版社 2004 年版，第 102、103 页。

〔2〕 葛克昌、贾绍华、吴德丰主编：《实质课税与纳税人权利保护》，元照出版公司 2012 年版，第 258 ~ 265 页。

量的避税行为,有必要在一定程度上贯彻实质重于形式的理念。但是,如果完全抛开税法规则,仅凭税务机关对实质的认定,比附援引,为纳税人创设税务义务,这又会极大地影响税法的安定性,以及纳税人对交易安全的合理预期。因此,实质课税到底应该通过立法来体现,还是可以赋予税务机关相应的权限,需要妥善衡量。

第三,税收法定主义与禁止溯及既往原则。禁止溯及既往原则虽然与税收法定主义有很紧密的联系,但它并不完全是税收法定主义的下位概念。从税收法定主义出发,为了维持法的安定性和可预测性,税法当然只能适用于其生效之后的事件,否则就会使纳税人总是处于惶恐不安之中。另外,禁止税法的溯及既往也在考虑纳税人对税法的信赖利益。如果纳税人已经基于现行税法作出相应的经济决策并付诸实施,那么纳税人对税法的内容已经产生一种信赖,即相信自己经济行为的税法后果会如同自己的预期一样稳定,不会随着税法的变化而变化。如果法律可以随意破坏这种信赖,这对整个社会良好法律意识的形成非常不利。因此,税收法定主义固然可以推演出税法溯及禁止,但并不足以证明税法溯及禁止只是来源于税收法定主义。所以,税法应谨慎对待溯及既往,除了考虑税法的广义或狭义等范围因素之外,实践中还必须对其从时间维度上进行考察,以确定税法能否溯及既往。在衡量税法的可溯及性时,必须针对不同的法律规范分别加以甄别,不能一概而论。在税收行政处罚和刑事处罚领域,税收法定主义并无适用的空间,“从旧兼从轻”成为税收处罚的法律原则。由于这种溯及从轻的做法并没有涉及税收负担的相对调整问题,因此在税法上是可以接受的。另外,人们经常套用“实体从旧、程序从新”的谚语来说明税法上两种不同类型规范的溯及性,这种说法也是值得商榷的。实际上,税法上的实体和程序之间的界限并非截然分明,实体法中包含程序性规范,程序法中包含实体性规范。如《税收征收管理法》中的法律责任就完全属于实体性规定，而《企业所得税》法中的纳税期限、纳税地点等又属于程序性规定。如果程序法中的实体性规范也采用“从新”的方式处理，这与典型的溯及既往的危害并无二致。同时，程序法中也有一些内容会直接影响纳税人的实体利益，如核课期限、处罚期限等，如果完全“从新”处理，对纳税人同样也可能带来损害。因此，如何确定程序法规范的可溯及性，还需要具体问题具体分析，不能过于绝对。

第四，税收法定主义与税法中的“契约自由”原则。如果严格遵守税收法定主义，税务机关只能依法征税，纳税人也只能依法纳税，契约自由在税法上并无存在的空间。然而随着对私法契约理念的借鉴，税收法定主义也日渐松动，典型如税收可否由第三人代为履行在学界正逐渐达成共识。与此同时，行政契约逐步渗透在行政法中，税法也难免不受冲击。从预约定价安排到税收遵从协议，从税务和解协议到委托代征协议，税法中的“契约自由”不断扩张。如何看待这一现象，税收法定主义与“契约自由”能否在税法上共存？笔者认为，纳税人对税务机关凭借行政权力所建立命令服从关系更容易心怀反感，允许适度的“契约自由”有助于和谐征纳关系的构建，节省征纳双方的征管成本和纳税成本。只是必须看到，税是宪法上的义务，欺负着公法上的责任。因此，只有在不改变法定义务的前提下，契约自由才可以得到尊重，税收协议才可以在一定范围内予以承认。

总之，虽然我们强调税收法定主义在税法中的重要地位，称税收法定主义为基本原则，并不是因为其效力必然比其他税法原则都高，而是因为其在税法中的适用范围最广，影响最大，且许多具体原则都与其存在一定的渊源关系，所以成为税法中最重要的原则。但这并不代表税法中只有税收法定主义原则，没有需要适用的其他法律原则，也并不说明其他原则都是从税收法定主义推衍出来的下位原则。在研究税法时，既要考虑到税收法定主义对其他原则的影响，也要顾及其他原则对税收法定主义的限制或修正。只有认真提炼各种原则的特性，并注意区分各自之间的关系，才能逐渐理顺各种原则之间的关系，形成一个互动开放的原则体系。

5. 落实税收法定主义的路线图

十八届三中全会明晰了财税体制改革的重大方针，并在党的文件中第一次明确提出"落实税收法定原则"，将"完善立法"放在财税体制改革总目标的首位。十八届四中全会提出了"依法治国"的大政方针。[1] 加之税收关系国计民生，与国家治理和广大纳税人的切身利益紧密联系，而当前，税收法定严重不足与税收领域对法定的迫切需求之间矛盾日益凸显。因此，推进税收法定刻不容缓。而设定路线图和时间表，回应现实需求，是当前落实"税收法定"原则的应然路径。并且，鉴于税收的重要性，税收法定的推进理应成为我国法治建设中最重要的一环。

法律层面，2015 年新修订的《立法法》不仅明晰了税收法定的内涵，而且表明对授权立法的审慎态度，为税收法定的落实提供了重要依据。《立法法》第 8 条第 6 项明确规定，税种的设立、税率的确定和税收征收管理等税收基本制度只能制定法律，税收法定的内涵更加明晰化，也策应了《宪法》第 56 条关于依法律纳税的规定，坚实了税收法定的法源。第 10 条对包括税法立法授权在内的授权的目的、事项、范围、期限以及被授权机关实施授权决定应当遵循的原则等进行限制，体现了更加严格的立法授权，进一步证成了 1985 年授权决定的废除的必要性和迫切性，将进一步推动税收法定的贯彻和落实。

---

〔1〕 参见刘尚希：《"税收法定"应设时间表和路线图》，载 http://politics.people.com.cn/n/2014/1107/c70731－25990390.html，访问日期：2015 年 7 月 20 日。

政策层面，全国人大法工委起草、党中央审议通过了《贯彻落实税收法定原则的实施意见》，更是明确了落实税收法定原则的“路线图”，对其分步分类实施，其对 2020 年前完成相关立法工作作出了如下安排：“第一，不再出台新的税收条例；拟新开征的税种，将根据相关工作的进展情况，同步起草相关法律草案，并适时提请全国人大常委会审议。第二，与税制改革相关的税种，将配合税制改革进程，适时将相关税收条例上升为法律，并相应废止有关税收条例。在具体工作中，有一些税种的改革涉及面广、情况复杂，需要进行试点，可以在总结试点经验的基础上先对相关税收条例进行修改，再将条例上升为法律。第三，其他不涉及税制改革的税种，可根据相关工作进展情况和实际需要，按照积极、稳妥、有序、先易后难的原则，将相关税收条例逐步上升为法律。第四，待全部税收条例上升为法律或废止后，提请全国人民代表大会废止《全国人民代表大会关于授权国务院在经济体制改革和对外开放方面可以制定暂行的规定或者条例的决定》。第五，全国人大常委会将根据上述安排，在每年的立法工作计划中安排相应的税收立法项目。”对于税收法定而言，《贯彻落实税收法定原则的实施意见》中关于 2020 年的时间限定和“路线图”，着眼于当前阶段税收领域存在的主要矛盾，凸显法治原则，回应了当前现实。通过这些具体安排，基本的形式法定和税制改革将初步完成。

与此相配套，2013 年 8 月 3 日，修改后的“十二届全国人大常委会立法规划”在“中国人大网”公布。新立法规划中，一类、二类项目由 68 件增加至 102 件。一类项目中，除增加编纂民法典、制定文化产业促进法外，“增值税法等若干单行税法”的表述也变为更为明确的“环境保护税法、增值税法、资源税法、房地产税法、关税法、船舶吨税法、耕地占用税法”七部税法。[1]

从大政方针到明晰法律依据和提供政策支持，最后到具体落实，税收法定不断向前推演。随着税收法定的不断推演，需要进一步的明确实施条例、细则、解释的授权范围，对实施条例可以做什么、实施细则可以做什么、法律解释本身的限度在哪里，制定更详细的要求。

但形式法定仅仅是落实税收法定的第一步，完成税收法定的“原始积累”，需要进一步迈向税收的实质法定。其主要表现为：由“规范法律形式”向“规范法律实质”跨越，税收基本问题不仅要“有法可依”，而且要追求“良法善治”；推动实现税收立法、执法、司法和守法的全过程动态法定；法定原则贯穿在税收的收、支、管等不同环节。[2] 但税收法定并不是财税法治建设的终极目标，其仅仅是法治财税新的起点，是财税法治发展的初级阶段。所以，还必须遵循从“税收法定”到“预算法定”再到“财政法定”的沿革路径，在这一过程中不仅法定，更要彰显财税自身的实质理性。不断凸显法治财税限定最高权力、引入正义和道德提供目的指引、筑就保护纳税人权益防线的功效，体现法治财税的实质要义。

---

〔1〕 载 http://www. npc. gov. cn/npc/xinwen/lfgz/2015 - 08/03/content_1942599. htm，访问日期：2015 年 8 月 8 日。

〔2〕 参见刘剑文、侯卓：《税收法定原则如何落实？》，载《光明日报》2015 年 3 月 30 日。

第十章 税收优惠政策的清理与规范[1]

1. 我国税收优惠政策立法的现状梳理

改革开放至今三十余年,财政领域成为改革的前沿阵地,尤其是“近年来,在我国财政领域,财政政策增长很快,但财政法律却没有相应地增长”。[2] 税收优惠政策繁杂而法律严重不足即是明证。“政策的增长和盛行导因于经济社会生活的日益复杂化以及人们对于政府期望的增加”,[3]但也必须看到,税收优惠的“政策之治”可能导致政策的效力递减甚至失效,更致命的是,容易扭曲人们的税收法治意识,影响税收执法和守法,延缓税收法治化的进程,因而必须对

---

〔1〕 本部分源自熊伟:《法治视野下清理规范税收优惠政策研究》,载《中国法学》2014 年第 6 期,收入本书时有所增删。武汉大学法学院叶金育博士为此做出了重要贡献,在此致谢!

〔2〕 邢会强:《财政政策与财政法》,载《法律科学》2011 年第 2 期。

〔3〕 邢会强:《政策增长与法律空洞化——以经济法为例的观察》,载《法制与社会发展》2012 年第 3 期。

其保持高度关注。

纵观改革开放以来的税收优惠立法，从文件数量上看，自 1980 年 10 月 28 日《财政部关于华侨从海外汇入赡养家属的侨汇等免征个人所得税问题的通知》（财税外字〔1980〕第 196 号）发布以来，截至 2013 年 12 月 31 日，通过国家税务总局税收法规库检索，〔1〕国务院财税部门共发布 2154 个关于税收优惠的规范性文件，大部分发布于 2000 年以后，覆盖现行全部税种。从行业分布看，税收优惠主要涵摄农林牧副渔业、能源交通运输业、金融行业、建筑及相关产业、高新技术产业、科教文卫体业、民政福利与社会保障、公共事业、进出口业等。具体到每个行业，既有专门针对外资的税收优惠，也有专门针对国有资本的税收优惠，还有仅面向特殊人群的税收优惠。不同行业，甚至同一行业内部，不同受惠群体，其享受的税收优惠千差万别。即便是不同地区的同一行业，税收优惠也有很大不同。

当前，我国税收优惠政策尤其是区域优惠政策过多过滥。该类优惠主要涉及下列区域：经济特区、沿海经济开发区、经济技术开发区、高新技术产业开发区、沿海开放城市、沿江开放城市、内陆开放城市、边境对外开放城市、国家旅游度假区、苏州工业园区、福建台商投资区、上海浦东等国家级新区、海南洋浦开发区、出口加工区、保税区、中西部及贫困地区、农村税费改革试点地区、东北、内蒙等老工业基地、民族地区等。由于这种地域性税收优惠的广泛存在，原本应该统一的市场实际上形成一个又一个的税收洼地，资源的流动不再取决于市场，而是受制于税收优惠的力度，不仅违背了税收中性原则，税收套利的现象日益严重。

---

〔1〕 此处仅统计国家税务总局税收法规库检索系统能检索到的税收优惠规范性文件，对于未纳入该检索系统的地方性税收优惠文件以及一些变相的优惠文件等因技术、精力等原因，无法吸纳其中，特此说明。

与此同时,随着税法的发展和完善,税收优惠的形式也越来越丰富。除了传统上惯为采用的减免税之外,立法机关和执法机关通常还采用缓缴税款、退税(包括出口退税、再投资退税、即征即退等)、税额抵扣、税收抵免、税收饶让、税收豁免、投资抵免、加速扣除与加速折旧、亏损结转、起征点与免征额、存货计价等形式创设税收优惠。其中,有的直接产生税收减免的效果,有的只是在一定程度上体现税收减免,还有的甚至需要借助于财政手续,才能达到减免税收、惠及纳税人的目的。特别值得一提的是,由于税收减免权目前被垄断在中央,地方为吸引投资、刺激经济发展,往往变相进行减免税。中央长期以来一直清理整顿的先征后返或财政奖励,很多就属于这种类型。[1] 凡此种种,让人顿生"横看成岭侧成峰,远近高低各不同"之惑,也为税法如何规范税收优惠增加了难度。因为"制定税法,是与一定经济基础相适应的,税法一旦制定,在一定阶段内就要保持其稳定性,不能朝令夕改,变化不定。如果税法经常变动,不仅会破坏税法的权威和严肃性,而且会给国家经济生活造成非常不利的影响"。[2]

庞大的优惠文件数量,种类繁多的优惠形式,照理足以撑起一个完美的税收优惠法律体系。然而事实并非如此,其中不仅实质合理性缺乏,就连形式合理性也无建立的征兆。税收优惠立法缺陷主要在于:其一,结构缺陷。主要表现为,税收优惠立法缺乏规范的权力分配原则,导致不同位阶的税收优惠法律制度数量分布不合理、内容上缺乏结构上的系统性。其二,立法模式缺陷。我国税收优惠普遍采用的授权立法,导致权力主体多元化、决策与执行程序无序化、形式隐蔽化、执法随意性大等

---

〔1〕 国务院《关于纠正地方自行制定税收先征后返政策的通知》(国发〔2000〕2 号);《财政部、国家税务总局关于坚决制止越权减免税　加强依法治税工作的通知》(财税〔2009〕1 号)。

〔2〕 刘剑文主编:《中国税收立法基本问题》,中国税务出版社 2006 年版,第 144 页。

弊端。其三,立法技术缺陷。主要表现为原则性规范缺失、价值性规范不足、表述方式不严谨。其四,利益平衡缺陷,未能有效平衡国家与纳税人之间、纳税人相互之间、地方政府之间的利益,致使诸多税收优惠背离初衷。[1] 尤其是区域税收优惠,原本应调和区域之间、群体之间的差距,但现行政策偏向经济发达地区,实际上形成了逆向调节。

《十八届三中全会决定》提出,加强对税收优惠特别是区域税收优惠的管理,税收优惠政策统一由专门税收法律法规规定,可谓恰逢其时。然而,面对过于泛滥的税收优惠措施,哪些需要清理和规范、清理和规范的标准是什么、清理规范的法律形式如何选择,《十八届三中全会决定》所给出的判断仍显抽象。《国务院关于清理规范税收等优惠政策的通知》(国发〔2014〕62 号)提出"凡违法违规或影响公平竞争的政策都要纳入清理规范的范围,既要规范税收、非税等收入优惠政策,又要规范与企业缴纳税收或非税收入挂钩的财政支出优惠政策"。这虽然给定了清理规范的范围,但这一规定仍过于原则,有待于进一步阐释和发掘。

从法治原则的角度看,量能课税、合比例性、税收法定等原则与《十八届三中全会决定》所要求遵循的"统一税制、公平税负、促进公平竞争的原则"内在契合,且已经形成稳定的规则体系,可以在清理规范税收优惠政策方面发挥重要作用。量能课税是公平税负最基本的保障,是促进公平竞争的内在要求。据此,税法应当尽可能统一适用,除非有足够的正当性,否则不应该提供税收优惠。即便基于照顾性或政策性目的的需要,确实有必要偏离量能课税原则,为特定纳税人提供税收优惠,其合法性也必须接受比例原则的审查,保证目的与手段之间的合比

---

〔1〕 参见王霞:《税收优惠法律制度研究——以法律的规范性及正当性为视角》,法律出版社 2012 年版,第 27 ~ 42 页。

例性。更进一步而言,无论是哪种税收优惠,都必须满足税收法定主义的要求,不得越权设立。因此,仅仅用专门税法规定税收优惠仍显不够,还必须考虑各种税收优惠文件的效力依据,构建一个兼具实质合理性和形式合法性的税收优惠法律体系。

2. 量能课税视野下的税收优惠政策评估

量能课税既是一种重要的财税思想,也是税法一项结构性原则,对税收立法、执法和司法都具有重要的指导作用。[1] "税课是否平等,须依其衡量标准;依个人之支付能力以课税,即为衡量标准。每一位纳税义务人与其他纳税义务人的纳税能力,究竟是相类似或不同,量能课税原则即为其指针。"[2]作为公平原则的体现,量能课税要求在税法上平等对待,即具有相同税收负担能力的人负担同样的税收;不同税收负担能力的人,只负担与其税收负担能力相适应的税收。衡量税收负担能力的标准虽然具有多样性,但是,结合现代税制的内容,收入、所得、财产往往是最直接的指标,其分别对应流转税、所得税和财产税。虽然每项指标在衡量税收负担能力方面的精确度不一样,例如,所得和财产指标较为准确,收入指标相对要弱得多,但总体来说,税收负担能力借此相区别还是可以成立。税负指标确定之后,经过比例税率的适用,最后的结果自然是,收入、所得、财产越多的人,需要缴纳的税款越多。收入、所得、财产较少的人,在社会上往往处于相对弱势,其需要缴纳的税款相对则少。

肩负实质正义[3]追求的量能课税,不仅仅是宪法平等原则的体现,

---

〔1〕 参见葛克昌:《量能原则为税法结构性原则》,载《月旦财经法杂志》第1期。

〔2〕 葛克昌:《税法基本问题(财政宪法篇)》,北京大学出版社2004年版,第122页。

〔3〕 参见黄茂荣:《法学方法与现代税法》,北京大学出版社2011年版,第129页。

也是税收公平理念的要求。从市场竞争的角度看,如果不同税收负担能力的企业最后缴纳的税款毫无差别,或者相同税收负担能力的人,其中一部分却可以得到豁免,这无疑是对公平的破坏。对享受税收优惠的人而言,其竞争力的提升会更快,其他人则会处于不利的竞争地位。特别是区域性税收优惠政策的存在,导致全国统一市场被各种税收洼地所分割,给纳税人的经济决策带来太多干扰,违反了税收中性原则。《十八届三中全会决定》提出,应该发挥市场在资源配置中的决定性作用。这个论断衍生到税法领域则意味着,税收优惠措施不应该普遍存在,只能作为量能课税原则的例外。凡是偏离量能课税原则的措施,都必须找到足够的成立依据。我们认为,在清理规范税收优惠政策时,必须时刻把握这个前提,才能不至于就事论事,迷失大方向。

税收优惠泛滥所带来的另一个问题是,税收执法的统一性被破坏。纳税人除了遵守全国统一立法之外,还必须时刻关注针对不同行业、不同地区、甚至不同纳税人的税收优惠。由于目前税收优惠的立法主体众多、覆盖面广、变动性大,对于纳税人而言,其遵从成本非常之高。从另外一个角度而言,正是因为税收优惠导致的差别待遇,形成了一个又一个的政策洼地,激励和诱导纳税人改变交易形式,千方百计套取税收优惠待遇。例如,在2008年《企业所得税法》生效之前,国内资本通过第三国转回中国投资的现象非常严重,其目的就是获取外商投资企业税收优惠。而面对这些税收套利行为,哪些能够接受,哪些可以容忍,哪些必须坚决打击,税务机关要把握好度也并非易事。这不仅带来执法的不确定性,而且会导致极高的执法成本。对于执法资源和能力都较为有限的中国税务机关而言,这并不是一种理想的选择。因此,回归量能课税原则,维护税法的统一实施,清理规范税收优惠政策,确实是必要之举。

鉴于纳税人的情况千差万别,税法完全等同划一也非良策,除了量能课税所要求的不同情况不同处理之外，对于税收负担能力形式上相同的纳税人，如果掺入经济、社会、文化、教育等政策因素，或者考虑纳税人的生理、心理、年龄等客观原因，税收优惠政策也会有存在的空间。需要衡量的是，针对特定的情况，到底采用税收减免措施为佳，还是可以采用其他财政替代手段？例如，增值税实行进项税额抵扣制，前后呼应，环环相扣，减免税虽然可以减少特定环节的税收负担，但破坏了增值税抵扣链条的完整性，所减免的税收实际上被转嫁到下游环节，消费者并不能从中受益，政府的收入也分文未少。如果能够采纳先征后返的做法，先要求纳税人缴纳税款，再通过财政渠道将其返还，则不仅维护了增值税抵扣链条的完整性，也能保证目标人群的真正受益。更为重要的是，税法的统一性得到尊重。因此，在起草和设计税法时，如果需要鼓励或照顾特定纳税人，直接减免税收或推迟纳税只是一种选择，另一种不违背量能课税原则的选择是，在对所有纳税人统一课税的同时，动用财政支出手段补助特定纳税人。

从实质正义的角度观察可以发现，税收优惠与量能课税原则也存在一定的关联，在清理和规范税收优惠政策时，这个细节也有必要纳入考虑范围。按照日本税法学家北野弘久教授的见解，在观察一项收入或所得的税收负担能力时，不应仅着眼于形式层面的数量多少，更要从实质合理性的角度进行衡量。[1] 以大企业和中小企业为例，当它们取得相同数量的收入或所得时，从形式上看有相同的税收负担能力，但是，由于二者彼此之间实力悬殊、承担风险的能力不等、在市场上的机会不均，就其实质而言，中小企业的税收负担能力远远比不上大企业。在这种情况下，对中小企业提供适当的税收优惠，有利于弥补其和大企

---

〔1〕 参见［日］北野弘久：《税法学原论》，陈刚、杨建广等译，中国检察出版社2001年版，第105～109页。

业在税收负担能力方面的差距,除了经济政策方面的鼓励或扶持之外,在一定程度上也体现了量能课税的要求。

笔者尝试将税收优惠分为照顾性和政策性两种。照顾性税收优惠针对社会上广泛存在的弱势群体,主要是指处于困难中的个人和家庭,也包括在市场竞争中明显处于弱势地位的企业。当其无须凸显政策调节目的、只是为了落实社会公平时,量能课税的精神已经得到体现。此种语境下诞生的税收优惠与基于政策目的的税收优惠有所不同,肩负的使命也有很大差异,它是税法落实公民基本权利和企业营业自由的结果。例如,就下岗失业人员、残疾人员、孤寡老人、低收入人员而言,鉴于其特殊的身体、年龄或收入限制属于社会的弱势群体。相比其他优势群体而言,即便他们有机会取得收入,这种收入的税收负担能力也弱得多。因此,政府有必要提供适当的税收减免,以免侵犯其涉及生存权的财产。此种照顾的正当性除了来自于宪法基本权利外,还因其深度矫正市场无力解决的"公平失灵",即对纳税人之间税收负担能力差异的矫正。所以,不能简单地以税收特权而对其加以指责,而应将其视为量能课税的一种内在体现。

政策性税收优惠与此不同,它不是基于对弱势群体的特殊照顾,而是被作为一种管制政策工具,通过激励或诱导措施的引入,实现特定的政策目的。例如,对高新技术企业、创业投资企业等市场主体的优惠,对三农产业、基础设施建设等产业或项目的优惠,以及经济开发区、经济特区等区域的优惠,与经济发展目的息息相关。对环保节能节水、资源综合利用的企业或项目的优惠,体现了环境保护政策的要求。而对博物馆、纪念馆、展览馆以及学校的优惠,则与发展文化教育的政策有关。在这一类税收优惠的架构下,量能课税原则因为特别规定而有所退让,进而创造出税收特权。毫无疑问,这种厚此薄彼的做法意味着税收歧视,与量能课税所要求的平等对待相悖。不过,如果确实出于正当目的,在范围、程度和期限上都合乎比例性,适当牺牲量能课税原则也是可以接受的。

总之,在落实《十八届三中全会决定》要求、清理规范税收优惠政策时,必须时刻牢记量能课税原则,将其作为衡量税收优惠的准则。毕竟,税法在基本面上的要求是量能课税、平等对待,只有这样才能保证法制统一,促进税收遵从,降低执法成本。虽然税收优惠也有存在的合理性,但是,其只能在特定的范围内存在,不能成为一个普遍现象,僭越作为基本原则的量能课税。一旦偏离量能课税,不管是照顾性税收优惠还是政策性税收优惠,要想取得其正当性,必须通过比例原则审查;要想获得合法性,则要遵守税收法定主义。后文将对此依次展开论述。

3. 比例原则:税收优惠政策的正当性考察

相比量能课税所要求的平等对待,无论是税收减免还是延迟纳税,或是其他税收优惠措施,都意味着其只能是部分人享有的特权。毫无疑问,这种特权必须取得合理正当性,且只能作为特例而存在,不宜普遍设定,否则就会破坏税法的统一性。只有当其追求的目的合理正当,且采用了恰当有效的手段时,税收差别待遇才具有正当性。如果放任税收优惠的设定,对其实施不加监督,则极易走向对立面,违背设定税收优惠时的初衷,危及税法的确定性、安定性。为此,必须以比例原则为指引,从观念上和制度上对税收优惠予以规制,使其不致如脱缰野马,肆意奔跑。

比例原则通常用于防止政府侵犯公民的合法权益及自由。它不是一个单一的原则,而是由适当性原则、必要性原则和均衡性原则组成。适当性原则要求所采取的手段必须是有助于目的达成;必要性原则要求在同等有效的手段中,采用利益损害最小或效益最大的手段来实现目标;均衡性原则要求在符合宪法的前提下,先考察手段的有效性,再选择对公民利益最温和的手段来实现目标,最后还必须进行利益上的总体衡量。如果政府采取的措施给公民带来太大损害,而其要实现的政策目标价值却十分有限,则明显不合比例性。[1] 在宪政体制下,对基本权利与公共利益的“度衡功能”,使得比例原则可以有效地限制国家公权的行使,达到最大限度地保护公民私权的目的,并且通过利益衡量的方法,在公共利益与私人利益之间妥善协调。

作为公法上的核心原则,比例原则早已突破宪法和行政法,在其他领域得到广泛应用。在税法中,比例原则是税收实体法和税收程序法共通的一项核心原则,通过考察目的和手段之间的关系,尤其是要考察征税目标价值的实现不能过分损害纳税人财产权,防止过度地破坏二者之间利益与价值的均衡。并且,其也是征税裁量权行使杜绝恣意与专横的理性的保障。[2] 由此可见,“比例原则兼具了原则和规则的功能,不仅在理念上体现了其对平等、正义、人性关怀等价值的追求,而且也为制度的具体运作提供了标准和衡量的尺度”。[3] 正是此种多维功能,使得比例原则成为审查税收优惠正当性的天然利器。当税收优惠与量能课税相左时,要想获得其正当性,必须论证该项优惠政策既有正当的政策目的,又有实现目的的合适手段,还有良好的实施效果。

每一种税收优惠都是为了追求某种目的。如果政策目的不对,税收优惠的正当性必然存疑。例如,在市场经济环境下,政府应该平等对待所有的企业,不再考虑其所有制类型。如果某项税收优惠仅仅针对国有企业,或者对国有企业的优惠程度比私营企业更高,就可能会违反目的正当性。基于这个前提,其所采取的手段越得力,负面效果将越明

---

〔1〕 参见范剑虹:《欧盟与德国的比例原则——内涵、渊源、适用与在中国的借鉴》,载《浙江大学学报》(人文社会科学版)2000 年第 5 期。

〔2〕 姜昕:《比例原则研究——一个宪政的视角》,法律出版社 2008 年版,第 18 页。

〔3〕 李刚、程国琴:《税收代位权与撤销权的比较研究》,载《当代财经》2007 年第 11 期。

显，对目的正当性的偏离会更加严重。另一种目的正当性是出于承担国际义务的考虑。例如，中国加入 WTO 之后，专门奖励和扶持出口的税收优惠失去合法性。如果政府不顾这一事实，仍然制定出口导向型税收优惠，同样难以通过目的正当性审查。

当然，从中也可以看出，税收优惠的目的正当性植根于具体的时空环境。原本符合正当性的政策目的，如果情况发生变化，其正当性可能丧失。例如，在改革开放之初，中国迫切需要引进外资，改善基础设施，提升技术和管理水平，对外商投资企业给予税收优惠情有可原。但是，经过 30 年的发展，国内的资金、管理、技术、基础设施都有很大改善，决策重心就应该转移到维护市场公平竞争，不宜单独给予外商投资企业税收优惠。

地域性税收优惠政策也是如此。本着"一部分地区先富起来"的目的，在改革开放早期，国家便赋予经济特区、沿海开放城市、经济技术开发区等地税收优惠。此举对于吸引外资和激活国内资金确实具有积极意义，对国内其他地区也具有引领和示范作用。然而时至今日，地区间经济、社会、文化差距不断扩大，公平成为弥足珍贵的价值目标。如果继续扶持这些先富裕的地区，忽视对"先富带动后富"的政策追求，显然不符合《十八届三中全会决定》的精神。既然政策制定时的正当性基础不复存在，这种税收优惠也就没必要继续保留。也正因为如此，税收优惠政策应该设定有效期限。期限届满后，如果仍有必要保留，再根据情况顺延。只有设置这样的定期审查机制，才能维护税收优惠的目的正当性。

另一个必须注意的事实是，即便是出于良好目的而制定的税收优惠，其附带效应可能不尽如人意，以至于抵消其预期效果。例如，根据《企业所得税法实施条例》第 86 条第 2 款第 2 项，从事海水养殖的企业减半征收企业所得税。这项优惠政策意在鼓励与支持渔业发展。但养殖废水未经处理即排放,极易导致海水富营养化,赤潮和大规模病害频繁发生,水质污染越来越严重。因此,经济发展目的还应与环境保护目的协调,不能只顾一端不及其余。否则,税收优惠政策所发挥的经济效应越明显,其对环境的破坏越大,最终仍会危及经济发展。经济政策与文化、教育、人口等政策也面临同样的问题,相互之间需要妥为平衡。

进一步而言,税收优惠政策纵然具有正当目的,如果没有选择恰当的方法和手段,其正当性并不一定最终能实现。例如,促进地区发展的手段有很多,税收优惠和财政转移支付都是选项。相比税收优惠,加大转移支付,通过财政资金转移或财政平衡制度,更能弥补地区财政不足,摆脱发展乏力的困局,促进地区发展,且对税制公平和量能课税的损害程度远低于税收优惠。况且,由于交通、区位、人力资源等劣势,一些边远地区即使符合税收优惠的条件,吸引资金和项目依然十分困难,难以达到地区发展的政策目的。因此,税收优惠未必就是实现地区发展最有效的手段。这也是《十八届三中全会决定》专门强调对区域税收优惠进行规范管理的原因。再如,前文提到,增值税免税政策会带来一系列的负面效果,远远不如对特定纳税人"先征后返"效果好。这个实例同样也说明,目的既定时,在众多可选的方法或手段中,必须考虑对损害最小或者福利最大的选项。

总之,借助比例原则,税收优惠因正当性而界分为两类:符合比例原则的正当性优惠和不符合比例原则的非正当性优惠。非正当性优惠又包括目的不正当的税收优惠、手段不合适的税收优惠,以及效果不佳的税收优惠。不同的税收优惠政策,合比例性的程度不一样,从正当性角度而言,清理规范的思路也应该有所区别。符合比例原则的税收优惠应当保留;即便有不规范之处,对其进行规范化管理便可。对于非正当的税收优惠,因其对税制不公和量能课税的侵害程度不同,也应区别对待。目的不正当的优惠政策不应继续存在;对手段不合适的优惠政策，则应着力调整，以满足比例原则要求。对于效果不佳的优惠政策，则需结合政策目的、实现手段，甚至受惠主体的行为偏好等，进行综合评估。《国务院关于清理规范税收等优惠政策的通知》（国发〔2014〕62号）也提出了“立足当前，分清主次，坚决取消违反法律法规的优惠政策，做到符合世界贸易组织规则和我国对外承诺，逐步规范其他优惠政策”的要求，符合有所区别的清理规范思路。

4. 法定主义：税收优惠政策的合法性考察

“税收法定主义作为税法至为重要的原则，同样具有宪法原则的位阶，必须严格坚持，才能更好地解决诸如立法权的分配、授予及法律解释、适用等许多相关问题。”[1]按传统观点，税收法定主义主要涵盖立法和执法层面。就税收立法权的分配而言，排除政府对课税要件的制定权，遵守“法律保留原则”，构成税收法定主义的内核。“当征税的要件得以完全满足时，征税机关就必须严格依据法律的规定征税，既没有不征税的自由，也没有随意减免税的自由。”[2]自此，税收法定主义为权力运行划定了边界，任何主体都不得随意越界。《十八届三中全会决定》要求“落实税收法定原则”，意味着既要落实纳税人的同意权，实现课税要素法定，也要税务机关严格依法行政，不得要求纳税人多缴纳税款，也不得擅自决定减免税。税收的开征、停征、减征、免征，税款的延期缴纳、税款的退还，都必须有明确的法律依据。如此配置，不仅仅在于形式上的职能分工，更与其中的财政民主、代议制度息息相关，目的在于防止国家滥用权力，损害公民的财产权。

税收优惠表面有利于纳税人，但实际上，任何针对个体的优惠，都

---

〔1〕 张守文：《论税收法定主义》，载《法学研究》1996年第6期。

〔2〕 张晓君：《国家税权的合法性问题研究》，人民出版社2010年版，第101页。

可能会引发横向不公平，破坏税收中性，因此只宜由立法机关综合权衡，不应允许税务机关擅自决定。在一般税法领域，相比税收立法权在政府和议会之间的分配，税法的执行似乎只是细节问题，不是税收法定主义的关注重点。但在税收优惠领域，税收行政立法大行其道，立法技术十分简陋，许多原本可以通过立法加以解决的问题，都任由税务机关通过解释另行解决。因此，更要强调执行层面的税收法定主义，突出税收优惠的合法性要素，防止地方政府或税务机关执法不严，变相减免税。虽然我国目前并没有做到严格的税收法定，大部分税法都是国务院制定的行政法规，[1]但是必须承认，设定税收优惠仍需遵守一个基本原则，即只有制定税法的机关才能行使税收减免权。除非得到立法机构的授权，其他机构无权制定税收优惠政策。

根据《十八届三中全会决定》的要求，有关部门在清理规范税收优惠政策时，有必要将税收法定主义奉为圭臬。凡违背税收法定主义的，即属于非法的税收优惠政策，必须列入清理规范之列。目前中央层面涉及税收优惠的政策，除了法律、行政法规内置的外，如果不是国务院直接行文，一般都会由国务院财税主管部门制定。这方面问题最为严重的，还是地方制定的税收优惠政策。实际上，从 1994 年开始，除了国务院个别授权外，地方政府的减免税权已经被剥夺。即便针对归属于地方的税收，除民族自治地区之外，地方政府（包括地方立法机关）也无权减免。[2] 正如《税收征收管理法》第 3 条所言："税收的开征、停征以及减税、免税、退税、补税，依照法律的规定执行；法律授权国务院规定

〔1〕 这些行政法规形式上取得了全国人大的授权，从而在一定程度上弥补了税收法定主义的缺陷。参见《全国人民代表大会关于授权国务院在经济体制改革和对外开放方面可以制定暂行的规定或者条例的决定》。

〔2〕 参见《国务院关于实行分税制财政管理体制的决定》（国发〔1993〕85 号）、《国务院关于加强依法治税严格税收管理权限的通知》（国发〔1993〕51 号）。

的,依照国务院制定的行政法规的规定执行。任何机关、单位和个人不得违反法律、行政法规的规定,擅自作出税收开征、停征以及减税、免税、退税、补税和其他同税收法律、行政法规相抵触的决定。”这其实就是税收法定主义的体现。

尽管如此,目前地方设定的税收优惠仍然层出不穷。承载这些税收优惠政策的文件效力层级很低,透明度也很低。正是由于其隐蔽性强、不容易被中央察觉,地方政府争相扩大税收优惠范围,延长优惠期限,滥用减免规定,形成税收恶性竞争态势。[1] 不仅如此,地方为了规避中央对税收减免权的限制,还竞相利用“先征后返”“财政奖励”等形式,变相实施税收优惠政策,成为统一税政、公平竞争的一大隐忧。例如,上海市政府、重庆市政府就曾先后出台“购房抵税”政策,[2] 允许纳税人从购房按揭款中直接抵扣归属于地方的个人所得税,税款根本没有入库,直接就被豁免。

毋庸讳言,目前地方的财政自主权确实非常有限,这方面的问题值得从宪政层面再研究。[3] 但是,仅从税收法定主义的角度看,如果税收优惠政策缺乏法律依据,就应该被列入清理规范的行列。在这方面,《民族区域自治法》为民族自治地方提供了比较宽松的环境。该法第34条规定:“民族自治地方的自治机关在执行国家税法的时候,除应由国家统一审批的减免税收项目以外,对属于地方财政收入的某些需要从税收上加以照顾和鼓励的,可以实行减税或者免税。自治州、自治县决定减税或者免税,须报省、自治区、直辖市人民政府批准。”正因为如此,

〔1〕 参见衣鹏、张凡、申剑丽:《清理税收优惠,推动税制简化》,载《21世纪经济报道》2013年11月25日。

〔2〕 参见《关于促进本市住宅产业健康发展若干意见的通知》(沪府发〔1998〕19号),《关于进一步采取适应性政策措施促进经济平稳较快发展的意见》(渝府发〔2008〕132号)和《关于扩大内需促进房地产业健康发展的实施意见的通知》(渝府发〔2009〕9号)。

〔3〕 参见熊伟:《购房抵税、先征后返与地方财政自主权》,载《月旦财经法杂志》第23期。

目前新疆、西藏自行制定的所得税减免政策,只要不涉及归属于中央的税收收入,就不为法律所禁止。[1] 另一种可以通过合法性审查的情况是,地方税收优惠的权力来自税法规定或者中央授予。例如,《增值税暂行条例实施细则》第37条规定:“省、自治区、直辖市财政厅(局)和国家税务局应在规定的幅度内,根据实际情况确定本地区适用的起征点,并报财政部、国家税务总局备案。”这意味着地方可以在中央确定的幅度范围内微调。除以上情形外,地方越权制定的税收优惠政策都属于清理规范的对象。

笔者认为,《十八届三中全会决定》提出清理规范税收优惠政策,主要是为了规范和统一税政,推进全国统一大市场的建设。因此,清理规范重点应该是地方越权减免税。其实,一旦启动起来,这项工作除了工作量大之外,在法律上并无太多的技术含量。这是因为,地方一般都没有税收减免权,它制定的任何税收优惠政策都可以被纳入审查,只要不属于合法的特定例外,就应该被清理和规范。与此相对应,中央制定的税收优惠政策似乎天然合法,其超越权限的问题往往被人们所忽略。然而,“中央”是一个集合概念,它代表的主体具有多元性。全国人大、全国人大常委会、国务院、财政部、国家税务总局等,从地方的角度看都代表着中央。它们之中到底谁有权行使税收减免权,在税法上必须有一个明确的答案,不能含糊其词。权力过于分散,容易滋生寻租和腐败;政出多门,容易出现效力冲突;而授权过于普遍,也会让立法权执法权集于一身,导致部门利益凌驾于国家利益之上。因此,从税收法定主义的角度看,更难处理的一个问题是,如何清理和规范中央层面的税收优惠政策。

---

〔1〕 参见《西藏自治区企业所得税税收优惠政策实施办法》(藏政发〔2008〕33号)、《新疆维吾尔自治区促进股权投资类企业发展暂行办法》(新政办发〔2010〕187号)。

就中央层面而言，制定税收优惠政策的主体既有全国人民代表大会及其常务委员会，也有国务院、财政部、国家税务总局。就其效力渊源而言，既有法律、行政法规、部门规章，更有数量繁多的规范性文件，甚至还存在未曾公布的内部函件。然而，按照《税收征收管理法》第3条的要求，税收优惠政策的载体应该只能是法律；法律授权国务院规定的，则为国务院制定的行政法规。任何机关、单位和个人不得违反法律、行政法规的规定，擅自作出减税、免税、退税和其他同税收法律、行政法规相抵触的决定。照此要求，国务院以规范性文件的形式发布的税收优惠政策岂不违法？〔1〕 财政部和国家税务总局所发布的税收优惠政策，不管属于部门规章还是规范性文件，岂不也属非法之作？现实情况和法律要求形成如此鲜明的对比，缘由何在？其中是否会存在合法性冲突？如果存在，破解之道又在哪里？在清理规范税收优惠政策的过程中，面对凡此种种的问题，还是必须回到税收法定主义。

从最严格的税收法定主义出发，鉴于课税只能由法律规定，税收优惠政策也应该只能由法律规定。对同一个课税对象，如果上位法规定征税，而下位法规定免税，就会存在法律效力的冲突。不过，除了少量由最高立法机关制定的税法，我国目前还存在大量的授权立法。尽管这本身存在法律瑕疵，有待改进，但是，这些瑕疵还不足以完全否定其合法性。因此，这些行政法规设定税收减免或其他优惠是可以接受的。至于国务院以规范性文件设定税收优惠，虽然可能不违反其对应的行政法规，〔2〕但的确与《税收征收管理法》第3条有抵牾。不过，国务院

---

〔1〕 例如，《国务院关于支持芦山地震灾后恢复重建政策措施的意见》（国发〔2013〕28号）新设了诸多税收优惠措施。按照《立法法》的要求，这份文件不是行政法规，而只是规范性文件。

〔2〕 例如，《营业税暂行条例》和《增值税暂行条例》都规定，国务院可以在条例列举的减免税之外设定新的减免税项目。

的此项权力有时会来自其他法律，而该法律并未要求国务院制定行政法规。例如，《企业所得税法》第35条规定："本法规定的税收优惠的具体办法，由国务院规定。"况且，在中国目前的法治水平下，在不违背法律的前提下，能够以国务院名义制定税收优惠政策，相比财政部、国家税务总局下发的规范性文件，已经是一个值得赞许的进步，因此我们倾向于肯定其合法性。

至于财政部和国家税务总局制定的税收优惠政策，其合法性效力依据更为复杂多元，据笔者梳理，至少有以下几种形式：(1)从法律得到授权。如根据《个人所得税法》，国务院财政部门可以批准对个人所得减免税。(2)从行政法规得到授权。如根据《房产税暂行条例》，财政部可以决定对房产免税；根据《契税暂行条例》，财政部可以决定契税减免的项目。(3)经过国务院批准。如《增值税暂行条例》和《营业税暂行条例》规定，除列举项目外，其他项目的减免税由国务院决定。实务中财政部、国家税务总局发布相关税收优惠政策时，都会在文首注明"经国务院批准"。[1] 第一种授权看似具有权威性，其实问题很严重。这种空白授权可能导致国务院财政部门凌驾于法律之上，成为目前个人所得税减免乱象的主要原因。第二种情况与《税收征收管理法》第3条直接冲突，这种转授权也与《立法法》第12条不符。至于第三种情况，其试图通过"经过国务院批准"来取得合法性，更是"此地无银三百两"。毕竟，财政部文件仍然只代表财政部，即便经国务院批准，也不会让其成为国务院的行政法规。从税收法定主义的角度而言，这三种税收优惠形式都有待清理和规范。

---

〔1〕 参见《关于第16届亚洲运动会等三项国际综合运动会税收政策的通知》(财税〔2009〕94号)。

5. 从清理到规范:税收优惠政策的法治之路

“法律文本是立法者勾画的理想蓝图,在蓝图向现实的转化过程中可能会受到各种不可预料因素的干扰,致使该蓝图无法完全实现。这些因素包括社会、经济和文化等外界环境,也包括法律运作的各个环节。立法是法律运行的起点并与法律实施的诸环节之间存在密切的联系,在起点出错就会‘失之毫厘,谬以千里’。”[1]当前税收优惠立法存在诸多问题,犹如“在既定现实里,在我们经历中的尚未成形的素材里,现实和价值乱七八糟地混杂在一起”,[2]无法为征纳双方提供精准的指引,而这本应是法的价值所在。尤其是从法的实施角度观测,“法是社会现实的一个建构性的和形成性的因素”,[3]“法律的立场,犹如一位公正的调解人,评断所有互相竞争的需要及主张,而真正重要的是使法律程序能与现实社会正在发展中的需求配合”。[4] 由此可见,要想彻底根治税收优惠领域的混乱,我们既要有落实《十八届三中全会决定》的决心,也要有超越《十八届三中全会决定》的谋略。一方面,要按照量能课税、比例原则和法定的要求清理税收优惠政策,在此基础上,将其统一由专门税收法律法规规定;另一方面,也要考虑如何完善税收优惠立法,使之形成科学规范的法律体系。

前文论及,当下税收优惠文件数量规模虽大,但远未形成体系,税收优惠之间冲突时有发生。多数税收优惠迷失在经济功能的幻觉中,越陷越深。有的一开始便倒在量能课税原则门前,有的明显违反比例

---

[1] 马怀德主编:《法律的实施与保障》,北京大学出版社 2007 年版,第 104 ~ 105 页。

[2] [德]G. 拉德布鲁赫:《法哲学》,王朴译,法律出版社 2005 年版,第 1 页。

[3] [德]莱因荷德·齐佩利乌斯:《法哲学》,金振豹译,北京大学出版社 2013 年版,第 51 页。

[4] [英]丹尼斯·罗伊德:《法律的理念》,新星出版社 2005 年版,第 166 页。

原则,还有的虽艰难通过这两项原则的审查,又在税收法定主义跟前功亏一篑。有鉴于此,可以量能课税原则、比例原则和税收法定主义为准绳,本着统一税制、公平税负、促进公平竞争的原则,展开对税收优惠政策的清理。《十八届三中全会决定》提及的区域税收优惠的清理肯定要重点落实,但清理不应只局限在区域税收优惠领域。具体到每一类税收优惠,应重点围绕已经明显不适应经济社会发展要求的、与上位法的规定不一致的、税收优惠之间明显不协调三类文件而展开。正如现任财政部长所言,"要清理已经出台的税收优惠政策,对执行到期的应彻底终止不再延续,对未到期限的要明确政策终止的过渡期,对带有试点性质且具有推广价值的,应尽快转化为普惠制,在全国范围内实施。区域发展规划应与税收优惠政策脱钩,今后原则上不再出台新的区域税收优惠政策,税收优惠政策统一由专门税收法律法规规定。同时,严格禁止各种越权税收减免"。[1]

税收优惠之所以过多过滥,根源在于"政出多门"。清理固然可以解决税收优惠的"历史遗留问题",但无法避免新的税收优惠重蹈覆辙、陷入新一轮的随意散乱。要想根治这种现象,必须借助于强有力的规范措施。《十八届三中全会决定》要求,"税收优惠政策统一由专门税收法律法规规定",意味着税收优惠的制定主体和法律形式都将被大为限缩。这既是税收法定主义的体现,也是税制简化的要求,不管是出于专业精准度,还是谨慎立法考虑,都值得肯定。但也应清醒地看到,"税收优惠政策统一由专门税收法律法规规定",只是税收优惠法定最起码的要求。从严格法定主义出发,税收优惠的制定权应专属于立法机关。

---

〔1〕 韩洁、高立:《消除机制体制弊端,建立现代财政制度——财政部部长楼继伟详解深化财税体制改革思路》,载 http://news. xinhuanet. com/fortune/2013 - 11/20/c_118226239. htm,访问日期:2014 年 1 月 20 日。

除非有立法机关的授权,行政机关不能进行减免税,或者提供其他税收优惠。因为“从总的方面看,税收的体制、税收的种类和税收优惠政策等都必须由法律加以规定,不得随意变更税收体制,随意增减税收种类,随意‘免税引资’等,这些内容都是税收法定原则不可分割的组成部分,是依法治税的重要问题”。[1]

要想实现税收优惠政策的法治化,专门立法是值得考虑的一种模式。对税收优惠进行专门立法,不仅具有理论上的必要性,更有现实的立法经验可供吸纳。日本、韩国以其独特的税收优惠立法,助推经济、社会发展,使得两国在20世纪中后叶迅速立足于世界之林。日本早在1946年即颁布了《税收特别措施法》,[2]2013年最新修正。该法更似各部门税法的税收优惠汇编,全法分八章和附则,分别由总则、所得税法的特例、法人税法的特例、遗产税法与地价税法的特例、登记许可税法的特例、消费税法等的特例、利息税等的比例特例、杂则、附则。具体至每一具体税法的特例,立法采用类型化的方法枚举,十分详尽。

与日本不同,韩国1981年制定并开始实施《租税减免规制法》,开启了税收优惠专门立法的另一种路径。《租税减免规制法》总共五章,分别是总则、直接国税、间接国税、地方税、补则,外加附则和附表。该法的主体部分是直接国税、间接国税和地方税三章。其中,核心是“直接国税”章,该章打破税种壁垒,采取绝对类型化方式,将租税特例归为18类。而“间接国税”和“地方税”章又回归税种类型,“间接国税”章分为增值税零税率之适用与免除、特别消费税之免除、印花税之免除、酒

---

〔1〕 徐孟洲:《论税法原则及其功能》,载《中国人民大学学报》2000年第5期。

〔2〕 税收特别措施既包括以减轻税负承担力为内容的税收优惠措施,还包括以加大税负承担力为内容的税之重课措施,但税收优惠措施占据税收特别措施的绝对组成部分,为此,对税收特别措施的统一立法也基本反映了税收优惠统一立法的价值取向和立法抉择。

税之免除及关税之减轻;“地方税”章分为登录税之免除和取得税之免除,[1]与日本《税收特别措施法》模式几无二致。

对税收优惠进行专门立法,不管是采用日本还是韩国的立法模式,类型化至关重要。通过对税收优惠的类型化,可以实现抽象的优惠理念、原则和具体的优惠事实之间的联动,最终构建起税收优惠理念、优惠类型、具体优惠事实的科层体系。优惠类型不只是整个体系中极为重要的实体元素,更是整个体系得以融通和成立的连结要素,在税收优惠专门立法中居于枢纽地位。基于我国税收优惠的立法实践和现有的立法能力,以日本《税收特别措施法》为参照,在各部门税法内部清理的基础上,对各部门税法中的税收优惠进行类型化,尔后汇总、制定专门的税收优惠法律,或许是当下较为务实的做法。更为长远的目标是,突破部门税法障碍,在更能动的整体税种层面进行类型化,制定具有易懂性、有效性和整体性[2]的税收优惠法律。

眼前可以考虑的措施是,利用清理规范税收优惠政策的契机,在修改《税收征收管理法》时增设“税收特别措施”专章,确认税收优惠的一般性法律制度,如税收优惠目的、税收优惠要件、税收优惠范围、税收优惠制定权、税收优惠的监督等。但长远来看,要想实现税收优惠政策的

---

〔1〕 参见李相穆等:《韩国租税减免制度解说》,陈清全、吴家兴译,我国台湾地区“财政部”财税人员训练所 1983 年版,第 439 ~ 499 页。

〔2〕 Victor Thuronyi, Drafting Tax Legislation, in Victor Thuronyi (eds.), *Tax Law Design and Drafting* (Volume 1), International Monetary Fund:1996.

真正法治化，仍应力求统一、完备的税收优惠法律体系的构建。〔1〕在该体系中，“不同的法律部门负载不同的使命，也会有不同的追求，但所有的法律部门都涵摄在宪法之下，因而应该遵守宪法的一般价值观”。〔2〕而要实现这一宏伟蓝图，又必须直面解决以下三大立法难题：其一，落实《宪法》及《税收基本法》或《税收征收管理法》中的税收优惠条款；〔3〕其二，制定《税收优惠法》；其三，理顺各位阶的税收优惠规定，既包括不同位阶的税收优惠规定，也包括相同位阶的税收优惠规定，使其在宪法统领下，保持价值判断的统一性，彼此衔接、相互照应。最终实现下述目标：作为规范体系，税收优惠法律符合较上位阶的宪法上价值秩序；与其他相同位阶的规范体系相调和；其本身也没有相互矛盾。〔4〕果真如此的话，税收优惠法律体系的构建便水到渠成了，税收优惠政策的法治化也就顺理成章了。

特别应引起重视的是，在税收优惠政策的清理、税收优惠政策的法治化和税收优惠法律体系建设中，固然要考虑中国国情，但更要顾及国际规则的制约，尤其是 WTO 补贴与反补贴规则的约束。“补贴规则最

---

〔1〕 理想的税收优惠法律体系可分成五层：第一层级，宪法作为位阶最高的法律，应落实税收优惠法定主义。第二层级，《税收基本法》或《税收征收管理法》位于第二位阶，该位阶的税收优惠法律应着重于税收优惠目的、税收优惠要件、税收优惠范围、税收优惠的申请、管理等方面的内容。第三层级，该位阶由各部门税法中的税收优惠条款组成，承上启下。该层级法律必须让宪法层级的优惠法定主义和《税收基本法》或《税收征收管理法》中的税收优惠原则性规定落地，结合上两个层级的理念和原则，确立本部门税法中的优惠规定，部门税收优惠规定也只宜做概括性规定、重点设置特定的优惠事由。第四、五层级，在第一至第三层级宏观理念、中观规定的基础上，确立税收优惠的微观制度，该层级为税收优惠法律体系的核心部分，税收优惠的核心制度均应在此位阶中得到落实。具体由第四层级的《税收优惠法》和第五层级的《税收优惠法实施细则》组成。

〔2〕 杨小强、叶金育：《合同的税法考量》，山东人民出版社 2007 年版，第 4 ~ 5 页。

〔3〕 未来我国如果分立《税收基本法》或《税收征收管理法》，则《税收基本法》宜规定实体方面的税收优惠制度，而《税收征收管理法》更适合规定程序方面的税收优惠制度。如若宪法之下仅有《税收征收管理法》，则只好将其规定统摄在该法之中，但这绝非理想选择。

〔4〕 参见陈清秀：《税法总论》，元照出版公司 2014 年版，第 15 ~ 16 页。

早出现在 GATT 第 16 条。关贸总协定在 1955 年和 1960 年分别对 GATT 补贴规则进行了修改。这些修改内容体现在东京回合谈判达成的《补贴与反补贴守则》之中。"[1] 从 WTO 反补贴规则视角审视,优惠政策一般都具有浓厚的补贴色彩。面对 WTO 协议规则的相关规定和我国入世承诺,税收优惠政策的清理、法治化和法律体系建设要充分考虑到 WTO 反补贴规则与税收优惠规定的关系,尽量在立法环节避免反补贴争端。比如,对于符合专向性认定标准,具有"可申诉的补贴"的性质,并很可能在未来引发反补贴调查的税收优惠措施应尽可能取消。[2] 唯有此,才有可能在遵守国际义务和用足用好税收优惠之间取得平衡,最大限度地实现我国利益的最大化。[3]

---

〔1〕［澳］安德鲁·斯托勒:《GATT/WTO 补贴规则之演进》,胡加祥、刘婷、王盛颖译,载《求是学刊》2012 年第 3 期。

〔2〕参见张斌:《〈补贴与反补贴措施协议〉与税收优惠的范围和力度》,载《税务研究》2007 年第 9 期。

〔3〕参见赵学清、杨旭:《WTO 补贴规则与我国优惠政策》,载《重庆社会科学》2004 年第 2 期;毛杰:《WTO 补贴规则与我国企业所得税优惠政策的冲突与协调》,载《涉外税务》2006 年第 5 期。

后　记

财政是国家权力的物质起点，是国家与纳税人之间最为关键的利益和政治纽带，其收支和营运的方式及状况，直接关系到国家权力的运行和纳税人权益的保障。采用何种模式理财治国，必须审时度势作出做选择。笔者认为，法治财税是国家治理的最佳模式，也是与世界对话的最佳方式。

罗马城不是一天建成的，法治财税也不可能一蹴而就，从理想图景到现实诉求再到贯彻执行，这是一个漫长而艰辛的过程。财税法学界和实务界都应当具备“路漫漫其修远兮，吾将上下而求索”的探索精神和“雄关漫道真如铁，而今迈步从头越”的勇气和魄力。在高度强调民主和法治的世界大潮流中，中国财税法建设应当以“法治财税”为轴心，进而带动财政民主、财政健全、财政平等的实现，立足于我国当前现状，服务于国家治理，落脚于纳税人权益的保障，构建中国财税法学建设的新路径；必须摒弃财税政策过度实用主义的倾向，严格恪守法治财税的内涵，沿着“税收法定”到“预算法定”再到“财政法定”的主线，不断进行理论创新和实践应用，逐步形成基于法治的治国理财思维。

在追寻法治财税的道路上，一方面，有必要追本溯源，探求财税法领域的基础理论和先进理念，不断进行理论创新，形成完整的中国财税法学新体系；另一方面，也有必要通过具体财税制度的设计与运用，发现实践中存在的各种问题，以法治财税这一标尺对其进行纠偏，筑牢法治财税的堡垒，逐步形成中国的财税法律新体系。无论是财税法的基础理论还是具体制度设计，都必须围绕着“法治”这一轴心渐次展开。只有理论上的创新和实践上的应用达成水乳交融、完美结合，才能发挥其最大效用。既然法治是国家治理的最佳模式，也就意味着很大程度上，国家治理的水平的高低取决于法治财税的发展程度。大力推进法治财税建设，是当前我们工作的重中之重。

本书所收录的是笔者近年来所发表论文的精要，内容涉及基本理念、法律原则、具体制度和改革设想，比较全面地展现了财税法促进国家治理的功能，是我近期学术思想的阶段性总结。法治财税是本书一以贯之的指导思想，也是财税法学孜孜以求的目标。书中所提出的原则和对策不一定十分成熟，有待在实践中加以验证，至少其思路对后续改革应该有所裨益。

2015 年是中国财税改革的元年。《预算法》修改生效后，税收优惠政策的清理和规范、地方政府性债务管理改革、预算管理制度改革、转移支付制度改革、机关事业单位养老保险改革、财政支出制度改革等，都进入了具体实施和深化阶段。基于政府与市场相分离的原则，财政的活动范围出现很大变动，该收缩的收缩，该深入的深入，其在完善国家治理方面的作用将进一步显现。

改革必须建立在法治轨道上，任何重大措施都必须于法有据，这是

《十八届三中全会决定》和《十八届四中全会决定》的明确要求。不管是基于理论逻辑还是现实需要，法治原则都应该成为财税改革的指针。本书选择几个重点领域的问题，围绕“法治、财税与国家治理”，勾勒出三者之间的动态场景，意在凸显法治原则的重要意义，从特别视角为中国财税改革发声。

书山有路勤为径，学海无涯苦作舟。笔者从事财税法学研究二十年，受教于武汉大学法学院漆多俊教授、北京大学法学院刘剑文教授、厦门大学经济学院张馨教授、台湾大学法律学院葛克昌教授、密歇根大学法学院 Avi-Yonah 教授，德国马普税法与公共财政研究所 Wolfgang Schoen 教授、加拿大约克大学李金艳教授、澳大利亚新南威尔士大学 Chris Evens 教授也多有指导和帮助。他们为人治学的品格深深感染我，让我的学术之旅乐此不疲。愿借此机会表示感谢！

本书能够入选“法治中国丛书”得力于上海交通大学法学院许多奇教授的推荐和季卫东院长的赏识。感谢丛书编委会对书稿所提出的宝贵意见，感谢法律出版社为本书付出的辛勤劳动。武汉大学法学院博士研究生顾德瑞协助我整理书稿，耗时费神，在此一并致谢！

熊　伟
武汉大学税法研究中心
2015 年 8 月

图书在版编目(CIP)数据

法治、财税与国家治理／熊伟著.—北京:法律出版社,2015.11(2017.7 重印)
(法治中国丛书)
ISBN 978-7-5118-8616-3

Ⅰ.①法… Ⅱ.①熊… Ⅲ.①社会主义法制—关系—国家—行政管理—研究—中国②财税—关系—国家—行政管理—研究—中国 Ⅳ.①D630.1

中国版本图书馆 CIP 数据核字(2015)第 252637 号

法治、财税与国家治理
FAZHI、CAISHUI YU GUOJIA ZHILI

熊 伟 著

责任编辑 高 山 汤子君
装帧设计 乔智炜

编辑统筹 学术·对外出版分社

出版 法律出版社
总发行 中国法律图书有限公司
经销 新华书店
印刷 固安华明印业有限公司
责任印制 陶 松

开本 A5
印张 8.875
字数 207 千
版本 2015 年 11 月第 1 版
印次 2017 年 7 月第 2 次印刷

法律出版社／北京市丰台区莲花池西里 7 号(100073)
网址／www.lawpress.com.cn
投稿邮箱／info@lawpress.com.cn
举报维权邮箱／jbwq@lawpress.com.cn
销售热线／010-63939792
咨询电话／010-63939796

中国法律图书有限公司／北京市丰台区莲花池西里 7 号(100073)
全国各地中法图分、子公司销售电话:
统一销售客服／400-660-6393
第一法律书店／010-63939781/9782 西安分公司／029-85330678 重庆分公司／023-67453036
上海分公司／021-62071639/1636 深圳分公司／0755-83072995

书号:ISBN 978-7-5118-8616-3 **定价:**45.00 元
(如有缺页或倒装,中国法律图书有限公司负责退换)